JN269091

太田信夫
多鹿秀継　編著

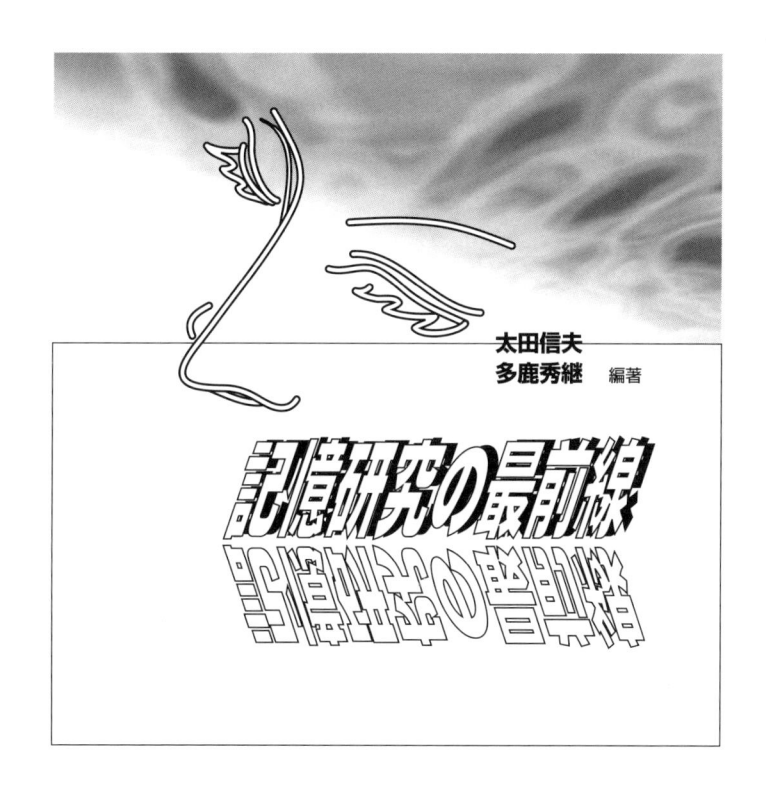

記憶研究の最前線

北大路書房

【編集部注記】
ここ数年において,「被験者」(subject) という呼称は,実験を行なう者と実験をされる者とが対等でない等の誤解を招くことから,「実験参加者」(participant) へと変更する流れになってきている。本書もそれに準じ変更すべきところであるが,執筆当時の表記のままとしている。文中に出現する「被験者」は「実験参加者」と読み替えていただきたい。

はしがき

　今日，人間の記憶がどのようなしくみやはたらきによって構成されているのかを解明することは，単に心理学の研究者のみにかぎらず，脳にかかわるあらゆる領域の研究者にとって最も興味あるテーマのひとつとなっている。記憶現象を解明する方法も記憶への関心領域の拡大にともなって多様となり，従来心理学者が得意としていた観察，実験，あるいは調査による方法だけでなく，PET（陽電子放射撮影法）や fMRI（機能的磁気共鳴映像法）のような神経画像化の技術を用いた方法も使用されるようになってきた。こうして，最近は記憶現象を幅広くかつより深く解明しようとする機運が熟してきたといえる。

　本書は，このような状況にかんがみ，最近のホットな記憶の心理学研究に関して，テーマを絞ってわかりやすく紹介する目的で編集されたものである。

　人間が記憶の現象を解明しようと思索を重ねた歴史は長く，古くはアリストテレスの時代から今日の研究者にいたるまで2000年以上にわたっている。そのような長い歴史のなかで，記憶の科学的な心理学研究は，一般に，今から110年以上も前に報告されたエビングハウスの研究をもってはじまりとされる。その後，行動主義心理学や認知心理学の影響を受けて，今日の記憶研究へと引き継がれてきた。

　編者は，1986年に名古屋大学で行なわれた日本心理学会の大会で記憶研究に関するワークショップを開催して以来，毎年研究テーマを設定して，日本心理学会の大会におけるシンポジウム等を開催してきた。その後十数年を経て，記憶研究のさまざまなテーマに関係する資料を蓄積してきた。新しい世紀を迎えるにあたり，記憶の研究成果のこれまでの蓄積をまとめ，今後の記憶研究の展開を予測する目的で本書を上梓することは，わが国の記憶研究の進展にとって意味のあることと考えた。

　本書は，現在の記憶研究の最前線をわかりやすく紹介することを目的とするために，過去の記憶研究を体系だてて取り上げていない。かわりに，記憶研究で現在話題となっているホットなトピックを取り上げ，当該のトピックの理論的背景は何なのかを明確にし，その現象を支持する代表的な実験研究をていね

いにかつわかりやすく説明した。また，現在話題となっている内容を説明した後，そのテーマの研究が今後どのように展開されるのかを簡潔にまとめた。このようにして，読者が，記憶の心理学研究における個々の研究の細部（木）よりも全体像（森）を見ることができるように配慮した。なお，記憶研究のトピックを選択する過程で，感覚記憶や顔の記憶をはじめとするいくつかのトピックに言及できなかった。

　記憶は心理学の領域だけからアプローチすることによって解明されるものではけっしてない。医学や生理学あるいは工学など，学際的な研究アプローチと相まって，記憶の現象をより深くより幅広く理解することが可能となる。それゆえ，本書では，心理学研究の記述の合間に，心理学以外からの記憶研究へのアプローチの現状を囲み記事（コラム）にして随時挿入した。

　一般に，心理学において取り上げられる記憶の研究書は，一方では基礎的な内容が網羅された入門書の域を出ず，他方では博士論文を核にしてまとめられた専門書が中心である。本書は，そのような入門書に記述された記憶研究から，専門書に記述された記憶研究への橋渡しをする役割を担ってまとめられた内容であり，記憶のしくみやはたらきに関心のある心理学の学生や研究者だけでなく，脳のしくみやはたらきに関心のある学生や研究者にも適した内容であると考えている。

　最後に，本書の各章やコラムの執筆にご協力いただいた諸先生，本書の企画をお引き受けいただいた北大路書房の丸山一夫社長，ならびに本書の編集を担当された石黒憲一さんにお礼を申し上げるしだいである。

2000年1月　　編者

❖ ❖ 目　　次 ❖ ❖

はしがき ……………………………………………………………………………… i

1章　現代の記憶研究概観 …………………………………………………1

1. 1985年：記憶研究100年 ─────────────────────2
（1）研究の視点からみた100年　2
（2）100年の研究成果　3

2. 近年の動き ──────────────────────────5
（1）日本心理学会でのシンポジウム　5
（2）より本質へ，より現実へ　8

3. 21世紀への提言 ───────────────────────9

2章　作動記憶 ……………………………………………………………15

1. 作動記憶とは何か ──────────────────────16
（1）課題遂行中に必要となる一時的な記憶　16
（2）作動記憶の定義　17

2. 言語理解過程の作動記憶 ──────────────────18
（1）作動記憶はどのように作動するのか？　―三宅らの研究―　18
（2）リーディングスパン・テストが測っているもの　―タウスらの研究―　22

3. 作動記憶システムの構成と従属システムのメカニズム ─────27
（1）作動記憶システムのモデル　27
（2）言語システムに埋め込まれた音韻ループという仮説　―齊藤の研究―　29

4. 作動記憶研究の今後の展望 ─────────────────35

3章　エピソード記憶 ……………………………………………………45

1. エピソード記憶とは何か ──────────────────46

2. 符号化特定性原理 ─────────────────────48
（1）符号化特定性原理の背景　48
（2）符号化特定性原理の実験的証拠　52

3. 虚偽の記憶 ─────────────────────────55

（1）虚偽の記憶研究の背景　55
　　　（2）虚偽の記憶の実験的証拠　58
　4．エピソード記憶研究の今後の展望——————————————63

4章　意味記憶 …………………………………………………67

　1．意味記憶研究の概観——————————————————68
　　　（1）意味記憶モデル　68
　　　（2）プライミング効果　70
　　　（3）意味記憶検索の基礎的理論—活性化拡散モデル—　71
　　　（4）自動的処理過程と制御的処理過程　72
　2．プライミング・パラダイムで操作される変数と観察される
　　　さまざまな現象——————————————————————63
　　　（1）意味的関連性　74
　　　（2）SOA（stimulus onset asynchrony）　75
　　　（3）関連比率　75
　　　（4）無意味語率　76
　　　（5）視認性　76
　　　（6）プライムの処理　77
　　　（7）マルチ・プライム　79
　　　（8）ターゲットに対する課題　80
　3．意味的プライミングに関する理論————————————81
　　　（1）自動的活性化拡散（automatic spreading activation）　82
　　　（2）期待　83
　　　（3）意味照合（semantic matching）　84
　　　（4）複合的手がかり理論（compound-cue theory）　84
　4．音韻的類似性によるプライミング効果——————————85
　5．意味記憶研究の今後の課題・展望————————————87
　　　（1）ストルツとニーリィ（Stoltz & Neely, 1995）の研究　88
　　　（2）岡（1990）の研究　88
　　　（3）方法論上の課題　90
　　　（4）おわりに　93

5章　非言語情報の記憶 ……………………………………101

　1．非言語情報の記憶——————————————————102
　2．視覚的記憶の特性——————————————————102
　　　（1）画像の記憶　102

（2）何が記憶されるか？　106
　　　（3）視覚的記憶における言語的符号化の問題　108
　　　（4）視覚的潜在記憶　112
　3．視覚的記憶とイメージ――――――――――――――――――――114
　　　（1）イメージ処理・操作　114
　　　（2）心的回転とイメージ　115
　　　（3）視空間作動記憶とイメージ　116
　　　（4）イメージの創造性　117
　4．非言語情報を用いた記憶研究の今後の展望――――――――――119
　　　（1）非言語情報と言語情報の記憶　119
　　　（2）その他の非言語情報の記憶　121

6章　意識と無意識の記憶　125

　1．意識と無意識の研究系譜――――――――――――――――――127
　　　（1）意識の諸相　127
　　　（2）心理学における意識研究の系譜　128
　　　（3）認知心理学における一致ドクトリン　129
　　　（4）無意識をめぐる認知心理学的研究　130
　2．潜在記憶―――――――――――――――――――――――――131
　　　（1）想起意識をともなわない記憶　131
　　　（2）潜在記憶の出現条件と定義　134
　　　（3）潜在記憶のおもな特徴　136
　　　（4）潜在記憶に関する未解決な問題　137
　3．課題による解離を超えて――――――――――――――――――140
　　　（1）過程解離手続き　140
　　　（2）Remember/Know 手続き　142
　　　（3）過程解離手続きと Remember/Know 手続きの妥当性をめぐって　143
　4．意識と無意識の記憶研究の今後の展望―――――――――――――144

7章　日常記憶　151

　1．日常記憶研究とは――――――――――――――――――――152
　2．日常記憶研究における記憶のとらえ方――――――――――――153
　　　（1）日常場面の記憶：スキーマの重要性　153
　　　（2）写真的な記憶：フラッシュバルブメモリー　156
　　　（3）「衝撃の瞬間」の記憶：記憶促進説と記憶抑制説　158
　3．自伝的記憶――――――――――――――――――――――――161

    (1) 自伝的記憶の想起　161
    (2) 自伝的記憶の構造化　163
  4. 日常記憶研究の今後の展望――――――――――――――166

8章　目撃証言 ……………………………………………171

  1. 目撃証言研究の領域―――――――――――――――173
    (1) 検討されてきた要因　173
    (2) 要因の分類　173
  2. 研究方法の分類――――――――――――――――178
    (1) 非実験的研究　178
    (2) 実験的研究　181
  3. 目撃証言研究の今後の展望――――――――――――190

9章　展望的記憶 …………………………………………197

  1. 展望的記憶―――――――――――――――――――198
  2. 展望的記憶研究の現在：2つの展望的記憶――――――199
    (1) 活動の記憶としての展望的記憶　200
    (2) 行為の記憶としての展望的記憶　202
    (3) 展望的記憶研究の困難　205
  3. 展望的記憶研究の今後の展望―――――――――――207

10章　記憶と感情 …………………………………………211

  1. 「記憶」と「感情」―――――――――――――――212
    (1) 感情をめぐる記憶研究の困難　212
    (2) 感情は「ノード」か「スキーマ」か　214
    (3) 現実および臨床場面での記憶と感情　216
  2. 現在の技術的な課題――――――――――――――218
    (1) 感情操作の妥当性と有効性　218
    (2) 感情状態の測定が被験者に及ぼす影響　220
    (3) 性格特性と感情状態との分離・尺度の妥当性　221
    (4) 実験環境（実験室および実験者）　221
  3. 記憶と感情の研究の今後の展望――――――――――222
    (1) 研究のあり方への疑問　222
    (2) 21世紀に向けて　223

11章　記憶と自己 …………………………………………………229

1. 自伝的記憶の研究の現状 ─────────────────230
2. 自伝的記憶における再構成的想起 ─────────────231
（1）反復想起による自伝的記憶の入れ替わり　231
（2）暗黙理論の利用による過去の歪み　232
（3）想起の反復による偽りの記憶の出現　234
3. 想起における語りの変動性と自己 ─────────────236
（1）再構成的想起における語り　236
（2）想起における自己の役割　237
4. 記憶と自己の研究の今後の展望 ─────────────239

12章　記憶の発生と発達 …………………………………………249

1. 記憶発達研究とその成果 ───────────────────250
（1）記憶発達研究の近年の動向　250
（2）子どもの記憶発達の諸側面　251
2. 記憶の発生と発達に関する最近の研究 ─────────254
（1）基本的記憶能力の発生と発達：アドラーら（1998）の研究　254
（2）記憶方略およびメタ記憶の発達：ジャスティスら（1997）の研究　257
3. 記憶発達研究の今後の展望 ─────────────────260
（1）記憶発達研究の全体の枠組み　260
（2）実験的記憶発達研究の今後の展望　261

13章　高齢者の記憶 ………………………………………………267

1. 高齢者の記憶研究 ────────────────────────268
2. 実験的アプローチ ────────────────────────269
（1）記憶の処理段階　269
（2）短期記憶・長期記憶　271
（3）エピソード記憶・意味記憶　274
（4）顕在記憶・潜在記憶　275
3. 日常記憶 ─────────────────────────────276
（1）非言語的な記憶　276
（2）自伝的記憶　277
（3）展望的記憶　278
4. 高齢者の記憶研究の今後の展望 ─────────────279

14章　記憶の病理 ……………………………………287
1. H. M. ケース ———————————————288
2. 短期記憶と長期記憶 ————————————291
3. 前向性健忘と逆向性健忘 ——————————295
4. エピソード記憶と意味記憶 —————————297
5. 宣言的記憶と手続き記憶 ——————————299
6. 現状と今後の展望 —————————————302

索引 ………………………………………………………310
編者・著者紹介 …………………………………………315

【コラム】
①．前頭連合野の記憶の研究ことはじめ　　前頭葉の神経生理学／久保田競 …………………12
②．神経心理学ことはじめ　　神経心理学／杉下守弘 ……………………………………………41
③．記憶の工学的モデル　　ニューラルネットワーク／平井有三 ………………………………98
④．記憶の脳モデル　　生体情報科学／大森隆司 …………………………………………………149
⑤．記憶・認知の研究―神経生理学からのメッセージ　　神経生理学／泰羅雅登 ……………195
⑥．量子場脳理論　　量子脳理論と科学基礎論／治部眞里 ………………………………………247
⑦．記憶の研究―臨床精神医学の立場から　　臨床精神医学／鹿島晴雄 ………………………284
⑧．健忘と前頭葉障害――われわれの今後の課題――　神経心理学・精神医学／加藤元一郎 …308

1章 現代の記憶研究概観

　本章では，現代の記憶研究を概観し，21世紀への展望を得ることを目的とする。このためには，現代までの研究の潮流を概括することから始め，今日の研究状況の特徴をとらえる。そして今後の研究動向について，予測したい。

　心理学において記憶の科学的研究がスタートしてから1985年までの100年間を，まず振り返ってみよう。研究の流れをみると，5つの特徴があるようである。そしてこの100年間の成果はどうであろうか。これについては，未公刊のデータを示したい。記憶研究に長く携わっている人は，このデータをみると，個人的にいろいろなことを思い出されるのではないだろうか。

　筆者らが関係してきた日本心理学会のシンポジウム，これについても振り返ってみよう。そのなかに現代の記憶研究の動向を見いだしたい。この動向の先に，21世紀の研究課題がみえてくるだろう。それは何であろうか。

1　1985年：記憶研究100年

（1）　研究の視点からみた100年

　1985年，それは記憶の科学的研究を始めたといわれるエビングハウス（Ebbinghaus）の著書の刊行（1885年）から，ちょうど100年目の年である。この年には，国の内外で100周年を記念したシンポジウムがいくつか行なわれたり，記憶関係のジャーナルで特別企画があったりした。日本心理学会第49回大会（於，日本大学）では，「記憶研究100年」と題するシンポジウム（企画者，梅本堯夫）が開催され，筆者も指定討論者として参加した。このシンポジウムでは，記憶研究100年間の，おもに理論的な面での変遷や，種々の研究アプローチの特質などについて討論が行なわれた。今から思うと，このシンポジウムは15年ほど前のことであるが，この記憶研究100年の総括は現代の記憶研究の礎となるものであり，研究者として銘記すべきことである。

　エビングハウスに始まる100年の記憶研究には，5つのマイルストーンがある。

① **ゲシュタルト心理学の思想**

　この心理学は，おもに知覚研究において優れた業績を残しているが，知覚の原理が記憶にもはたらくと考え，記憶研究に与える影響も大きい。部分や要素より全体を重視する考え方は，今日の認知モデルのなかでも生きていると考えられる。

② **バートレット（Bartlett, 1932）の記憶実験**

　物語を材料とした彼の有名な記憶実験から得られた知見は，記憶研究の歴史に燦然と輝いている。記憶をスキーマ（図式）による過去の再構成であるとするバートレットの考え方は，ゲシュタルト心理学とともにアメリカの行動主義の隆盛により，いったんは後退するが，近年の認知心理学では中核的存在のひとつである。

③ **言語学習の時代**

　ワトソン（Watson）に始まる行動主義の時代の記憶研究は，「記憶」とい

う用語を用いないで,「言語学習」といった。エビングハウスの伝統を引き継ぐ無意味綴りや,有意味語など,単語を材料として,対連合学習や系列学習に関する実験室的研究が,おもに行なわれた。したがって,厳密な実験的統制のもとに,特定の変数を操作するような,実験計画として明瞭な研究が行なわれた。またこの時代には,記憶材料としての言語について,連想価,イメージ価,使用頻度などの標準化が多く行なわれている。今日の記憶実験では,言語学習の時代の実験方法をそのまま使用することも多い。

④ **情報処理論的アプローチ**

コンピュータの出現とともに生まれたこのアプローチは,人間を情報処理システムとしてとらえた。この視点は,人間の外的な行動よりも内的なメカニズムに研究対象を移した。ゲシュタルト心理学やバートレットの考え方が,ここへきて,形は異なるが認知心理学として復興したともいえよう。情報処理論的アプローチにより,言語学習の時代よりも研究は一見おもしろくなったように思われる。事実,記憶研究が一段と活発に行なわれるようになり,今日までたくさんの情報処理論的モデルが提唱されている。しかし,それらのモデルの妥当性の実証に関しては,困難性がいつもつきまとっているといわざるを得ない。

⑤ **日常記憶研究の始まり**

ナイサー(Neisser, 1978)による生態学的妥当性(ecological validity)の重視に関する主張は,それまで主流であった実験室的研究の流れに,大きな打撃を与えた。そして日常的な出来事や人の顔の記憶,あるいはケネディ暗殺のような衝撃的な事件の記憶(フラッシュバルブメモリー)などが研究されだした。今日,盛んである展望記憶や自伝的記憶も,ナイサーの主張に端を発しているといえよう。

以上,記憶研究100年間の5つのマイルストーンは,研究の視点として,なんらかの形で今日も生きつづけている。

(2) 100年の研究成果

記憶研究者が,毎年,最も多く集まるカンファレンスは,サイコノミック・ソサイアティ(Psychonomic Society)の年次大会である。北米の各地で行なわれるので,ヨーロッパの研究者は多くはないが,北米を中心に世界の主要

な記憶研究者が集まるカンファレンスである。1985年の第26回の年次大会（於，ボストン）では，タルヴィング（Tulving，当時，トロント大学）が，記憶研究100年を記念して，ある調査結果を発表している。これをみると，この100年間の研究成果の概要がわかる。

　タルヴィングは，世界の主要な記憶研究者約80名に，次の3部門について，この100年間の研究成果を順位を付けてあげてもらった。その結果，各部門10位までの項目は，次のようになった。

〈第1部門〉発見・事実
　① 符号化・検索交互作用
　② 符号化特定性原理
　③ チャンキング
　④ 処理水準効果
　⑤ 再生における体制化
　⑥ プロトタイプの抽出
　⑦ 意味記憶における活性化拡散
　⑧ マジックナンバー 7 ±2
　⑨ 健忘症候群（たとえば，HM）
　⑩ 短期記憶 対 長期記憶

〈第2部門〉理論・モデル・概念
　① エピソード記憶 対 意味記憶
　② 利用可能性 対 アクセス可能性
　③ 情報処理モデル
　④ スキーマ理論
　⑤ 自動的処理 対 制御的処理
　⑥ 手続き記憶 対 宣言的記憶
　⑦ 一次記憶 対 二次記憶
　⑧ 忘却の干渉理論
　⑨ 連合ネットワークモデル
　⑩ ワーキングメモリー

〈第3部門〉方法・技法

① 信号検出分析
② 反応時間測度
③ 自由再生
④ コンピュータ・シミュレーション
⑤ プライミング技法
⑥ 再認測度
⑦ ブラウン・ピーターソンのディストラクター技法
⑧ 符号化統制のための方向づけ課題
⑨ 二重課題による干渉技法
⑩ 手がかり再生

　以上，合計30項目をあげたが，実際には，どの部門でもこの数倍の研究成果があるだろう。この結果は，タルヴィング自身が行なった調査ということで，多少，彼自身の色彩が出ており，公平性に欠ける点もあるように思う。しかしこの100年の研究成果の概略は把握できるだろう。

2　近年の動き

（1）　日本心理学会でのシンポジウム

　本書の編集者である2人がおもに世話役となって，記念すべき記憶研究100年目を契機に今日まで，日本心理学会において，シンポジウム（あるいはそれに類するもの）を毎年行なってきた。そのテーマは，その時どきの最も話題性のあるものを取り上げたつもりでいる。したがって，それらのテーマから，1985年以降の記憶研究の流れの一端をかいまみることができる。

　　　　1986年　「エピソード記憶の諸理論をめぐって」
　　　　1987年　「記憶のタキソノミー」
　　　　1988年　「記憶の測定―その問題点と新しい流れ―」
　　　　1989年　「記憶の区分は是か非か」

1990年　「記憶のプライミング研究のめざすもの」
1991年　「日常記憶研究のめざすもの」
1992年　「記憶における意識・無意識の問題―プライミングとメタ記憶の側面から―」
1993年　「日常記憶研究でわかること・わからないこと」
(1994年　「潜在・顕在記憶研究をめぐる今日の記憶研究課題」)
1995年　「日常記憶研究の現在―状況・文脈・環境―」
1996年　「記憶における意識的処理と無意識的処理」
　　　　「記憶障害への認知心理学的アプローチ」
1997年　「記憶と自己」
1998年　「偽りの記憶をつくる」
1999年　「記憶の生涯発達」

以上が，筆者らが関係してきたシンポジウムのテーマである（ただし，1994年のテーマは記憶関係ではないので，筆者の行なった小講演のテーマを記した）。本書の刊行は，この15年間のシンポジウムをまとめたいという動機が端緒である。記憶関係のシンポジウムは，もちろん，このほかにもいくつもあり，どれも，その年々の特徴を代表しているようなテーマであった。このようなことから，日本の記憶研究は，国際的にみた記憶研究の流れを十分に反映しているといえるであろう。

1986年から1990年までの5年間のシンポジウムにおけるキーワードは，「潜在記憶（implicit memory）」であろう。1991年から1995年までの5年間のそれは，「日常記憶」であろう。そして1996年から今年までのシンポジウムにおけるキーワードをあえて1つあげるとすれば，「現実問題研究」であろう。

バウアー（Bower, 1998）は，論文の冒頭で，この15年間の記憶研究の中心は，潜在記憶研究であったと述べている。筆者（1991）においても，潜在記憶の研究はタルヴィングら（1982）によって点火され，その後，飛躍的に研究の量が増大していることを述べている。それまでは再生や再認テストなどを使用した顕在記憶のみに注意が注がれていたのであるが，プライミング技法により想起意識のない潜在記憶が注目されるようになった。この想起時の意識の性質により，記憶のタキソノミー（分類法）が問題にされるようになった。そして

その分類の妥当性，あるいは分類すること自体の妥当性が議論されたのである。このような議論のなかで，従来にはなかった重要な点は，プライミングの記憶に代表されるような意識化されない記憶の存在を，実験的検討のターゲットにしているということであった。これは，「言語学習」の時代には，考えられなかったことである。

　1990年代に入ると，日常記憶研究がますます盛んになった。われわれのシンポジウムでも，自伝的記憶，顔の記憶，目撃証言，記憶と感情，展望的記憶など，さまざまな問題を扱った。実験室的研究とは異なり，生の人間の経験のなかから問題を取り上げ，より日常的状況で研究しようという流れは，記憶研究をたいへん身近に感じさせる。そしてこのように，身近で親しみのあるテーマが取り上げられるようになったため，心理学者の記憶研究への関心も高まり，記憶研究者の数も増大した。

　理論追求型の研究も必要であるが，身のまわりの出来事や自分自身の経験のなかから出てくる疑問について，研究することも大切なことである。日常記憶研究は，一般的に，方法上困難な点が多いが，それは統制困難な現実を対象としているので，ある程度はしかたのないことである。多少不完全な手段でも，いろいろな角度から問題にアプローチすれば，おのずと真実はみえてくるであろう。この意味で，現在の日常記憶研究は，多少の方法的厳密さを欠いても，データを積み重ねることに意義があると思う。たとえ完璧な方法に基づいた日常研究があったとしても，生態学的妥当性が低くなってしまっては，研究の価値のないことである。

　この15年間のシンポジウムの特徴を表わすキーワードの第三として，「現実問題研究」がある。これは，この数年前からめだってきた特徴であるが，現実に起きている問題の解決を迫られ，その必要から行なわれている記憶研究のことである。たとえば，アメリカにおいて，虚偽の記憶（false memory）の研究が盛んになったきっかけのひとつには，幼児虐待を受けたという記憶に基づいて行なわれる裁判の問題があった。日本でも，実際の裁判上の問題から目撃証言に関して検討している研究者がいる。また高齢者人口が増加している現代は，老人性痴呆に関して，いっそうの研究が要請されている。したがって，そのような記憶障害への医学的あるいは心理学的アプローチは，社会にとって必

要不可欠の研究として最近は注目されている。一般的に，現在，加齢研究が盛んになりつつあるのも，現代社会を背景にした自然ななりゆきといえよう。

このような現実の問題を解決しようとする記憶研究は，現実の社会や個人の問題から発しているので，当然，日常記憶研究とも重なる点も多い。しかし，研究の目的が，現実の問題解決に直接に貢献するという点が，日常記憶研究とは異なる。

（２） より本質へ，より現実へ

近年の記憶研究の動きを，時代順に，潜在記憶，日常記憶，現実問題研究という３つのキーワードで，その特徴を表わすことができた。しかしこの３つのキーワードは，その時代にみられた特にめだった特徴であり，その後，消えてなくなったわけではない。現在もなんら衰えることなく，潜在記憶や日常記憶の研究は活発に続けられている。

潜在記憶研究の最近の大きな流れは，意識に関する議論である。潜在記憶は想起意識のない記憶を研究対象としているのであるが，実験では本当にそのような記憶を扱っているのであろうかという疑問がある。潜在記憶を対象としているが，実際は顕在記憶も多分に混在する記憶を扱っていることが多いので，いかにして純粋に潜在記憶のみを取り出して研究するかということが，問題となる。

想起意識はないけれども，過去の経験が現在の認知や行動に影響を与えているという潜在記憶の研究は，無意識的情報処理の研究といってもよい。人間の精神活動のうちで無意識的部分は，大きくかつ基礎的部分を占めるものである。われわれの意識的活動も，この無意識的な精神のはたらきが明らかになれば，いっそう研究が進むと考えられる。この意味で潜在記憶の研究は，人間の本質へと迫るものといえよう。潜在学習，潜在認知，潜在記憶など，意識的コントロールの及ばない領域を扱う研究は，まだ謎につつまれているといっても過言ではない。スペキュレーションではなく，実証的な検討を積み重ねることが必要である。なお，潜在記憶については，最新の『心理学評論』(1999, Vol. 42. No 2，心理学評論刊行会）で特集として，さまざまな角度から討論が行なわれている。

さて，人間とは何かというような人間の本質へ迫る研究が要請される一方，前述したように，現代は，現実に社会のなかで生きている人が抱いている問題の解決も要請されている。たとえば，高齢者に関するさまざまな問題がある。高齢者の記憶研究は，この現実の問題の解決のために，今まさに要請されているといえる。加齢による記憶力の低下を防ぐにはどうしたらよいか，高齢者の記憶の特質を生かした充実した生活は，どのようにすれば可能か，老人性痴呆症の予防・治療は，どうしたらよいのか。高齢者の問題と関連して，種々の記憶障害の問題も解明が要請されている。現実に身近な人が交通事故などで健忘症になったとすると，わたくしたちは，記憶のメカニズムのいっそうの解明を望まざるを得ないであろう。

　かくして現代の記憶研究は，一方では人間のより本質的な部分の解明へ，他方で現実社会の問題を解決する方向へと二極に分化する傾向にあるといえよう。

③　21世紀への提言

　記憶研究100年，そしてこの15年ほどの日本心理学会シンポジウムを中心とした研究の流れを，これまでみてきた。これらの概観を踏まえ，間近に迫った21世紀の研究の動向を，筆者なりの願望もまじえて予測してみたい。

　まず，過去から未来への記憶研究の流れを3段階に分けてみたい。エビングハウスに始まる「実験室的研究」の時代，ナイサーの提言から今日までの「日常記憶研究」の時代，そして21世紀の「人類の福祉追求研究」の時代である。この3つの研究の流れは，21世紀も続くと考えられるので，それぞれの時代でそのような研究が終わるという意味ではない。21世紀は，実験室的研究や日常記憶研究も行なわれるが，研究動向の特質として，新たに，人類の福祉追求型の研究が必要とされるのではないかと考える。

　人類の滅亡を予期させるような地球環境の破壊，核兵器の増強や世界の各地で絶えず起きている地域戦争の拡大化などの危険性，エイズや高齢化社会など

われわれ個々人の幸福が脅かされつつある世界的傾向，このような現状を考えると，21世紀にわれわれのなすべきことは，おのずとみえてくる。それは，人類が健康で幸せに生きていくための研究である。

もちろん，基礎研究や重箱の隅をつつくような研究をすべて否定しているのではない。このような研究も，人類の福祉に貢献できるという見通しをもつことが必要であると思う。単に研究者の興味のみにより進められる研究は，21世紀には少なくなるのではないだろうか。社会のいろいろな問題点を解決し，われわれの日常生活を脅かす物理的，心理的なさまざまな要因を取り除くような研究が，記憶研究の分野においても強く要請されることが予測される。このような意味で，21世紀は「人類の福祉追求研究」の時代といえよう。

記憶研究の過去から未来に向けてのこのような潮流は，くしくもわれわれが行なってきたシンポジウムの経過に一致する。前述したようにこの4，5年の研究傾向は，「現実問題研究」というキーワードでその特徴を表わしている。この現実社会のなかから出てくる問題に対して，直接的あるいは間接的に迫っていく研究が，現代，確実に増えつつある。この傾向は今後ますます強まり，社会的要請により，そうせざるを得ない時代が21世紀であろう。

今後の記憶研究を，以上のような視点に立ち遂行したいと思うが，ここでもうひとつ，今後ますます重視されてくるし，また重視されなければならない視点がある。

記憶研究は，いつも人間全体の視点から多面的に行なう必要があるだろう。近年の研究動向は，すでにこの方向で研究が進んでいると思うが，その傾向はさらに強まり，必要条件になっていくと考えられる。人間の行動や認知において，記憶はあくまでも一部分であり，知覚，思考，行為などさまざまな他の活動のなかで行なわれている。この事実をできるかぎり記憶研究に包摂するような研究が望まれる。そして，心理学の隣接科学である神経生理学や生物学，あるいはコンピュータ科学などとのバリアーもフリーになるような多面的な視点に立つ研究の推進が期待されよう。

以上，21世紀には「人類の福祉追求研究」が必要であり，また予測されるということ，そして人間全体の視点から多面的アプローチによる記憶研究の傾向が，ますます高まるということについて述べた。

【引 用 文 献】

Bartlett, F. C.　1932　*Remembering*. Cambridge University Press.　宇津木 保・辻 正三（訳）　1983　想起の心理学　誠信書房

Bower, G. H.　1998　An associative theory of implicit and explicit memory. In M. A. Conway, S. E. Gathercole & C. Cornoldi（Eds.）*Theories of memory, Vol.II*. Psychology Press.

Ebbinghaus, H.　1885　*Über das Gedächtnis*. Leipzig : Dunker und Humbolt.　宇津木 保（訳）　1978　記憶について　誠信書房

Neisser, U.　1978　Memory : What are the important question? In M. M. Gruneberg, P. E., Morris & R. N. Sykes（Eds.）*Practical aspects of memory*. Academic Press.

太田信夫　1991　直接プライミング　心理学研究, **62**, 119-135.

Tulving, E., Schacter, D. L. & Stark, H.　1982　Priming effects in word-fragment completion are independent of recognition memory. *Journal of Experimental Psychology : Human Learning and Memory*, **8**, 336-342.

コラム ①

前頭連合野の記憶の研究ことはじめ

久保田 競（くぼたきそう）

（専門分野）
前頭葉の神経生理学

1932年生まれ．現在，日本福祉大学情報社会科学部教授
《主要著書》
- 脳の探検上・下（監訳）　講談社　1987
- 左右差の起源と脳（編）　朝倉書店　1991
- 脳の発達と子どものからだ〈みんなの保育大学5〉　築地書館　1995
- 脳を探検する　講談社　1998

　私が，神経生理学者となる訓練を終えて，サルの前頭連合野のはたらきの研究を始めたのは1967年のことであった．愛知県犬山市に京都大学霊長類研究所が創設され，そこに助教授として赴任してからだった．当時，「脳と記憶」というテーマでわかっていたことと云えば，HM の症例が報告されて，海馬が短期記憶に重要であること，サルの前頭連合野で空間位置の短期記憶が保持されているということぐらいであった．脳で記憶がどのように保持されているか，全くわかっていなかった．

　犬山でやろうとしたことは，前頭連合野が行動をどのようにコントロールしているかの研究で，サルに特定の行動を学習させて，その行動を遂行中に，前頭連合野のニューロン活動の記録を始めた．

　サルの前頭連合野の背外側部（おもに Walker の46野）を両側除去すると，遅延反応や遅延交代反応ができなくなることが，1934年以来のサルの行動と脳の研究でわかっていて，この行動遂行中のニューロン活動を記録，解析をすることにした．幸いにも，研究はうまくいって，1974年に成果を発表することができた（Kubota ら，J. Neurophysiol, 34：337-347）．サルが眼前のランプの位置を短期間覚えておいて，キー押しをするとき，空間位置の記憶に特異的に

はたらくニューロン活動のことを報告した。記憶を保持しているニューロン活動が報告された最初である。

　前頭連合野の記憶の研究は，その後，予想もしない方向に展開していった。Baddeley が作動記憶（ワーキング・メモリー）とよばれる短期記憶の存在を指摘し，それが前頭連合野の記憶であることが，1990年代になって，はっきりしてきた。今，盛んに研究が行なわれている。その一部が本書にも紹介されている。

　作動記憶とドーパミンなどの関係も少しわかってきて，記憶の障害の治療も少しは可能となった。21世紀の前半では，前頭連合野のすべての記憶のメカニズムが解明され，その学習も老化もよく理解され，治療ができるようになるだろう。同時に他の脳の場所での記憶の解明も進むだろう。

　記憶の研究を志す若い人に言いたいことは，「最前線の研究をし国際的な第1級の学術雑誌に成果を発表しなさい」ということである。

　何をどのように研究すればよいかは，今では簡単に決められる。インターネットで可能である。よい指導者に研究指導を受けなさい。これは，そう簡単ではない。指導できる人は，そんなにはいないから。日本の大学での英語教育が不十分で，学術論文を読みこなせる人が少ないのが現状なので，英語をよく勉強することも必要です。日本語で研究論文を書いても，ほとんど読まれないので，日本語で書かないことも大事なことです。記憶について日本語で書かれた研究論文で，記憶の研究の歴史に残っている論文がありますか。私はないと思っています。

2章

作動記憶

　われわれは時間のなかに生きている。われわれが日常生活を営むうえで必要な認知的活動は，すべて時間経過のなかで起こっている。時間経過のなかで認知機能を実現するためには，後で必要となる情報を一時的に蓄えておかなくてはならないはずだ。このように，認知活動を支えることを前提とした記憶機能を「作動記憶」とよぶ。本章では，この作動記憶に関する最近の3つの認知心理学的研究を紹介する。1つは，言語理解における作動記憶の役割を検討した研究であり，2つ目は，作動記憶容量の測定とかかわるリーディングスパン・テストについての最近の研究の展開を代表するものである。最後に，作動記憶システムが，他の認知システムとダイナミックに相互作用していることを示す研究を紹介する。これらの研究は，いずれも，記憶過程だけを問題としているのではなく，それが他の認知的活動とどのように関係しているのかを取り上げている点で興味深い。

① 作動記憶とは何か

（1） 課題遂行中に必要となる一時的な記憶

　まず，図2-1にあるドットの数を数えてみてほしい。単純な課題だが，これを遂行するためにはいくつかの成分が必要である。第一に，視空間的な配置のなかでドットをどこまで数えたのかを覚えておかなければならない。ドットを指で押さえながら数えた人は，この記憶機能を外部の補助に頼ったことになる。さらに，読者の方々は，「いち，に，さん，し…」という具合に数詞系列を音韻的に（心のなかで声に出して）数えていたのではないだろうか。この課題の遂行のためには，どこまで数えたのかを視空間的に心に留めるだけでなく，そのドットが何個目のものなのかを音韻的に覚えておく必要もある。その証拠に，「あいうえお」とくり返し声に出しながら同じようにドットの数を数えてみると，計数作業がたちまち困難になるということが体験できる。構音抑制（articulatory suppression）とよばれるこの実験手法は，音韻的な形式で情報を一時的に心に留めておくという記憶機能を妨害する（齊藤，1993a；Saito，1997a，1998a，b；Saito & Ishio，1998）。

　情報の形態が視空間的なものであれ音韻的なものであれ，あるいはその他のものであれ，われわれの認知活動のほとんどは，そのような一時的な記憶なくしては遂行不可能である。このような一時的な記憶を「作動記憶（working memory）」[†1]とよぶ（Baddeley，1986；Baddeley & Hitch，1974；Daneman & Carpenter，1980）。そして，この概念が登場するまでにはいくつかの歴史的な変遷があった（古滝，1988；小谷津，1984；三宅，1995；苧阪満里子，1998；齊藤，1997bに詳しい）。

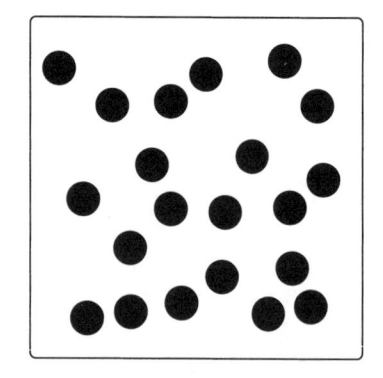

◆図2-1　●が何個あるのか数えてみよう
計数作業には一時的な記憶が必要となることが体験できるはずだ

†1：本書では，文部省学術用語集心理学編（1986，日本学術振興会）に従い，この「作動記憶」という訳語を使用する。そのほかに，「作業記憶」あるいは「ワーキングメモリ」と記される場合もあるが，本質的な違いはない。

（2） 作動記憶の定義

　作動記憶は，もともと上記のような記憶のはたらきに着目した機能的な概念であったが，その定義に関しては，多くの研究者からの提案があり，そのことが作動記憶概念の混乱を導いてきた。研究者間のくいちがいを解消するために，1997年7月にコロラド大学ボールダー校で「Models of Working Memory」というシンポジウムが開催され，第一線で活躍中の多くの作動記憶研究者が集まった。そこで，それぞれのモデルを提出してみると，驚くべきことに相違点よりも類似点のほうが際立っていた（詳しくは，Miyake & Shah, 1999）。10個の作動記憶モデルを検討した結果，その共通点から導かれた定義は次のようなものであった。

　　「作動記憶とは，複雑な認知課題の遂行に必要な課題関連情報の制御と積極的な保持を担うメカニズムでありプロセスである。作動記憶は，また，メカニズムやプロセスの集合体であり，認知的なアーキテクチャのなかに存在する固定的な『場所（place）』や『箱（box）』ではない。そして，完全に単一なシステムではなく，複数のコードをもち，複数のサブシステムから成る（Miyake & Shah, 1999）。」

　ここで，筆者の見解も含め，「作動記憶」をもう少し短く定義しておこう。作動記憶とは，種々の認知課題を遂行するために一時的に必要となる記憶の「機能（はたらき，function）」，あるいは，それを実現している「メカニズム（しくみ，mechanisms）」や「プロセス（processes）」を指す。また，筆者は，作動記憶と短期記憶（short-term memory）は概念的には大きく異なるが，システムとしての区別は難しいと考えている（理由については，齊藤，1999に述べた）。

2 言語理解過程の作動記憶

（1） 作動記憶はどのように作動するのか？ ―三宅らの研究―

　冒頭で紹介した例は，計数における作動記憶の役割であったが（土居，1987を参照），作動記憶の機能について最も研究の進んでいる分野は，言語理解（language comprehension）研究である。多々ある研究のなかで，「たしかに作動記憶が重要だ」ということを感じさせられる，三宅ら（Miyake et al., 1994）の研究を紹介しよう。

　一般に，多義語を含むような曖昧文の理解過程には，多義語の複数の意味を同時に保持しながら読み進む段階があるということが知られている。ここには明らかに作動記憶が必要となる。

　三宅ら（1994）は，どれだけの情報を一度に保持できるのかという作動記憶容量の限界が，曖昧文の理解過程に影響を与えるだろうと予測した。つまり，作動記憶容量の大きい人は，一度にたくさんの情報を保持しながら文を読み進むことができるので，多義語の複数の意味を心に留めておくことに負担はないが，一方，容量の小さい人は，多義語の1つの優位な意味だけを保持しながら文を読み進むのではないかと考えられたのである。具体的に言えば，

「Since Ken really liked the boxer, ……..」

と続く文を読むとき，作動記憶容量の大きな人は，boxerの2つの意味（ボクシング選手とボクサー犬）を保持しているが，作動記憶容量の小さな人は，使用頻度が高く優位な意味（ボクシング選手）しか保持しないのかもしれない。そこで続く句が，それまでの曖昧さを解除するものだったとしよう（disambiguating phrase）：

「….., he took a bus to the nearest pet store to buy the animal.」

　「ボクシング選手」という意味しか保持していなかった被験者は，始めの句を読み返し，正しい解釈を再構成しなければならない。その分だけ，後半の句

を理解するのに時間がかかるはずである。

　三宅ら（1994）は，作動記憶に負荷をかけるために，移動窓パラダイム（moving window paradigm）を採用していた。このパラダイムでは，被験者自身がスイッチを押すたびに，

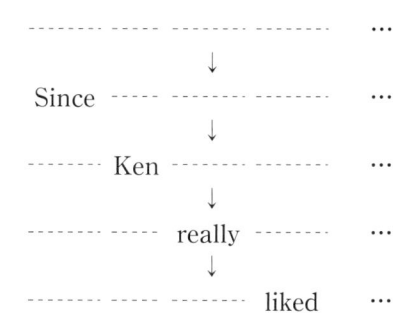

```
--------- --------- --------- ...
              ↓
     Since  --------- --------- ...
              ↓
--------- Ken  --------- --------- ...
              ↓
--------- --------- really  --------- ...
              ↓
--------- --------- --------- liked ...
```

という具合に，あたかも小さな窓から文をのぞきみるように，1語ずつ順々に呈示され前の語は消えていく。被験者は，読み返すことができないので，意味を理解するためには，先の語を覚えておかなくてはならない。このことが作動記憶への大きな負荷となる。

　こういったパラダイムを使用した場合，曖昧解除句に出合った被験者は，読み返す代わりに，特に文の最後で，頭のなかで先の句を振り返り，エラーを修正しようとすることが知られている（MacDonald et al., 1992）。このことから，最終的に多義語の頻度の低いほうの意味を取らねばならないような曖昧文では，文の後半にかけて読みに要する時間が増えていくことが予想された。読みに要する時間は，被験者がスイッチを押す時間間隔を記録することで測定された。

　三宅ら（1994）はまず，言語性の作動記憶の容量をうまく測定すると考えられているリーディングスパン・テスト（Reading Span Test）[†2]を実施し，被験者96人をその得点により3群に分けた（低スパン群36人＝2.5点以下，中スパン群28人＝3.0〜3.5点，高スパン群32人＝4.0点以上）。

[†2]：ダーネマンとカーペンター（Daneman & Carpenter, 1980）によって開発されたテスト。ここでは，苧阪・苧阪（1994）による日本語版リーディングスパン・テストの例を示そう。
　被験者は，「ドライアイスは氷菓子を冷やすのにちょうどよい」，「弟の健二がまぶしそうに目を動かしながら尋ねました」，「老人はわたしを隣に座らせ，風変わりな話を聞かせてくれた」，

「母親は封筒の名前を初めて見たとき，ひどく驚いた」というような文を次つぎと呈示され，それを音読する。その一方で，下線のターゲット語を覚えておき，最後にその4つの単語を再生した。4つの単語が正答すれば，この4文条件をクリアしたことになる（詳しい得点化については苧阪・苧阪，1994を参照）。実際の測定では，2文条件から5文条件が用意された。

　すべての被験者は120の文を読むことになるのだが，そのうち62文が分析の対象となった。また，全体の半分の60文の後には，続いて「Ken liked a dog.」というような文が呈示されその正誤判断を求められたので，被験者は文を理解しないで読み進むということは許されない。比較の対象となったのは，表2-1の(a), (b)に示されている2つのタイプの文である。
　それぞれ，アンダーラインの部分が，曖昧解除部分となる。これを，

　　…［sports］　　［arena］　　［to］　　［see the］　　［match］.
　　　曖昧解除語　　1語後　　　2語後　　その他の語　　最後の語

というように，5つの部分に分割し，それぞれの読み時間を求めた。そして，(a)の場合には「boxer」を「wrestler（レスラー）」に，(b)の場合には「boxer」を「collie（コリー犬）」へというように，多義語を意味の明確な語に入れ換えた別の文の読み時間との差を求めた。その時間の差を被験者群ごとに示したのが図2-2である。ここから明らかなように，高スパン群の被験者は，

◆表2-1　三宅ら（Miyake et al., 1994）の実験1（上段）と実験2（下段）で用いられた実験材料の例

実験1の材料
　(a) 多義語-高頻度意味
　　Since Ken really liked the boxer, he took a bus to the nearest sports arena to see the match.
　(b) 多義語-低頻度意味
　　Since Ken really liked the boxer, he took a bus to the nearest pet store to buy the animal.

実験2の材料
　(c) 作動記憶負荷大
　　Since Ken liked the *boxer* very much, he went to the nearest *pet* store to buy the animal.
　(d) 作動記憶負荷小
　　Since Ken liked the *boxer*, he went to the *pet* store to buy the animal.

文中での多義語（boxer）の意味が高頻度（ボクシング選手）であれ低頻度（ボクサー犬）であれ，明瞭な意味の語（wrestler やcollie）を含む文とほぼ同等の速度で理解している。一方，低スパン群の被験者は，多義語の意味が高頻度の場合ならば，意味の明瞭な文の読解速度と変わらない速さで読み進むことができるが，低頻度の意味の場合，文の最後の語で時間がかかっている。つまり，文を最終的に理解するのに時間がかかっているということであろう。この結果は，作動記憶容量の個人差が，読みの過程に大きく影響を与えているということを示している。

この実験1のデータは非常に美しいが，リーディングスパン・テストの成績によって群分けした実験だけでは，作動記憶が重要であるとはいえない。というのは，リーディングスパン・テストの遂行には，さまざまな認知的成分の関与が想定されており，このテストがいったい何を測定しているのかについては決着をみていな

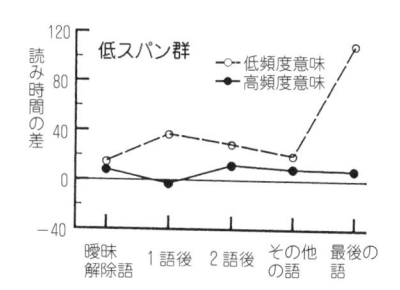

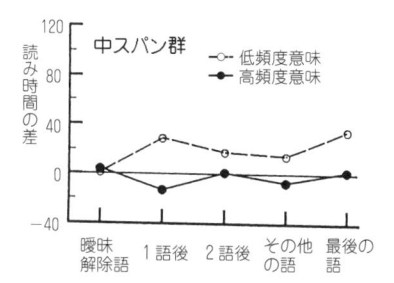

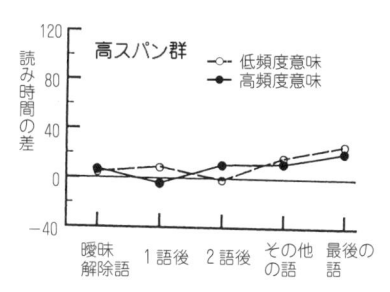

◆図2-2 三宅ら（1994）の実験1の結果

いからである（Miyake & Shah, 1999）。したがって，この課題成績から被験者を分類した場合，高得点者と低得点者の間にある違いは，1つの成分に限定できず，読みの速度の群間差の原因も1つに特定することは難しいのである（齊藤，1998cも参照）。

この点で，三宅ら（1994）の研究がとても優れているのは，実験2において，作動記憶にかかる負荷を直接的に操作したことにある。実験1で示された差異が，本当に作動記憶容量と結びついたものであるのならば，中スパン群に分類

されるような被験者は，作動記憶への負荷が大きい実験事態では低スパン群のように，一方，負荷が少ないときには高スパン群のようにふるまうだろうと予想される。作動記憶への負荷は，多義語（boxer）と曖昧解除語（pet）の間に含まれる語数を変化させることで操作された。表2-1(c)の場合は，多義語が呈示

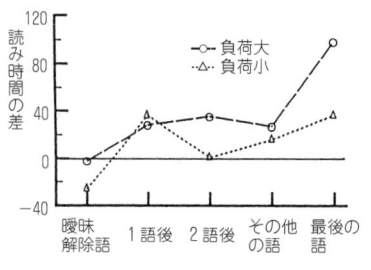

◆図2-3　三宅ら（1994）の実験2の結果

されてから曖昧さの解除が始まるまでに7語あるが（アンダーライン），表2-1(d)の文では4語しかない。前者では，後者に比べて，多義語の複数の意味が時間的に長く保持される必要があるだけでなく，その間に他の単語の意味をとり解釈を構成するという干渉的な活動も多い。(c)の文が(d)の文よりも作動記憶に負担がかかることは明らかである。

　図2-3は，三宅ら（1994）の実験2の結果である。全員が中スパンの被験者であり，多義語の意味はすべて頻度の低いほうのものである（もちろん，被験者には気づかれないように工夫されている）。一見してわかるように，作動記憶負荷小の文では，少なくとも「2語後」以降の読みの時間の変化は，図2-2の高スパン群と同様に比較的フラットである。一方，作動記憶負荷大の文では，読みの時間の増加のしかたは図2-2の低スパン群と類似している。このことは，われわれが多義語の複数の意味を保持しておくことができるのは，比較的短い間だけで，多くの処理と時間を求められる場合には，結局一方の意味にしか焦点をあてることができないということを示している。記憶の限界が，われわれの読み過程の制約となっているのである。

（2）リーディングスパン・テストが測っているもの　―タウスらの研究―

　三宅ら（1994）の研究では，リーディングスパン・テストが重要な役割を演じていた。このテストの成績は，記憶得点によって算出される。それにもかかわらず，この得点が全般的な読み能力のテストの成績と高い相関を示すことから，この課題は，実際の読み過程に必要となるような作動記憶の容量をうまく測定していると考えられてきた。ここで問題となるのは，なぜリーディングス

パン得点のほうが，単純な記憶範囲課題の得点よりも読み得点とより高い相関を示すのかという点である。リーディングスパン・テストを世に送り出したダーネマンとカーペンター（Daneman & Carpenter, 1980）は，処理と貯蔵のトレード・オフという概念でこれを説明している。この考えは，読みなどの処理過程と単語を覚えておくという貯蔵機能が，共通のリソース・プール（エネルギー源）に依存してその機能を実現しているという仮説を前提としている。そして，リーディングスパン・テストのように処理と貯蔵を一度に要求するような課題では，処理が効率よく行なわれるとそれだけ多くのリソースを単語の保持のために用いることができるが，一方，処理の効率が悪いと（つまり，処理に多くのリソースを使ってしまうと）貯蔵のためのリソースが減り，多くの単語を覚えられなくなるというような処理と貯蔵のトレード・オフの関係が成り立つ。ここではこれを「リソース共有仮説」とよぶ。そして，現実場面での読み過程では，これと同じように，読むという処理とそれを支える一時的な記憶がリソースを共有しながら営まれており，その結果，リーディングスパン得点は読み能力を予測できると考えられている。

　上記の考えは，続く多くの研究者によって踏襲されているが，リーディングスパン・テストが何を測定しているのかについてはさまざまな見解があり，一致した見解は得られていない（Miyake & Shah, 1999）。そして，少なくともリソース共有仮説では，現在あるいくつかの実験データを説明できないことがすでに示されている。この節では，リソース共有仮説を巧みに否定したタウスら（Towse et al., 1998）の研究を紹介しよう。

　タウスら（1998）の研究の基本的な考え方は，まず，処理と貯蔵はリソースを共有していないという点にある。そして，リーディングスパン・テストに代表される作動記憶スパン課題の成績の個人差は，情報の「貯蔵」という側面から説明できるというものである。処理の側面は，処理に要する「時間」が保持情報の再生までの「遅延時間」に影響を与えるという意味で，スパン課題において間接的な影響力をもつ。

　彼らの一連の実験では，計数スパン（counting span；Case et al., 1982），操作スパン（operation span；Turner & Engle, 1989），そしてリーディングスパンについて検討しているが，いずれも同様の結果のパターンを示している

ので，ここでは課題の説明を省くためリーディングスパン・テストを用いた実験（実験3）のみをみていく。

被験者が子ども（8歳児，9歳児，10歳児）であることに加え，先の三宅ら（1994）の実験と違うのは，リーディングスパンの実施方法であった。読みという処理を確実にするために（そして，計数スパンや操作スパンとの対応をつけるために），タウスら（1998）は文をコンピュータディスプレイ上に呈示する際に最後の単語を呈示せず，被験者にその回答を求めた。たとえば，

「The magician waved his magic _____」

という文が呈示され，被験者はアンダーラインに適当な語（ここでは wand がターゲット語；a magic wand＝魔法の杖）を入れることを求められる。そして，次つぎとこのような文が呈示され，3文条件では3つの文が呈示された後，被験者は自分が生成した単語を再生しなくてはならなかった。もちろん，生成された単語は実験者があらかじめ準備していたターゲットと異なるときもあるが，その場合には生成された単語が後で再生されていれば正答と判断された（約90％の反応がターゲット語であり，その他の反応もほとんどが意味的に関連した適切なものであった）。

この実験の重要なポイントは，同じターゲット語について2種類の文が用意されていることにある（もちろん，1人の被験者にはどちらかの文しか呈示されない）。たとえば，tail（尻尾）がターゲット語である文は次の2つである。

　(a)　「The dog wagged his _____」
　(b)　「The dog was very happy and so he wagged his _____」

(a)は短く，(b)は長い。それぞれのタイプの文を処理するのに要する（つまり回答までの）時間の平均は，たとえば10歳児では，前者(a)が3.87秒，後者(b)が6.12秒であり明らかに差がある。

タウスら（1998）は，それぞれの試行に長い文(b)を必ず1文含めた。つまり，3文条件の1試行は，短い文が2文，長い文が1文で構成された。そして彼らが行なった実験操作は，長い文を試行の始めに呈示するのか，試行の終わりに呈示するのかという単純なものであった。この実験操作の意図は，試行全体の

(a) 短文条件

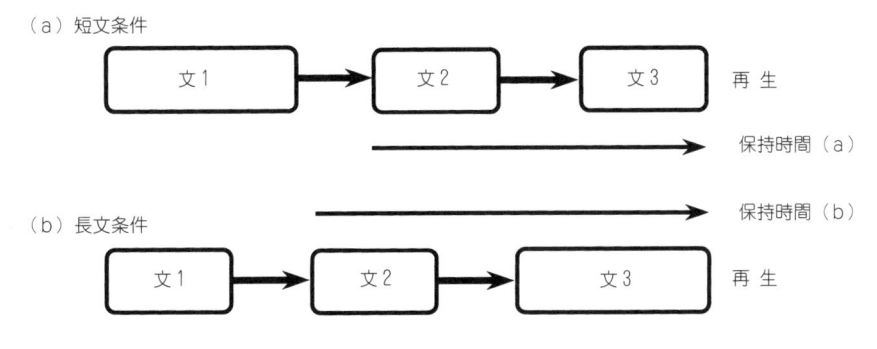

文1 → 文2 → 文3　再生

　　　　　　　　　　　　　　保持時間（a）

(b) 長文条件

　　　　　　　　　　　　　　保持時間（b）

文1 → 文2 → 文3　再生

◆図2-4　タウスら（1998）の実験条件の比較
　　　上段(a)が短文条件で，下段(b)の長文条件よりも記銘材料の保持期間が短い

　処理に必要となるリソースと時間を統制したうえで，生成された記銘語が再生されるまでの保持時間のみを組織的に変化させるという点にあった。図2-4から明らかなように，試行の最後に短い文がある条件（短文条件）では，長い文が最後にある（長文条件）よりも，最後の文以外の記銘語の保持時間が一貫して短い。

　彼らの仮説は次のようなものであった。リーディングスパン・テストの成績が，単一のリソースの処理-貯蔵トレード・オフによって規定されているのであれば，上記の2種類の実験条件では，全体の処理はまったく同じなのだから（つまり処理には同じだけのリソースを必要とするのだから），この実験操作はリーディングスパン・テストの成績に影響を与えないはずである。もし，短文条件のほうが長文条件よりもリーディングスパン得点が高いという結果が得られたならば，これまでの実験結果から示されている処理の影響（たとえば，処理課題が難しいとスパン課題の得点が低いなど）は，その処理時間が記銘項目の再生までの遅延時間に影響を与えたためであるという解釈が成り立つ。そして，リーディングスパン・テストにおいて重要なのは情報の貯蔵とその再生までの遅延時間であるというタウスら（1998）の見解を支持することになる。

　実験結果はきわめて明快であった。図2-5にあるように，いずれの年齢群においても短文条件のほうが長文条件よりもリーディングスパン得点が高い。さらにこの実験では，スパン課題遂行時の各文の読み速度を測定し，それだけでなく，全般的な処理速度の指標として同図形発見課題（identical pictures）

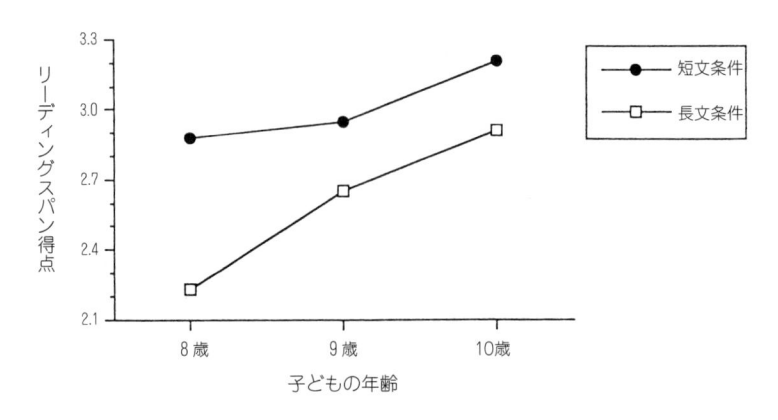

◆図2-5 タウスら（1998）の実験3の結果
　　　いずれの年齢群でも短文条件のほうがリーディングスパン得点が高い

と数字比較課題（digit comparison）を実施していた（2つの課題得点を合成して一般処理速度得点を算出）。これらの課題と被験者の年齢，リーディングスパン得点の間の相関分析もまた，彼らの仮説を支持している。おおまかな結果は，次の3点であった。

1）年齢が高いほどリーディングスパン得点は高いが，読み速度を考慮した後では，年齢はリーディングスパン得点を予測できない。
2）読み速度は，年齢と一般処理速度を考慮した後にも，リーディングスパン得点を予測する（読み速度が速いほどリーディングスパン得点が高い）。
3）読み速度を考慮した後では，一般処理速度はリーディングスパン得点を予測できない。

これらの結果は，リーディングスパン・テスト遂行時に実際にどれくらいの時間をかけて文を読んでいるのかが，リーディングスパン・テストの得点と関連していることを示している。

さらに，リソース共有仮説は，貯蔵過程が処理過程に影響するということも予想している。たとえば，各試行の第一文では，被験者はまだ単語を覚えていない状態で文を読む。一方，最後の文では数個の単語を覚えておきながら文を読まなくてはならない。処理と貯蔵が同一のリソースを共有しているならば，記憶負荷のかかった状態（試行の終わり）では処理は効率よく行なわれないは

ずである。タウスら（1998）は，試行の始めの文と終わりの文の読み時間を比較したが，違いはなかった。この結果は，リソース共有仮説には都合が悪い。逆に，処理と貯蔵を別々のプロセスであると仮定しているタウスら（1998）の仮説と一致する。

　この研究で用いられた実験操作は，きわめて単純であるが重要なポイントをついている。まさに「コロンブスの卵」のような実験であり，著者らの着眼点の鋭さを感じる。ただし，タウスら（1998）は，これらの結果が子どもの作動記憶課題の成績のみから得られていることから，彼らの理論を成人の作動記憶課題へ適用することにはやや慎重ではある。たしかに，彼らの結果からのみ，リーディングスパン得点の個人差が貯蔵の成分で説明できるということを主張するのは危険である。また，彼らは，作動記憶スパン課題における問題を取り上げたのであって，たとえば，日常生活における自然な読み過程に，処理と貯蔵のトレード・オフが認められないということを主張しているのではない。しかし，このような研究成果が徐々に蓄積されてきている現在（齊藤・三宅，1999；Towse & Hitch, 1995；Towse et al., in press），少なくともリーディングスパン・テストの個人差に関しては，新たな説明理論の構築を試みるべきだろう。

③ 作動記憶システムの構成と従属システムのメカニズム

（1）　作動記憶システムのモデル

　三宅ら（1994）の研究からわかるように，われわれの認知活動は作動記憶という機能によって支えられており，そのことはほとんどの研究者によって認められている。しかし，この記憶機能がどのようなメカニズムで実現されているのか，また，その機能の個人差はどのような要因に起因するのかについては，まだコンセンサスは得られていない。そもそも，タウスら（1998）の研究から

示唆されるように，作動記憶機能の測定自体が難しいのである。ただ，はっきりとしていることのひとつは，作動記憶に保持される情報の様式にはいくつかのタイプがあることである（視空間的，音韻的，意味的情報など）。バドリーとロジー（Baddeley & Logie, 1999）だけでなく，多くの研究者が作動記憶にいくつかのタイプの情報を保持するメカニズムが必要であると認めているし（Barnard, 1999；Kieras et al., 1999；Schneider, 1999），その他の研究者も積極的にこうした見解を否定してはいない（Kintsch et al., 1999）。冒頭で紹介した計数課題では，視空間的情報と音韻的情報の保持が必要であった。また，三宅ら（1994）の研究では（おそらく）意味的情報の保持が必須であろう。これらの情報の保持は，「課題遂行中に必要となる」という意味で，すべて作動記憶の機能を反映している。

　詳細は別にして，作動記憶システムの構成についての一般的見解は，バドリーとロジー（1999）が提案するようなモデルに近づいている（図2-6）。視空間的な情報の保持は視空間的記銘メモ（visuo-spatial sketch pad），音韻的情報の保持は音韻ループ（phonological loop）という機能システムによって実現される。意味的情報はどのように保持されるかというと，長期記憶（long-term memory）の活性化によって実現されるという（Baddeley & Logie, 1999）。そして長期記憶の表象を活性化させるはたらきを中央実行系（central executive）が担っている。中央実行系は，このほかに，先の2つの従属システム（視空間的記銘メモと音韻ループ）のはたらきを調整したり，注意を焦点づけたり切り替えたりする機能を担う。かつては，認知過程に必要なありとあらゆる機能をここにわりあててしまったので，混乱をまねいていたが，現在はその整理の段階に入っている。たとえば，情報の保持機能は中央実行系からはずされた

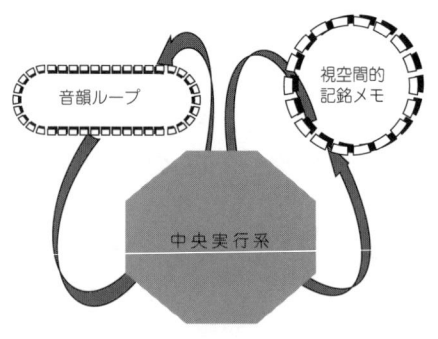

◆図2-6　バドリーとロジー（1999）の作動記憶モデル

(Baddeley & Logie, 1999)。

　以上のようなおおまかな作動記憶システムの機能的な構成は，多くの研究者たちの認めるところである。いくつかの疑問も残るが，それは齊藤（1999）にゆずり，続いて従属システムのメカニズムを検討する。

　バドリーとロジー（1999）のモデルに従い，作動記憶には，少なくとも2つの従属システムがあるとしておこう。彼らによれば，これらの従属システムはまた，機能的に2つの下位要素に分かれている。時間経過とともに減衰していくような受動的な貯蔵機能と，そうして減衰していく運命の情報を再活性化するようなアクティブな情報保持機能である。視空間的記銘メモについていえば，前者は視覚キャッシュ（visual cache）であり，後者がインナー・スクライブ（inner scribe）である（Logie, 1995）。また，音韻ループに関していえば，受動的な貯蔵機能は音韻ストア（phonological store）が担い，アクティブな再活性化は構音コントロール過程（articulatory control process）が担っている。視空間的記銘メモについては仮説の域を出ていないが，音韻ループに関するこれらの区分は，実験的データ（Baddeley, 1986；齊藤，1997b,cを参照）によっても，神経心理学的研究（たとえば，Vallar et al., 1997）によっても，PET（Positron Emission Tomography）やfMRI（functional Magnetic Resonance Imaging）といった非侵襲的脳機能計測法を用いた研究（たとえば，Jonides & Smith, 1997；Paulesu et al., 1993；Smith & Jonides, 1997）によっても支持されている（関連する展望論文に，乾，1997a, b，藤井，1998；相馬，1996がある）。

（2）　言語システムに埋め込まれた音韻ループという仮説　―齊藤の研究―

　ここでの問題の焦点は，これら下位要素のはたらきが，記憶以外の認知システムと大きく重なり合っているという主張にある。バドリーとロジー（1999）によれば，受動的な貯蔵機能はおもに知覚（perception）の過程とオーバーラップしており，アクティブな情報保持は行為や反応の産出とかかわる過程とオーバーラップしているという。音韻ループに関していえば，前者は，われわれが言語音を聞いたときにそこから意味のある音韻形態を抽出するという言語知覚にかかわるシステム（speech perception system）と共通であり，後者

は，われわれが何かを発話しようとするときに駆動する言語産出のシステム（speech production system）の一部と共通であると考えられている。

実際に，ギャザコールとマーチン（Gathercole & Martin, 1996）は，音韻ループの音韻ストアが，言語知覚システムのはたらきを利用して成り立つ疑似記憶システム（pseudo memory system）であると考えている。音韻ストアと言語知覚システムの関連については，ほかにもいくつかの証拠がある（齊藤，1998d）。また，音韻ループの構音コントロール過程が，言語産出システムと密接に関連しているという主張にも多くの根拠がある。特に，構音コントロール過程が，発話のために必要となる音韻系列のプランニング（発話運動プランニング，speech motor planning）とかかわっているということは，筆者自身の実験的研究によっても（Saito, 1993b, 1994, 1997a, 1998a），神経心理学的なデータによっても支持されている（Baddeley & Wilson, 1985；Waters et al., 1992）。

筆者の考えている音韻ループと言語知覚過程・言語産出過程の関係を図示すると，図2-7のようになる。ここでの仮説は，音韻ループの機能は，言語知覚過程と言語産出過程のそれぞれの一部を間借りした形で営まれているというものである。言い換えれば，音韻ループの機能は，言語知覚過程の一部と言語産出過程の一部の相互作用から生まれるのである。そして，この仮説が受け入れられた場合，音韻ループのモデル化に，言語知覚や言語産出に関する精緻なモデルが利用できるという利点がある。

さて，この仮説は，認知神経科学的研究やコンピュータ・シミュレーション

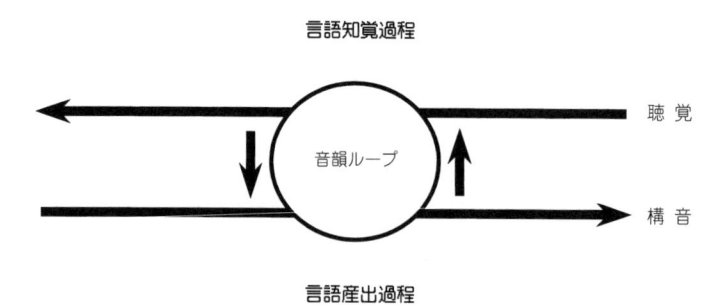

◆図2-7 音韻ループと言語知覚過程・言語産出過程の関係

を用いた研究からも支持されているが（齊藤，1998dを参照），行動的なレベルで，音韻ループと言語処理過程の関連を探るためには，どのような方法論をとるべきであろうか。先に述べたように，音韻ループの構音コントロール過程の活動は発話運動プランニングによって支えられている。そして，音韻ストアの音韻表象は，聴覚刺激から容易に活性化するということも知られている（詳しくは，齊藤，1997b）。音韻ループの機能は，構音コントロール過程と音韻ストアの相互作用から生まれるのだから，この音韻表象が，発話運動プランニングと密接に関係しているということは予想できる。そこで，聴覚呈示の言語材料が，発話過程に影響を与え，ある場合にはエラーを生起させるのではないか，という仮説が成り立つ。スピーチ・エラーという行動レベルの指標が，音韻ループと言語処理過程の関連性の分析を可能にしてくれるのかもしれない。

　齊藤（Saito, 1998e）は，実験的にスピーチ・エラーを作り出すことを，まず試みた。この実験では，それぞれの試行の最初に，コンピュータディスプレイ上にターゲット語（たとえば「しずおか」）が視覚的に呈示された。それが消えると，続いて"＊"印が1秒に1回のペースで十数回，視覚的に呈示され，被験者はこの印が現われるたびに最初に呈示された同じターゲット語を発話する。この課題では，"＊"印が呈示されると「同時に」発話することが求められており，それを可能にするために，"＊"印の呈示される500ミリ秒前にヘッドフォンからピッという合図音が呈示された。被験者はこの合図音に続いて呈示される"＊"印に合わせてターゲット語を発話するのである。スピーチ・エラーを誘導するために，この合図音があるとき突然，干渉語に入れ替わる。つまり，ターゲット語の発話開始500ミリ秒前に干渉語が聴覚的に呈示されることになる。その実験手続きによって，ターゲット語と音韻的に類似した干渉語（たとえば「しおづけ」）が呈示された場合にスピーチ・エラー「しおづか」が生起するが，音韻的に類似していない干渉語（たとえば「いたまえ」）が呈示されたときにはほとんどエラーが起こらないということが示された。

　この結果は，音韻ループ仮説からの予測と一致している。聴覚刺激が，発話に影響を与え，スピーチ・エラーを引き起こしたのである。しかし，聴覚刺激が発話に影響を与えたということは，言語処理システムと音韻ループの関係を反映しているのではなく，単に，言語の入力と出力の関連が密接であるという

ことを示しているのにすぎないのかもしれない。「スピーチ・エラーの生起メカニズムが，音韻ループのはたらきと関係している」という筆者の仮説を検証するためには，記憶範囲など音韻ループの機能を反映している課題の成績とスピーチ・エラーの生起率との相関関係を分析するなどの，個人差アプローチが必要である。

　この目的のために，齊藤（Saito, 1998f）は，スピーチ・エラー課題だけでなくいくつかの課題を80人の被験者に実施した（全体では9つの課題を実施したが，ここではそのなかのいくつかを紹介する）。まず，音韻ループの機能を反映すると考えられている数唱範囲課題（digit span task）を測定した。パソコンからヘッドフォンを通じて数詞を聴覚的に呈示し，口頭による再生を求めた。各桁2リスト実施し，2リストとも失敗するまで桁数を増やしていった。こうして測定された記憶範囲とスピーチ・エラーの生起率の間に，弱いながらも有意な負の相関がみられた。この結果は，スピーチ・エラーの生起率の低い個人のほうが記憶範囲が大きいということを意味し，「スピーチ・エラーの生起メカニズムが，音韻ループのはたらきと関係している」という仮説を支持している。さらに視空間的な能力を測定していると考えられる2つの課題，および，知覚的情報処理速度を測定する課題の得点をそれぞれ考慮した偏相関を求めても，これら2つの指標の間の相関はほとんど変化しなかった。つまり，2変数間の相関は，一般的な情報処理能力を反映しているのではないといえよう。

　記憶範囲課題の成績とスピーチ・エラーの生起率の関係は，音韻ループによって媒介されている可能性が高いとしても，音韻ループのいかなる成分がこの相関に貢献しているのであろうか。音韻ループの構音コントロール過程と音韻ストアは，どちらも記憶範囲課題の遂行にかかわっている。このどちらがスピーチ・エラーの生起と関連しているのであろうか。直感的には，言語産出過程と関連している構音コントロール過程のほうが関連が強そうである。そこで，構音コントロール過程のはたらき具合を測定すると考えられる2つの指標を求めてみた。1つは読み速度であり，A4用紙上に書かれた200個の数字をできるだけ早く口頭で読み上げることを求め，その時間を測定した。もう1つは早口ことば課題であり，3つの早口ことばをそれぞれ5回，できるだけ早く言うことを求めた。3×5回のうち完全に言えたもの以外がエラーとしてカウント

された。これら2つの課題の得点はいずれも記憶範囲と相関を示し，相互にも相関を示した。しかし，いずれの課題得点もスピーチ・エラーの生起率とは相関を示さなかった。そして，これら構音コントロール過程課題とスピーチ・エラーは独立に記憶範囲課題の成績を予想するということが，重回帰分析と因子分析の結果から明らかになった。スピーチ・エラー，記憶範囲，読み速度，早口ことばの4つの課題の関係を図2-8に示した。

　記憶範囲，読み速度，早口ことばの3つの課題に共通の潜在変数はおそらく構音コントロール過程であると考えられる。言語的な情報をリハーサルすること，ランダムな数字を正確に早く読み上げること，そして早口ことばを正確に口にすることに共通するのは，発話運動プランニングに支えられたメカニズムであると考えるのは不自然なことではない。これに対して，記憶範囲とスピーチ・エラーに共通の潜在変数はどのように考えたらよいのであろうか。音韻的な情報を保持するという機能も，聴覚的な刺激から干渉されないように発話のための音韻表象を維持する機能も，どちらも，どれだけ頑健でクリアな音韻表象を生成できたかということとかかわっている。こうした機能は，音韻ストアと関係していると考えるのが妥当なのかもしれない。これを裏づけるように，この実験では，音韻的に類似した干渉語からスピーチ・エラーが引き起こされるが，音韻的に類似していない干渉語はターゲット語の発話にほとんど影響を

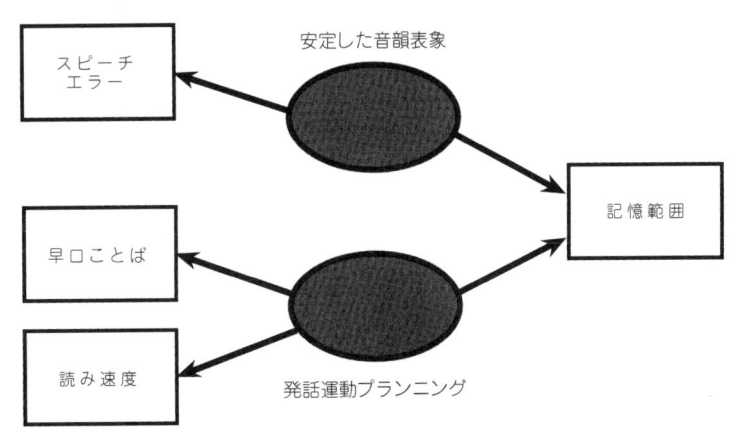

◆図2-8　スピーチ・エラー得点，早口ことば得点，読み速度と記憶範囲の関係
　　　　円は潜在変数を意味する

与えなかった。この事実は，スピーチ・エラーの誘導が音韻的類似性に敏感であることを示している。記憶範囲の成績が記銘材料の音韻的な類似性に敏感であり，これが音韻ストアの機能を反映している（齊藤，1993aなど）ということを考えると，この実験のスピーチ・エラーの生起には音韻ストアがかかわっていると結論してもよさそうである。しかもこの実験でのスピーチ・エラーは，聴覚刺激から自動的に引き起こされるタイプのものであった。この課題と言語知覚過程の関連を想定せざるを得ない。

　こうしたことから，齊藤（Saito, 1998f）は，図2-9にあるような「言語システムに埋め込まれた音韻ループ・モデル（the embedded phonological loop model）」を提案した。このモデルの背後にある発想は，作動記憶の従属システムの構成要素が，実は，記憶のためだけに存在するのではないかもしれないというところにある。このことは，1従属システムの問題ではなく，作動記憶システム全体の問題として取り上げられる必要があるかもしれない。中央実行系についていえば，それが記憶機能を支えるためだけにあるのではないという主張が，多くの研究者からなされているからである（たとえば，渡邊，1998）。

　スピーチ・エラー誘導法による作動記憶研究は，開始されたばかりであり，

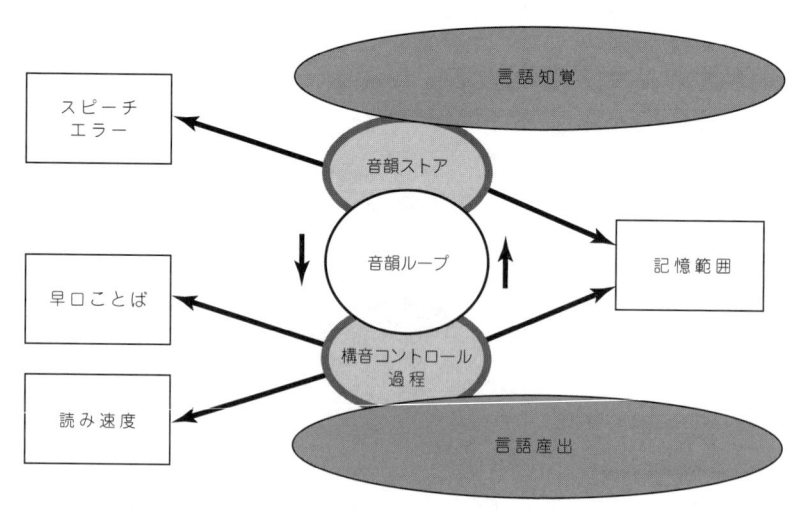

◆図2-9　言語システムに埋め込まれた音韻ループ・モデル

その方法論的基盤には検討の余地が多く残されている。しかし，優れた心理言語学の知見を利用できるという点で，この方法は，音韻ループのモデル化の手がかりとなる実証的な証拠を集める有効な方法であると筆者は考えている。そして，音韻ループを記憶システムとしてのみ位置づけるのではなく，認知システム全体のなかでその機能とメカニズムを検討していくようなアプローチは，従属システムだけでなく，作動記憶システム全体を再考するのにも役立つと思われる。

4 作動記憶研究の今後の展望

　ここまで紹介してきた研究の特徴は，その研究のなかで記憶指標だけを問題としていないところにある。三宅ら（1994）の研究は，作動記憶の制約が読み過程にどのような影響を与えるのかを検討し，タウスら（1998）の研究は，読みに利用される作動記憶が読み過程からどのように影響を受けているのかを検討している。少なくとも作動記憶に関しては，それがさまざまな認知過程のなかでダイナミックに機能しており，そして「作動記憶概念の本質は，記憶過程が記憶以外の認知過程に影響を与えているという点にある（Baddeley, 1986）」のだから，記憶だけを指標としていても問題の解決は難しい。作動記憶が他の認知過程でどのように運用されているのかということを調べるためには，三宅ら（1994）やタウスら（1998）のようなアプローチが必要であろう。それだけでなく，作動記憶のメカニズムを検討するときにも，齊藤（1998f）のような記憶指標を中心としないアプローチが重要である。というのは，作動記憶システムは記憶のためだけに構築されたシステムではなく，さまざまな認知過程との相互作用のなかで進化してきたと考えられるからである。この記憶システムを理解するためには，記憶課題・記憶指標だけでなく，さまざまな課題や指標を用い，認知システムのなかにおけるその位置づけを行ないながら，記憶システムの特徴を洗いだす作業が必須であろう。今後「記憶以外を指標と

する記憶研究」が増えていくことはまちがいないし，筆者はそのように期待する。

　ただし，このことは，作動記憶の「記憶」の側面をないがしろにするという意味ではない。実際のところ，作動記憶の「記憶」の側面が，作動記憶課題の成績を説明するうえでやはり重要であるということがあらためて確認されているのである（Shah & Miyake, 1996 ; Towse et al., 1998 ; Turner & Engle, 1989）。また，これまで記憶機能との関連があまり考えられてこなかったような課題においても，記憶の重要性が指摘されている。たとえば，単純な課題を長時間連続して遂行すると（2線分の長さの比較課題を40分間くり返し続けるなど），そのパフォーマンスが低下するということが知られているが，そうした低下は，当該の課題に記憶の成分が必要となるような実験設定のときにのみはっきりと現われる（Baddeley et al., in press）。このように，「記憶」を中心とした作動記憶という概念を用いることで，よりよく理解できる認知現象があるのである。

　結論を言えば，さまざまな認知過程を理解するためには作動記憶という概念が必要であり，その作動記憶を理解するためには，記憶指標だけでなくさまざまな指標を用いてアプローチすることが重要であるということになる。この場合，行動的指標だけでなく生理的指標の測定も視野に入れる必要があるだろう。というのは，認知心理学の行動的指標に加え，非侵襲的脳機能計測（たとえば，Paulesu et al., 1993 ; Just et al., 1996 ; 展望は，藤井，1998 ; 苧阪満里子，1998 ; 苧阪直行，1998）と脳細胞からの直接的な記録実験（船橋，1998 ; 櫻井，1998 ; 渡邊，1998を参照）が，現在の作動記憶研究の大黒柱となっているからである。これら脳計測は，かつてからは考えられないほどその手法が多様化し，洗練されてきた（Posner & Raichle, 1994）。そしてその研究成果は，脳機能の解明に役立つだけでなく，作動記憶の認知心理学的モデルの構築にも大きな影響を与えはじめている（Shah & Miyake, 1999）。こうした現状を考えると，作動記憶という概念を中心に据え，かつ，そうした記憶機能のメカニズム解明を目的としながら，さまざまな実験パラダイムと測定方法を柔軟に駆使していくような，貪欲な知的好奇心が21世紀の作動記憶研究者に求められているのかもしれない。

【引 用 文 献】

Baddeley, A. D. 1986 *Working memory*. New York : Oxford University Press.
Baddeley, A. D., Cocchini, G., Della Sala, S., Logie, R. H. & Spinnler, H. (in press) Working memory and vigilance : Evidence from normal ageing and Alzheimer's desease. *Memory & Cognition*.
Baddeley, A. D. & Hitch, G. J. 1974 Working memory. In G. Bower (Ed.) *The psychology of learning and motivation, Vol. VIII*. New York : Academic press. Pp.47-90.
Baddeley, A. D. & Logie, R. H. 1999 Working memory : the multiple component model. In A. Miyake & P. Shah (Eds.) *Models of working memory : mechanisms of active maintenance and executive control*. (Chapter 2). New York : Cambridge University Press. Pp. 28-61.
Baddeley, A. D. & Wilson, B. A. 1985 Phonological coding and short-term memory in patients without speech. *Journal of Memory and Language*, **24**, 490-502.
Barnard, P. J. 1999 Interacting cognitive subsystems : modelling working memory phenomena within a multi-processor architecture. In A. Miyake & P. Shah (Eds.) *Models of working memory : mechanisms of active maintenance and executive control*. (Chapter 9). New York : Cambridge University Press. Pp. 298-339.
Case, R., Kurland, D. M. & Goldberg, J. 1982 Operational efficiency and the growth of short-term memory span. *Journal of Experimental Child Psychology*, **33**, 386-404.
Daneman, M. & Carpenter, P. A. 1980 Individual differences in working memory and reading. *Journal of Verbal Learning and Verbal Behavior*, **19**, 450-466.
土居道栄 1987 計数課題における記憶負荷の効果：作動記憶における発達的特性の分析 心理学研究, **58**, 28-34.
Engle, R. W., Kane, M. J. & Tuholski, S. W. 1999 Individual differences in working memory capacity and what they tell us about controlled attention, general fluid intelligence and functions of the prefrontal cortex. In A. Miyake & P. Shah (Eds.) *Models of working memory : mechanisms of active maintenance and executive control*. (Chapter 4). New York : Cambridge University Press. Pp. 102-134.
藤井俊勝 1998 ワーキングメモリーの神経基盤 心理学評論, **41**, 157-171.
船橋新太郎 1998 作業記憶の神経機構と前頭連合野 心理学評論, **41**, 96-117.
Gathercole, S. E. & Martin, A. J. 1996 Interactive porcesses in phonological memory. In S. E. Gathercole (Ed.) *Models of short-term memory*. Hove : Psychology Press. Pp. 73-100.
乾 敏郎 1997a 言語機能の脳内ネットワーク 心理学評論, **40**, 287-299.
乾 敏郎 1997b 文理解過程のネットワークモデル 心理学評論, **40**, 303-316.
Jonides, J. & Smith, E. E. 1997 The architecture of working memory. In M. D.

Rugg (Ed.) *Cognitive Nueroscience*. Hove : Psychology Press. Pp. 243-276.
Just, M. A., Carpenter, P. A., Keller, T. A., Eddy, W. F. & Thulborn, K. R.　1996　Brain activation modulated by sentence comprehension. *Science*, **274**, 114-116.
Kieras, D. E., Meyer, D. E., Mueller, S. & Seymour, T.　1999　Insights into working memory from the perspective of the EPIC architecture for modeling skilled perceptual-motor and cognitive human performance. In A. Miyake & P. Shah (Eds.) *Models of working memory : mechanisms of active maintenance and executive control*. (Chapter 6). New York : Cambridge University Press. Pp. 183-223.
Kintsch W, Healy A, Hegarty M, Pennington, B. F. & Salthouse, T. A.　1999　Models of working memory : eight questions and some general issues. In A. Miyake & P. Shah (Eds.) *Models of working memory : mechanisms of active maintenance and executive control*. (Chapter 12). New York : Cambridge University Press. Pp. 412-441.
古滝美代子　1988　作動記憶　太田信夫（編）エピソード記憶論　第8章　誠信書房　Pp. 206-233.
小谷津孝明　1984　作業記憶　小谷津孝明（編）現代基礎心理学4 記憶　第4章　東京大学出版会　Pp. 89-106.
Logie, R. H.　1995　*Visuo-spatial working memory*. Hove : Lawrence Erlbaum Associates.
MacDonald, M. D., Just, M. A. & Carpenter, P. A.　1992　Working memory constraints on the processing of syntactic ambiguity. *Cognitive Psychology*, **23**, 56-98.
三宅 晶　1995　短期記憶と作動記憶　高野陽太郎（編）　認知心理学2 記憶　第4章　東京大学出版会
Miyake, A., Just, M. A. & Carpenter, P. A.　1994　Working memory constraints on the resolution of lexical ambiguity : Maintaining multiple interpretations in neutral contexts. *Journal of Memory and Language*, **33**, 175-202.
Miyake, A. & Shah, P.　1999　Toward unified theories of working memory : Emerging general consensus, unresolved theoretical issues, and future research directions. In A. Miyake & P. Shah (Eds.) *Models of working memory : mechanisms of active maintenance and executive control*. (Chapter 13). New York : Cambridge University Press. Pp. 442-481.
苧阪満里子　1998　ワーキングメモリと言語理解の脳内メカニズム　心理学評論, **41**, 174-193.
苧阪満里子・苧阪直行　1994　読みとワーキングメモリ容量：日本語版リーディングスパンテストによる測定　心理学研究, **65**, 339-345.
苧阪直行　1998　視覚的ワーキングメモリ　心理学評論, **41**, 142-153.
Paulesu, E., Frith, C. D. & Frackowiak, R. S. J.　1993　The neural correlates of the verbal component of working memory. *Nature*, **362**, 342-344.
Posner, M. I. & Raichle, M. E.　1994　*Images of mind*. New York : Scientific American Books.　養老孟司・加藤雅子・笠井清登（訳）1997　脳を観る　日経サ

イエンス社
齊藤 智　1993a　構音抑制と記憶更新が音韻的類似性効果に及ぼす影響　心理学研究, **64**, 289-295.
Saito, S.　1993b　The disappearance of the phonological similarity effect by complex rhythmic tapping. *Psychologia*, **36**, 27-33.
Saito, S.　1994　What effect can rhythmic finger tapping have on the phonological similarity effect? *Memory & Cognition*, **22**, 181-187.
Saito, S.　1997a　When articulatory suppression does not suppress the activity of the phonological loop. *British Journal of Psychology*, **88**, 565-578.
齊藤 智　1997b　音韻的作動記憶に関する研究　風間書房
齊藤 智　1997c　音韻ループ研究の展開：神経心理学的アプローチと実用的アプローチからの検討　心理学評論, **40**, 188-202.
Saito, S.　1998a　Phonological loop and intermittent activity : A whistle task as articulatory suppression. *Canadian Journal of Experimental Psychology*, **52**, 18-24.
Saito, S.　1998b　Effects of articulatory suppression on immediate serial recall of temporally grouped and intonated lists. *Psychologia*, **41**, 95-101.
齊藤 智　1998c　ワーキングメモリのパラドックス：苧阪満里子論文へのコメント　心理学評論, **41**, 194-196.
齊藤 智　1998d　スピーチ・エラー誘導法による音韻ループ研究の可能性について　大阪教育大学紀要IV, **47**, 111-122.
Saito, S.　1998e　Experimental speech errors : Implications for working memory model. Tsukuba International Conference on Memory & The Second Japanese Conference on Memory, Tsukuba.
Saito, S.　1998f　Phonological loop and experimental speech errors : A correlation study. XV BPS Annual Cognitive Psychology Section Conference, Bristol.
齊藤 智　1999　短期記憶と作動記憶　記憶の臨床（臨床精神医学講座 special issue 第2巻）　中山書店
Saito, S. & Ishio, A.　1998　Rhythmic information in working memory : Effects of concurrent articulation on reproduction of rhythms. *Japanese Psychological Research*, **40**, 10-18.
齊藤 智・三宅 晶　1999　リーディングスパン得点に及ぼすリスト内時間構造の影響　日本心理学会第63回大会発表論文集　p. 585
櫻井芳雄　1998　心理学を生かした真の学際研究が進んでいた：船橋論文に関するコメント　心理学評論, **41**, 118-120.
Schneider, W.　1999　Working memory in a multi-level hybrid connectionist control architecture (CAP2). In A. Miyake & P. Shah (Eds.) *Models of working memory : mechanisms of active maintenance and executive control*. (Chapter 10). New York : Cambridge University Press. Pp. 340-374.
Shah, P. & Miyake, A.　1996　The reparability of working memory resources for spatial thinking and language processing : an individual differences approach. *Journal of Experimental Psychology : General*, **125**, 4-27.

Shah, P. & Miyake, A. 1999 Models of working memory : an introduction. In A. Miyake & P. Shah (Eds.) *Models of working memory : mechanisms of active maintenance and executive control.* (Chapter 1). New York : Cambridge University Press. Pp. 1-27.

Smith, E. E. & Jonides, J. 1997 Working memory : A view from neuroimaging. *Cognitive Psychology*, **33**, 5-42.

相馬芳明　1996　音韻性（構音性）ループの神経基盤　失語症研究, **17**, 149-154.

Towse, J. N. & Hitch, G. J. 1995 Is there a relationship between task demand and strage space in tests of working memory capacity ? *Quarterly Journal of Experimental Psychology*, **48A**, 108-124.

Towse, J. N., Hitch, G. J. & Hutton, U. 1998 A reevaluation of working memory capacity in children. *Journal of Memory and Language*, **39**, 195-217.

Towse, J. N. Hitch, G. J. & Hutton, U. (in press) On the interpretation of working memory span in adults. *Memory & Cognition*.

Turner, M. L. & Engle, R. W. 1989 Is working memory capacity task dependent ? *Journal of Memory and Language*, **28**, 127-154.

Vallar, G., Di Betta, A. M. & Silveri, M. C. 1997 The phonological short-term store-rehearsal system : Patterns of impairment and neural correlates. *Neuropsychologia*, **35**, 795-812.

Waters, G. S., Rochon, E. & Caplan, D. 1992 The role of high-level speech planning in rehearsal : Evidence from patients with apraxia of speech. *Journal of Memory and Language*, **31**, 54-73.

渡邊正孝　1998　前頭連合野とワーキングメモリー　心理学評論, **41**, 121-137.

コラム ②

神経心理学
ことはじめ

杉下 守弘（すぎしたもりひろ）

（専門分野）
　　神経心理学

1943年生まれ。現在，東京大学大学院医学系研究科教授
《主要著書》
● 言語と脳〈叢書 脳を考える〉 紀伊國屋書店　1985
● 右脳と左脳の対話〔新版〕 青土社　1990
● 右半球の神経心理学（編著） 朝倉書店　1991
● 脳の知られざる世界〈現代のエスプリ349〉（編著）　至文堂　1996

　記憶の心理学的研究は，人間に種々の刺激を与え，それにどのように反応するかということから記憶を研究する。しかし，記憶の研究はそれだけにとどまらない。私どもが行なっている脳と記憶を関連づけようという，いわゆる神経心理学的研究もあります。

　私が初めに関心をもったのは，脳の特別な部分が病気や外傷などのために破壊されて，記憶が障害されることがあるという事実です。このような患者を研究する領域は医学の領域であって，文学部で心理学を専攻した者にとってはアプローチが難しいように思われました。しかし，1950年代からイギリスや米国の心理学者がこのような領域の研究を盛んに行なっていたことに力を得て研究を始めました。

　多くの大学の医学部の方々にお世話になりながら，初めに行なった研究は，大脳損傷で生ずる言語の障害すなわち失語症を記憶障害として検討することでした。失語症はいろいろな言語の症状を呈しますが，そのひとつに喚語困難といわれる症状があります。これは物品（たとえば時計）をみせて名前を尋ねても「トケイ」と言えない症状です。物の名前を言えないけれども，物の名前についてばくぜんとした記憶再生（generic recall）は可能という仮説を立て検

討しました。具体的には，物の名前がいくつの音（シラブル，正しくはモーラ）から成り立っているかという記憶（たとえば時計なら「ト」と「ケ」と「イ」で3つ）は残っているかどうか検討し，そのような事実があることを示しました（精神医学14：631，1972）。

その後，十二指腸潰瘍の手術の際の麻酔のため海馬が損傷され記憶障害となった症例の報告をしました（Arch, Neurol, 36：54 1979）。海馬が萎縮していることを気脳写で示した研究で，Zola-Morgan et al（J, Neurosci. 6：2950）がヒトの海馬損傷の記憶障害例としてあげた代表的な5例のなかの1例として取り上げたので，しばしば引用されます。

そのほか，一過性に起こる記憶障害（J. Neurol. Neurosurg. Psychiat. 56：1234，1993）や，左視床損傷で生ずる記憶障害などを研究しました（J. Neurol. 242：289，1995）。大脳損傷で生ずる記憶障害について勉強あるいは研究したい方は，初めは概説書〔ハイルマン・バレンスタイン（編）杉下守弘（監訳）1995 臨床神経心理学　朝倉書店など〕，次に有名雑誌の症例報告を読むことを勧めます。そうすれば概説書で得られない詳細な知識，たとえば，鑑別，症例の神経症状などについて知ることができます。

ヒトの記憶障害の研究は症例報告も含め，真実からやや遠い研究論文がかなり存在します。良質の論文を選ぶには，外国の一流雑誌に載ったものという目安以外に，一流の学者の著わしたものという規準で選ぶとよいと思います。

記憶を脳と関連づけて研究するのは，従来は脳損傷の研究が主流でした。しかし，1980年代の陽電子放出断層撮影法（PET），1990年代の機能的磁気共鳴画像法（fMRI）の導入により状況は一変しました。これらの方法により，健常者を対象として，記憶している際に脳のどの部分が活動しているか測定できるようになりました。私どもの研究室でも5年前から磁気共鳴画像法を用いた記憶の研究を始めました。文字を想起するときに左頭頂間溝付近が最も活動し，そのほか右頭頂間溝付近，左中心前溝と左上前頭溝の交叉部付近なども活動していました（Neuroreport 7：1917，1996）。この領域の概説書としては，"Frackowiak et al. Human Brain Function Academic Press. 1997" をお勧めします。

　研究をするうえで重要なことは，よい師にめぐりあうことが第一でしょう。しかしそれがかなわないとき，そして，その場合のほうが多いのですが，よい

論文を読んで勉強することでしょう。それから，英語で論文を書けるようになること。英語は書けるからといって英語論文が書けるわけではなく，これはかなり困難なことです。お勧めできる対策がひとつあります。論文を書くときに，そのテーマに関連した英語論文を10〜20編前もって読んでおきます。そして，論文を書いていって自分が書こうとしていることが書けないとき，読んだ論文のなかに，自分が書こうとしていること，あるいはそれに近いことが書いてある所がなかったか思い出します。そして，その文や文章を少し変更して書くことです。そして自分の書いたものを覚えることです。覚えるのがたいへんなら，声を出して読んでおくことです。このようなことを続けていくうちに，自然に書けるようになってくるものです。終わりに，読者の勉学の進展とそれから幸運を祈ります。研究では実は幸運が重要な要因のようにも思えるのです。若いときの努力と幸運で研究の成果があがっても，研究を持続することを忘れないことが重要だと思います。持続がやがて大きな成果をもたらすように思えるのです。

3章 エピソード記憶

　エピソード記憶は，エビングハウスの研究以来，最も古くから活発に研究されてきた記憶の領域である。エピソード記憶は LTM の1つの記憶システムであり，かつ個人の経験に基づく出来事を意識的に再現する記憶遂行の1つのタイプでもある。本章では最近の2つの研究を紹介する。1つは情報の符号化と検索の交互作用に言及する符号化特定性原理によって説明される研究である。記銘時に単語を符号化するときに特異な香りを呈示し，検索時に同一の香りを呈示しながら単語を再生させたとき，再生成績が最もよかった。他は，エピソード記憶が情報を受動的に記銘・再現する過程ではなく，情報を構成する過程であることを明確にした虚偽の記憶研究である。ここでは，意味的に類似性の高い単語リストを学習した場合，さまざまな要因の相互作用の結果として，学習した単語とは別の単語を再現することが多いことを示す。最後に，エピソード記憶の今後の展望をまとめた。

1 エピソード記憶とは何か

　認知心理学の考え方のひとつである記憶の情報処理モデルによれば，すべての人はそれぞれ基本的に同じ情報処理システムを備えているという。情報処理システムを構成している要素は，一般に3つの貯蔵庫といくつかの制御過程からなる。3つの貯蔵庫とは，それぞれ感覚記憶，短期記憶（STM）あるいは作動記憶，および長期記憶（LTM）として知られているものである。また，制御過程には，通常感覚記憶からSTMへ情報を転送する場合に情報に注意する注意過程，STMからLTMへ情報を転送するときの情報の加工や変換に言及する符号化過程，STMやLTMから情報を取り出すときの検索過程などが含まれている。エピソード記憶は，このような情報の貯蔵庫の1つであるLTMを構成する記憶の1つである。

　エピソード記憶は，タルヴィング（Tulving, 1972）によって提唱されて以来，さまざまな文脈のもとで異なる意味内容で理解されてきた。一般的には，エピソード記憶とは，ある時間にある場所で生じた個人の経験に基づく出来事や事象を意識的に再現する記憶（Tulving, 1983）であり，かつLTMを構成する1つの記憶システムであるという2つの意味内容を含む記憶として理解される。この章でも，エピソード記憶を，再生や再認に密接に関連する記憶遂行のタイプとしてのエピソード記憶と，記憶システムの1つとしてのエピソード記憶の2つの意味をもつ記憶としてとらえる。

　まず，エピソード記憶とは，人がある時ある場所で経験する個人的で具体的なエピソードの記憶であり，記憶遂行の1つのタイプである。すなわち，人があるときに行なった特定の事象や目撃した出来事を覚えているとき，われわれはエピソード記憶を有しているということができる。また，心理学の記憶の実験において，無意味綴りや単語を用いてそれらを記銘し，その後に再生や再認のテストによって記銘した情報の再現を求めるような事態は，まさにエピソード記憶を扱っているといえる。このような個人的な経験を記憶するエピソード記憶の能力は，健常児・者すべてに備わっているが，乳児には研究方法にもよ

るが通常認めがたいし，下等な有機体ではまったく認められないかあまり発達していないようである（Tulving, 1990）。

　エピソード記憶は，記憶遂行のタイプとしての意味内容とともに，LTM における1つの記憶システムの意味でも理解される。LTM には，一般に2つのタイプの知識が貯蔵されているとされる。1つは出来事や事実・概念に関する宣言的知識であり，他方は技能にかかわる手続き的知識である。宣言的知識は，個人や世界についてのさまざまな側面に関して心的モデルを構成し，出来事，対象，状況，あるいは事実についての認知的表現を可能にするものである。宣言的知識は，具体的には，「昨日の昼食でカレーを食べた」といった個人の経験に基づく出来事の知識や，「H_2O は水である」といった事実的・概念的な知識で構成される。タルヴィング（1972）は前者のような「昨日の昼食でカレーを食べた」といった宣言的知識の記憶をエピソード記憶といい，後者の「H_2O は水である」といった宣言的知識の記憶を意味記憶とよんで区分した。また，手続き的知識の記憶は手続き記憶とよばれる。それゆえ，エピソード記憶は，意味記憶と手続き記憶という2つの仮説的な記憶システムと対比される1つの仮説的な記憶システムと考えられる。

　このように，エピソード記憶は，記憶遂行のタイプに言及する意味と記憶システムに言及する意味との2つの意味内容をもつ。しかしながら，エピソード記憶の2つの意味内容は，関連しているが同一のものではない（Tulving, 1990）。たしかに，記憶遂行のタイプとしてのエピソード記憶の意味には，たとえば，エピソード記憶課題として呈示される材料の再生能力など，明らかに被験者のエピソード記憶システムに依存していることもある。しかしながら，タルヴィング（1990）によれば，健忘症患者のような，エピソード記憶システムが機能していない場合でも，エピソード記憶課題が偶然よりも高いレベルで遂行され得るという知見も報告されているという。本章では，記憶遂行のタイプとしての意味と記憶システムとしての意味は同一ではないが，両者の意味を明確に区分することも困難であるゆえ，エピソード記憶を2つの意味内容が相互に関連し補完しあう記憶ととらえておこう。

　エピソード記憶をこのように広義にとらえるとき，エピソード記憶のメカニズムを明らかにしようとする研究は，エビングハウス（Ebbinghaus, H.）の

厳密で無意味綴りを用いた実験室実験の研究から今日の日常記憶研究にいたるまで，幅の広い領域において認めることができる。このような状況のもとで，本章では，最初にエピソード記憶に影響を与える要素として知られている符号化と検索の関連を分析したタルヴィングの符号化特定性原理（encoding specificity principle）を取り上げ，エピソード記憶のメカニズムの本質を理解しよう。1970年代から1980年代前半には，言語材料（その多くは単語）を使用して符号化時と検索時のさまざまな条件を操作した実験が多数報告された（多鹿, 1989 ; Tulving, 1983）。次節では，非言語材料（ここでは香り）を使用して得られた結果を符号化特定性原理によって説明した最近の研究を紹介しよう。また，エピソード記憶は，時間の経過にともなって，記銘した内容が変容することが知られている（Bartlett, 1932）。最近のエピソード記憶の研究では，記憶の構成過程や変容過程を正面から取り上げ，まちがって再現した内容を積極的に分析する傾向が認められる。3節では，記銘した情報をまちがって再現する虚偽の記憶（false memories）現象を取り上げ，エピソード記憶の構成過程のメカニズムを吟味しよう。

❷ 符号化特定性原理

（1） 符号化特定性原理の背景

　符号化特定性原理とは，項目や事象の記憶に必要な符号化条件と検索条件の関係に関する一般原理である（Tulving, 1983）。すなわち，符号化操作が効果的であるか否かは検索の手がかりに左右され，検索手がかりが効果的であるか否かは符号化時の条件操作によって変化する。記銘時の文脈に基づいて符号化された情報（記憶痕跡）と検索時の手がかりが一致するとき，記銘した情報は最もよく再現される。符号化特定性原理は，このように符号化と検索の交互作用に言及する原理である。

　符号化特定性原理に従えば，われわれがある出来事や事象をどの程度正確に

記憶できるかは，符号化と検索というエピソード記憶に影響を与える重要な要素の相互関係にかかっている。
① 符号化：符号化の操作とその結果生じる記憶痕跡
② 検索：検索時の手がかり

符号化特定性原理は，エピソード記憶におけるこれら2つの要素の関係についての理論であるといえる。符号化特定性原理によれば，符号化条件と検索条件間の交互作用によって生み出される記憶痕跡と検索手がかりの整合性が高いとき，記銘した情報の再現確率が高くなる。「記銘した情報を決定するのは知覚情報であり，かつそれをどのように符号化したかである。また，どのような検索手がかりが貯蔵した情報を検索するのに効果的となり得るかを決定するのは貯蔵情報である」(Tulving & Thomson, 1973, p. 369)。

もちろん，記銘した情報の再現確率に影響を与える要因は，なにも符号化条件と検索条件の交互作用にかぎらない。記銘した情報の再生と再認の程度は，情報のもつ意味（有意味かどうか），具象性（具体的内容かどうか），イメージの形成されやすさ，あるいは熟知性といった特性に強く依存している。また，エビングハウスの実験以来，古くから学習と保持の条件を操作することによっても，再生や再認に影響を与える要因として考えられてきた。たとえば，学習者の学習意図の有無，記憶材料の呈示頻度や親近性，あるいは保持時間の長さといった変数である。さらには，テスト時の条件を操作した実験，たとえばテスト時の手がかりの有無なども，再生や再認に影響を与えることが知られている。これらの研究は，情報の符号化の操作，情報の貯蔵時の操作，あるいは情報の検索の操作を，それぞれ個別に扱った研究として位置づけることができる。符号化特定性原理が提唱されて以来，上記のように，エピソード記憶の要素を別々に操作する研究は，エピソード記憶のメカニズムを解明することができない不適切な研究であると考えられた。

符号化特定性原理が提唱された背景には，1970年代にエピソード記憶の検索理論と知られていた再生の2段階説では説明できないさまざまな記憶現象が報告されてきたことにあった。

再生の2段階説とは，再生が生成と再認の2段階の過程で構成され，再認は生成段階がバイパスされて再認の1段階のみで構成されるという理論である

(Anderson & Bower, 1972；Kintsch, 1970)。タルヴィングたちは多くのエピソード記憶実験を実施した結果，おもに以下の3点に要約できる実験結果を見いだした。

① 符号化条件によっては，リスト外手がかりによる再生の促進効果が認められない。

② 再生にしか認められないと考えられていた文脈効果が，再認においても認められる。

③ 再生の可能な多くの項目のなかで，再認のできない項目が多数認められる（再認の失敗現象）。

上記の3点を簡潔に説明しよう。

まず第一に，「つくえ」というターゲット項目を再生する場合，符号化時に「いす」という項目を含む文脈で「つくえ」を処理していなければ，検索時に「つくえ」の手がかりとして「いす」が与えられても，「いす」は効果的な検索手がかりにならないことを示す。

第二に，記銘時の文脈で符号化した情報は，符号化時と異なる文脈が検索時に与えられるとき，たとえ再認といえども符号化時と同一の文脈でテストされた場合より再認成績が悪くなる。

第三に，そしてこの結果が符号化特定性原理によって最も適切に説明され再生の2段階説では説明されないものであるが，再生成績が再認成績を上回ったり，上回らなくとも再生できた項目で再認できない項目が多数見いだされたことである。前者は必然的に後者を含んでいるが，後者は前者とは無関係に認められる。符号化条件と検索条件の交互作用によっては，前者のような再生成績の優位がしばしば認められることがある。再認の失敗現象として知られているこの現象は，通常は再生できた項目のなかで再認のできない項目が見いだされる結果を指す。再認の失敗現象は，実験材料として，たとえ有名人の名前，ジョージ・ワシントンやジグムント・フロイトといった名前を使用した場合でさえ，再認できないことが見いだされている（Nilsson et al., 1988）。被験者はそうした名前を学習時にリストのなかで見ていても，そのいくつかを再認できないのである。しかしながら，学習時に当該の名前と一緒に呈示された手がかりがあれば，再生が可能になる（たとえば，『「彼は長い列の先頭に立っていた

が，馬に乗っていたのは彼だけであった」—ジョージ・ワシントン』のような対における刺激文の呈示）。

　上記の結果を説明する実験的な証拠をみてみよう。「つくえ」という単語と「いす」という単語の間には強い意味的連想関係がある。しかしながら，「いす」が検索手がかりとして「つくえ」の再生の促進効果をもつか否かは，記銘時に「つくえ」という単語をどのように符号化するかに大きく依存している。たとえば，被験者が「平和」—「つくえ」という単語対を含むリストを学習したとしよう。タルヴィングら（1973）の実験を以下に簡潔に要約する。対連合リストの学習後，「いす」から連想する単語で対連合で学習した右側の単語（ターゲット項目であり，この場合は「つくえ」）を再生するように教示した（リスト外手がかり再生課題）。ついで，「いす」という単語から連想する単語をいくつか被験者に書かせた。連想課題の後に，連想した単語群のなかに対連合で学習した右側の単語（ターゲット項目）があれば，丸で囲むように教示した（再認課題）。その後，対連合リストの左側にあった単語「平和」が呈示され，ターゲット項目を再生させるのである（再生課題）。その結果，再生課題でのターゲット項目の成績は，リスト外手がかり再生課題および再認課題のターゲット項目の成績に比べて，たいへん高いものであった（上記の①と②の証拠）。このことは，「つくえ」を「平和」と関連させて学習時に符号化したとすれば，リスト外手がかり再生時に「いす」を手がかりとして呈示されても効果がなく，また文脈が変われば，再認の成績もよくないことを示すものである。さらに，再認の成績と再生の成績を比較したとき，再生が再認よりも2倍以上よい成績であった（上記の③の証拠）。

　符号化特定性原理が適用できるのは，なにも単語材料を用いた対連合学習の実験事態だけではない。たとえば，被験者が「男がピアノを調音した」という文を聞いたとする。そうすると，「よい音色」という手がかりは，当該の文を再生する場合に効果的な手がかりとなる。これに対して，「重いもの」という手がかりは，上記の文の再生にはそれほど役に立たない。しかしながら，呈示された文のひとつが「男たちがピアノを持ち上げた」であったとしたらどうであろうか。「重いもの」という手がかりは，「よい音色」という手がかりよりも，「男たちがピアノを持ち上げた」の文の再生にとって効果的な手がかりとなる

であろう（Barclay et al., 1974）。被験者の有するスキーマでは，調音される「ピアノ」も持ち上げられた「ピアノ」も同じ「ピアノ」のコードで表現されていると考えられる。しかしながら，このような文を実験材料に使用した場合においても，記銘時に符号化された文脈で文材料が処理されているため，符号化時の文脈と整合性の高い検索手がかりが与えられるとき，最も効果的であることが確かめられている。

　このような符号化条件と検索条件間の交互作用として知られている符号化特定性原理と同じような考え方は，転移適切性処理（Morris et al., 1977）という名で知られている。符号化特定性原理と転移適切性処理を比較した場合，両者の違いは以下の点に認められる。符号化特定性原理では，再生や再認の求められるターゲット項目自体がどのように符号化されるかに視点がおかれている。それに対して，転移適切性処理では，ターゲット項目の符号化条件よりも，むしろ符号化と検索の際の被験者の能動的な処理やその過程の重要性を強調しているといえる。

　それでは，符号化特定性原理で説明される最近の実験を紹介しよう。符号化特定性原理にかかわる最近の研究は，上述したように，おもに再認の失敗現象に焦点をあてた研究が散見される。そこでは，得られた再生と再認の成績の関係を数量化し，一般にタルヴィング－ワイズマン関数（Tulving & Wiseman, 1975）とよばれる再認の失敗関数との関係を論じた研究が中心を占めている（たとえば，Flexser & Tulving, 1978；Nilsson & Gardiner, 1993）。エピソード記憶を理解することから判断すれば，行なった研究結果が再認の失敗関数に適合するか否かは基本的にはそれほど本質的な議論とはならない。それゆえ，ここでは，再認の失敗現象に関係する研究を紹介することよりも，符号化特定性原理でとらえることのできる文脈効果をみた研究を紹介しよう。

(2)　符号化特定性原理の実験的証拠

　情報の符号化と検索の条件を操作し符号化と検索の交互作用を取り扱った記憶研究は，おおむね符号化特定性原理にかかわりのある記憶研究と考えることができる。このことは，符号化特定性原理が排除する記憶の研究事態として，情報の符号化条件と検索条件間の交互作用を考慮しない研究を容易に指摘する

ことができる。タルヴィング（1983）は多くの排除すべき記憶研究の考え方を記述したが，ここでは符号化特定性原理に直接に関連する考え方を要約しよう。それらは以下の3点にまとめることができる。

① ある条件群の事象は，他の条件群の事象よりも再現が容易である。
② ある条件群の符号化操作は，他の条件群の符号化操作よりも有効である。
③ ある条件群の検索手がかりは，他の条件群の検索手がかりよりも有効である。

　第一の点は，記憶の研究において伝統的に認知されてきた研究結果，たとえば有意味語は無意味綴りよりもよい成績を生む，あるいは具象語は抽象語よりもよい成績を生むといった結果に言及するものである。第二の点は，エピソード記憶に関する多くの研究が行なってきたように，符号化の変数のみを操作した場合，たとえば精緻化された情報は精緻化されない情報よりもよく再現されるといった結果に言及するものである。第三の点は，符号化操作に対して，検索時の手がかり変数のみを操作した場合，たとえばカテゴリー手がかりを与えることにより記銘した情報の再現がよくなる，あるいは先述したリスト外手がかりの効果が認められるといった結果に言及するものである。符号化特定性原理に従えば，記憶研究におけるこれらの考え方は排除されるべきものである。

　それでは，符号化特定性原理を説明原理とする符号化と検索を操作した最近の研究を紹介しよう。

　ハーツ（Herz, 1997）は，符号化特定性原理を研究結果の説明の基礎として，実験室内を特異な香りで満たした状況のもとで言語材料を学習させることにより，言語材料の記銘結果がどのようになるのかを吟味した。この研究の理論的背景は以下のようである。

　大学生が日頃かぐことのない香りの充満した実験室で言語材料を学習するとき，呈示された言語材料は背景に漂う香りとの関連で符号化して処理されると考えられる。言語材料と同様に，香りも符号化時の環境の一部として位置づけられる。実験環境の文脈として香りを符号化時と検索時に操作した先行研究では，符号化特定性原理に一致する結果が得られたり得られなかったりしていた。その原因として，知覚された香りの文脈との示差性が考慮されていなかったことが考えられた。すなわち，たとえば個人がパン屋で経験する香りは，パン屋

特有の香りである。そのようなパン屋で予期できる香りとはまったく別の香り（たとえば皮の香り）がすると，パン屋の文脈に対してはその香りは新規のものであり不適切なものである。しかしながら，一方で皮の香りはパン屋の文脈では特異であることによって鮮明で示差的な香りであるといえる。先行研究では，このような香りの示差性が被験者の経験する文脈の機能として変化することを考慮しなかったといえる。香りにもっと注意をはらって学習課題を処理すれば，課題をより深く処理できると考えられた。ハーツの実験では，学習時の香りの新規性の違いによって言語材料の再現の程度が異なるかどうかをみた後（実験1），香りを文脈操作の基礎にして，符号化と検索の文脈を操作した実験を実施した（実験2）。

　実験1では，被験者は実験操作としての特別の香りを呈示しない実験室で偶発学習をする条件群，あるいはそれぞれの香りの漂う実験室で偶発学習を行なう条件群の1つにわりあてられ，20個の単語（ターゲット項目）を読んだ後に，その単語を含む文を作った。2日後のテストで，学習時と同じ香り条件のもとで，被験者はターゲット項目の自由再生を求められた。その結果，実験室には似つかわしくない新規な香りを学習時と同様に呈示された条件群において，ターゲット項目の再生が最もよかった。

　実験2は，香りの文脈操作による符号化・検索の交互作用を吟味することが目的であり，あわせて香りの示差性によっても符号化・検索の交互作用に異なる影響を与えるかどうかを吟味した。それゆえ，実験1とは異なり，1つの香り条件において，学習時とテスト時で4つの条件群が設定された。すなわち，それらは，学習時とテスト時に同一の香りが呈示される条件群，学習時のみに当該の香りが呈示される条件群，テスト時にのみ呈示される条件群，学習時もテスト時も実験操作として特別な香りの呈示されない条件群の4つであった。学習手続きは実験1と同一であり，被験者は偶発学習事態において16個のターゲット項目を含む文を生成した。2日後に，被験者はターゲット項目の自由再生を求められた。

　実験の結果を図3-1に示した。図3-1は，ペパーミントの香りを文脈手がかりとして使用した条件のターゲット項目の再生率（および標準誤差）の結果である。ペパーミントの香りは北米の大学生にとって熟知した香りであるが，心理

学の実験室では漂うことのない香りである。図から，ペパーミントの香りの漂う実験室でターゲット項目を学習し，テスト時にその香りの漂う実験室でターゲット項目を再生した被験者が，他の条件群に比べて，最も多くのターゲット項目を再生したことが理解できる。符号化・検索の文脈が一致する条件群が最も多くのターゲット項目を再生したという結果は，示差性の顕著な他の香りの呈示条件でも同様に得られている。

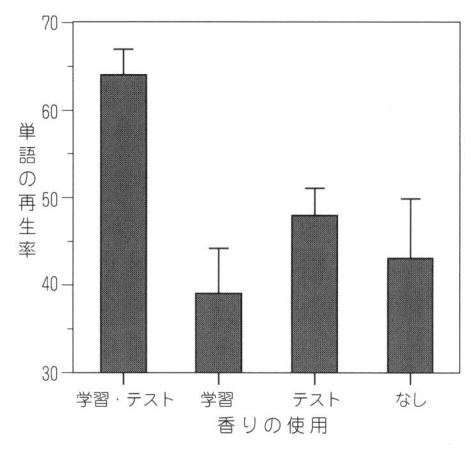

◆図 3-1　ペパーミントの香りを使用した場合の単語再生率および標準誤差（Herz, 1997）

　こうして，学習時に被験者を取りまく文脈のなかで生み出された再生の促進効果は，符号化特定性原理によって容易に予測できるように，符号化と検索の両方で同一の香りが呈示されたことによるといえる。学習時に呈示される香りはターゲット項目の記憶痕跡の一部として符号化され，検索時に同一の香りが呈示されることによりターゲット項目の再現をたすけた。

③　虚偽の記憶

（1）　虚偽の記憶研究の背景

　虚偽の記憶とは，けっして起こっていない事象や生起した事象と異なる事象を再現することを意味する（たとえば，Roediger, 1996）。最近，エピソード記憶の研究領域において，虚偽の記憶に関する研究が精力的に報告されるようになってきた。

　エピソード記憶研究は，上記の符号化特定性原理の研究においても理解でき

るように，最近にいたるまで，おもに記銘した内容を正しく再現した結果や過程を吟味することに関心があり，正再生や正再認の程度をおもな分析の対象にしてきた。エピソード記憶の研究目的に対応した諸変数を操作することによって生み出される正反応を分析することにより，さまざまなエピソード記憶理論が構成され，保持と忘却の現象をはじめとする多様なエピソード記憶の現象が説明されてきた。もちろん，このようなエピソード記憶研究の流れのなかでも，虚偽の記憶に関連するような被験者の侵入反応や誤反応も分析され，エピソード記憶理論の構築に一役かってはいたが，記憶研究の主役にはなっていなかった。研究の関心は，あくまでも正反応を生み出すメカニズムを探究することによって，エピソード記憶の構造や過程を解明することにあった。

しかしながら，1990年代になると，古くから行なわれていた日常記憶の研究（たとえば，Bartlett, 1932）の影響を受け，実験室的な記憶研究においても，正反応を吟味することに主眼をおいた研究では明確にされない記憶の原理が，誤反応を積極的に吟味することによって明確にされる可能性が見いだされるようになってきた。

虚偽の記憶が盛んに研究されるようになってきたひとつのおもだった背景には，7章に示した日常記憶の研究が活発になされてきたことを指摘することができる。記憶研究の生態学的妥当性をもたせることなどを標榜し，現実世界の自然な文脈のなかで記憶を研究するという日常記憶の研究において，虚偽の記憶研究が行なわれていた。このような日常記憶研究における虚偽の記憶を積極的に吟味したのは，バートレット（Bartlett, 1932）の研究にさかのぼることができる。もちろん，それ以前にもさまざまな記憶の失敗を分析したフロイト（Freud, 1901）などの研究もあるが，文章のような有意味材料を用いて記憶のメカニズムを体系的に解明しようとした研究は，バートレット（1932）の研究をもって嚆矢とする。

バートレット（1932）は，実験的アプローチによる記憶研究の祖であるエビングハウス（1885）のたいへん厳密でかつ人工的な記憶実験と異なり，有意味材料を使用したおおらかな記憶実験を実施した。学習材料は有意味な材料，すなわち文章や絵画であった。それらの学習材料を被験者に呈示して覚えさせ，記銘した材料を再生するまでの時間経過を操作することによって，記銘した材

料がどのように変容するかをみた。よく知られている学習材料の一例である「幽霊の戦争」を使用した彼の実験では，再生までの時間経過にともなって，記銘した材料の中身が変容することが明確にされた。具体的には，細部の特徴的な表現内容が鮮明に保持される一方，文章表現が全体に平板になり，学習材料が被験者のスキーマにあった形で合理化されて保持されていた。

このようなバートレット（1932）の結果は，外界の情報を記憶することが，単に情報をそのままの形で記銘・貯蔵・再現されるのではなく，被験者のスキーマに取り込みやすい形に再構成されることを示すものである。バートレット（1932）は，記憶を再産出（reproductive）と再構成（reconstructive）とに区分した。再産出記憶とは，記銘した材料を正確にかつ機械的に再現する記憶である。再構成記憶とは，しばしばエラーも生じるが，思い出すときに記銘した材料の不十分なところを推論したり言い換えたりすることによって埋めるような積極的な記憶を意味する。バートレット（1932）の研究は，記憶が単に学習材料の忠実な再現を意味するのではなく，被験者の有するスキーマに取り入れられ，積極的に再構成されることを如実に示すものである。

その後の虚偽の記憶に関する研究は，上述したバートレット（1932）の研究に加えて，8章に示されているような事故などの目撃証言の信憑性や，幼児期の性的虐待の記憶が真実であるかどうかといった実際的な問題と結びつき，今日の隆盛を迎えるにいたっている。

上記のような日常記憶研究の流れの影響を受けて，実験室において形成される虚偽の記憶の研究も徐々に報告されるようになってきた。虚偽の記憶を実験室で作り出すという研究の目的は，日常記憶研究にみられる記憶の実際的な機能を解明することもひとつであるが，むしろ誤反応を積極的に作り出すことで，誤反応に影響を与える要因を明確にし，エピソード記憶のメカニズムを明らかにすることにあるといえる。バートレット（1932）の再構成の概念を借用すれば，虚偽の記憶研究を行なうことによって，エピソード記憶の構成過程が明確になると考えられる。記憶の構成過程とは，時間の経過にともなって，最初に記銘した内容がさまざまな要因の影響を受けて変容することといえる。

この再構成の過程は，文章材料を用いたバートレット（1932）の研究をはじめとして，文材料を用いた研究においてもよく知られている。たとえば，ブラ

ンスフォードとフランクス（Bransford & Franks, 1971）の研究では，「少女が玄関の窓ガラスをこわした」,「少女はとなりに住んでいる」,「男はパイプをふかした」，などの多数の文がひとつずつ読みあげられ，被験者は各文に対する質問に答えた。たとえば，最初の「少女は玄関の窓ガラスをこわした」の文に対して，「何をこわしたのか」と質問された。各文の学習－質問の後，被験者はテスト文が学習した文であったかどうかを10段階尺度の確信度評定で求められた。その結果，学習時には呈示されていないが，「少女が玄関の窓ガラスをこわした」や「少女はとなりに住んでいる」という学習文を組み合わせた「となりに住んでいる少女が玄関の窓ガラスをこわした」という文に対して，最も高い確信度で「学習した文」と答えたことがわかった。

　このように日常記憶や有意味な学習材料（ここでは文や文章）を用いた虚偽の記憶をみるとき，上述したように，われわれは外界からの情報を単に受動的に貯蔵しているのではないことが理解できる。むしろ，外界の情報を記憶することは，われわれのスキーマに新規の情報を取り込み，積極的に新しい知識を構成する過程であるといえる（Schacter et al., 1998）。個人が何かある経験をし，それを後で思い出そうとするとき，記銘した事象は，その個人がどんな心理的な特徴をもっているか，その事象の種類，あるいはその事象を再現するように言われたときの文脈，などの諸要因の間で複雑な交互作用を生むと考えられる。このような交互作用が，記憶をして構成的な活動であると言わしめるものである。

（2）　虚偽の記憶の実験的証拠

　単語材料を用いたエピソード記憶の研究は，上述したように，おもに記銘した内容を正しく再現した結果や過程を吟味することに関心があり，正再生や正再認の程度をおもな分析の対象にしてきた。このような状況のなかで，それでは記憶のエラーの分析に視点をおいた研究は皆無であるのかといえば，そうではない。再生を用いた研究ではディーズ（Deese, 1959）があり，再認を用いた研究ではアンダーウッド（Underwood, 1965）の研究を見いだすことができる。

　通常，再生をテスト課題として用いた記憶の研究では，虚偽の記憶現象はめ

ったに起こらない。不確かなターゲット項目を再生する事態では，被験者はそれほど多くのターゲット項目を再生することはない。せいぜい数項目のリスト内やリスト外の侵入反応を認めるにすぎない。ところが，ディーズ（1959）は，被験者がしばしば以前に呈示した単語と強い意味連想をもつ非呈示の項目をターゲット項目としてまちがって再生することを示した。

　ディーズ（1959）の実験はたいへん単純であり，追試の容易な実験であった。被験者は36リストを学習しテストされるが，各リストは類似性の高い12項目で構成されていた。類似性の高い12のターゲット項目は，リストには含まれていない非呈示項目〔以下では，CW（critical nonpresented word）と略す〕から連想された単語群であった。たとえば，あるリストが「アルバイト，支払う，貯める，好き，ほしい，必要，ない，銀行，大切，貯金，財布，こづかい」で構成されるとき，CW は「お金」である。リストと CW の関係は，リストの12項目が「お金」から連想され，しかも逆連想（「アルバイト」から「お金」を連想すること）も見いだされる単語からなることを示す。このように，リストのすべての単語は，共通するテーマに集約されるひとつの CW と関連していた。このようなリストを1回呈示し，自由再生を求めた（なお，ここで取り上げた「お金」を CW とするリストの一例は，ディーズの実験では使用されていない）。

　実験の結果，いくつかのリストは自由再生事態で侵入反応を示した。特に，逆連想の程度と侵入反応の割合とに高い相関がみられた。この場合の侵入反応とは虚偽の記憶によって生み出された CW である。

　再認をテスト課題として用いたアンダーウッド（1965）では，被験者は200個の単語を1個あたり10秒呈示で連続再認課題として与えられ，呈示された単語がその課題のなかで，以前に呈示された単語であるかどうかを決定した。実験では，以前に呈示された単語と意味的に関連する CW もリストに含め，被験者が以前に呈示された単語であると誤って再認しやすいようにリストを操作した。その結果，以前に呈示した単語と連想的に関連のある単語は，誤って再認されることが示された。

　最近になり，ローディガーとマクダーモット（Roediger & McDermott, 1995）は2つの実験を実施することによって，40年近くの間等閑視されたディ

ーズの虚偽の再生研究の結果を追認した。

　彼らの第1実験はディーズ（1959）の追試であり，最も高いレベルで誤反応を生み出す単語リストを用いたものであった。被験者は聴覚呈示された12語からなるリストを学習し，直後に自由再生を受けた。各リストは，おもにディーズの研究で高いCWを示したリストで構成された。6リストの学習－テスト後，被験者は再認テストを受けた。その結果，CWは.40という高い割合で生み出された。

　ローディガーとマクダーモットの実験2は，実験1の結果を発展させたものであった。実験1と同様に，各リストの学習－自由再生を行なった後，再認を実施した。ただし，実験1とは以下の点で異なっていた。第一に各リストは15語からなり，被験者は16リストを与えられた。第二に，学習－自由再生の手続きは8リストのみで，残りの8リストでは学習後の自由再生はなく，代わりに数学の問題を解いた。自由再生を行なうか数学の問題を解くかは，実験者の示す合図によって決定された。第三に，再認に対する被験者の確信度の違いを得るために，再認時にターゲット項目であると答えた単語に対して，「覚えていた」（通常，Rと省略）か「知っていた」（通常，Kと省略）かの判断を求めた。

　RかKかの判断は，タルヴィング（1985）によって開発された再認の手続きであり，過去の出来事についての被験者の2種類の意識の状態を区別するものである。Rという経験は，被験者が生き生きとその経験を心的に追体験できる状況の経験である。タルヴィング（1985）によれば，出来事を覚えている（R）という意識はエピソード記憶システムから派生したと考えられる。他方，Kという経験は，その単語がリストに含まれていたとは思うが，それを追体験できない状況にある経験を意味する。タルヴィング（1985）によれば，出来事を知っている（K）という意識は意味記憶システムから派生したと考えられる。ローディガーとマクダーモットは，タルヴィング（1985）の手続きを利用することによって，再認時に被験者がどのような意識状況のもとでCWを誤って再認するかを丁寧に分析しようとした。

　実験2における再認の結果を表3-1に示す。まず，実験1の場合と同様に，被験者は高い割合（.55）でCWを誤って再生した。また，表3-1から，学習後に再生を受けた場合（.81）のほうが，数学の問題を解いた場合（.72）より

◆表3-1 ターゲット項目とCW（ターゲット項目群と関連の深い非呈示項目）の再認結果（Roediger & McDermott, 1995）

項目のタイプと条件群	正しいと再認された項目の割合		
	全体	R	K
ターゲット項目			
学習＋再生	.79	.57	.22
学習＋数学	.65	.41	.24
非学習	.11	.02	.09
CW			
学習＋再生	.81	.58	.23
学習＋数学	.72	.38	.34
非学習	.16	.03	.13

も，より多くのCWの再認が認められた。また，CWを誤って再認したとき，被験者はCWをターゲット項目の再認（.57）のときと同程度に，Rの意識で再認している（.58）ことがわかった。さらに，表には示されていないが，CWを再生しかつ学習した項目であると再認した場合のR判断の割合（.73）は，正しく再生されかつ再認されたターゲット項目のR判断の割合（.79）と類似していた。なお，表3-1にある非学習群の再認成績とは，学習時に呈示していない項目を，学習した項目であるとして再認時に再認した場合の結果を示す。

　ローディガーとマクダーモット（1995）は，これら2つの実験結果をいくつかの説明理論に基づいて解釈した。1つは，アンダーウッド（1965）が提唱している潜在的な連想反応（implicit associative response）によるものである。アンダーウッド（1965）によれば，被験者は「hot」のようなターゲット項目を符号化するときに，誤った再認の反応である「cold」のような連想語を潜在的に作り出すかもしれない。後に，「cold」がCWとして呈示されたとき，「cold」は被験者が符号化時に潜在的に作り出した連想反応であるため，リストにあったと再認するかもしれないといえる。

　他の説明理論として，ローディガーとマクダーモット（1995）は活性化拡散

モデルをあげている．活性化拡散モデルに従えば，学習時にCWとテーマを同じくするターゲット項目群で1つのリストを構成するとき，意味ネットワークを通じて活性化が自動的に拡散し，ターゲット項目を再現するときにCWを誤って再現するといえる．

　最後に，虚偽の記憶に影響を与える要因を，上述した符号化過程－貯蔵過程－検索過程という3つの下位過程の区分に従って，簡潔に説明しておこう．

　符号化過程とは，学習者がSTMに貯蔵した情報をLTMに転送するときにとるアクティヴな情報の加工や変換操作である．記憶実験における学習時の独立変数の操作は，基本的には符号化過程を操作した実験と考えられる．ごく常識的に考えれば，虚偽の記憶を生み出す場合に影響を与える符号化過程に関連する要因は，ディーズやローディガーとマクダーモットの実験からも理解できるように，使用する学習材料の類似性をあげることができる．類似性の次元もいくつか考えられるが，実験材料として使用する個々の単語の間の意味の類似性が高ければ，CWが再生されたり再認されたりする確率は高いであろう．類似性の操作は符号化の操作とみなすことができる．もちろん，ほかにも多くの要因を散見することができる．たとえば，虚偽の記憶を生み出す実験において，学習材料を経験する時間，学習材料の学習回数，学習時の教示，学習の意図，あるいは学習材料を統合する程度など，さまざまな要因を認めることができる．

　貯蔵過程とは，学習者が符号化した情報をLTMに貯蔵していることである．虚偽の記憶を生み出す実験において，学習材料に関する学習者の先行知識や情報の貯蔵時間などが，貯蔵過程において影響を与える要因と考えられる．

　検索過程とは学習者が貯蔵した情報を必要に応じて取り出すことである．虚偽の記憶を生み出す実験において，学習材料を検索するときのテスト方法やテスト回数，検索時の手がかりの種類，あるいは記銘時の文脈において符号化された情報と検索時の手がかりとの一致の程度などが，検索過程におけるおもだった要因として考えることができる．

④ エピソード記憶研究の今後の展望

　エピソード記憶によってカバーされる記憶の領域は広い。エピソード記憶は，上述した2つの研究，すなわち符号化特定性原理にかかわる符号化と検索を操作した研究や虚偽の記憶研究の領域だけに制限されるものではない。1節で説明したエピソード記憶の定義からすれば，個人の経験による出来事の記憶はすべてエピソード記憶に関係する。さらに，体験した出来事を意識的に再現する場合だけでなく，無意識的に再現する場合の記憶もエピソード記憶と考えることができる。すなわち，情報を無意識に再現することにかかわる潜在記憶の研究も，エピソード記憶研究として位置づけることができる。

　このように，幅の広い研究領域をもつエピソード記憶の今後の展開に関して，以下では2点を指摘しておこう。1つは，エピソード記憶研究が認知神経科学からのアプローチと結びつき，脳におけるエピソード記憶の生物学的基礎に関する知見を明示するであろう。他は，エピソード記憶の心理学の知見を教室場面における授業過程に適用し，子どもの知識獲得を支援するための基礎を提供してほしい。エピソード記憶の今後の展開に関するこれらの2点は，ともに目的とする方向も内容も異なるものである。しかしながら，これらは，エピソード記憶の研究の幅を広げかつ深めるものとしてとらえることができる。

　第一のエピソード記憶研究への認知神経科学からのアプローチに関しては，最近多くの新しい研究成果が報告されるようになってきた（Gabrieli, 1998；Schacter et al., 1998）。認知神経科学によるアプローチは，エピソード記憶研究にかぎらず，記憶研究の他のすべての領域にわたっている。エピソード記憶研究では，たとえば脳のどのような領域が符号化や検索の課題によって活性化されるのかを決定するために，PET（positron emission tomography）やfMRI（functional magnetic resonance imaging）などの画像化技術を使用した研究が盛んになされている。これまでは，おもに脳に障害を受けた患者の研究を通してエピソード記憶のはたらきをみてきているが，今後は健常児・者を使ったエピソード記憶研究がさらに一般化するであろう。

第二の学校教育におけるエピソード記憶研究の役割に関しては，これまで過小評価されたものであった。タルヴィング（1983）の記憶システムの分類によれば，エピソード記憶システムは学校教育とは関連が浅く，意味記憶システムのほうが関連が深いとされていた。常識的にはそうであろう。子どもたちが学習する知識は，誰もに共有される世界に関する知識である。そのような知識は，通常意味記憶システム内のネットワークに貯蔵されている知識と考えられる。われわれはそのような意味ネットワークに蓄えられた知識の構造をスキーマとよんでいる。しかしながら，体験を通して得た出来事や事象は，子どもが成長してからもよく覚えているものである。その場合，エピソード記憶のシステムにおいても，ある時ある場所で個人が経験した出来事にかかわるネットワークが構成されているかもしれない。そのようなエピソード記憶のネットワークは，学習時の符号化と検索の文脈に規定されたネットワークの特徴をもつ。それゆえ，授業場面におけるエピソード記憶研究を行なうことは，知識獲得における情報の符号化方略や検索の手がかりの役割に示唆を与えるものである。エピソード記憶における情報の符号化，貯蔵，検索の過程やそれらの交互作用，あるいは情報の転移のメカニズムなどがより明確にされることによって，授業過程における子どもの知識獲得を支援するための方策が可能となるであろう。

【引 用 文 献】

Anderson, J. R. & Bower, G. H. 1972 Recognition and retrieval processes in free recall. *Psychological Review*, **79**, 97-123.
Bartlett, F. C. 1932 *Remembering : A study in experimental and social psychology*. Cambridge, England : Cambridge University Press. 宇津木 保・辻 正三 (訳) 1983 想起の心理学 誠信書房
Barclay, J. R., Bransford, J. D., Franks, J. J., McCarrell, N. S. & Nitsch, K. 1974 Comprehension and semantic flexibility. *Journal of Verbal Learning and Verbal Behavior*, **13**, 471-481.
Bransford, J. D. & Franks, J. J. 1971 The abstraction of linguistic ideas. *Cognitive Psychology*, **2**, 331-350.
Deese, J. 1959 On the prediction of occurrence of particular verbal intrusions in immediate recall. *Journal of Experimental Psychology*, **58**, 17-22.
Ebbinghaus, H. 1885 *Über das Gedächtnis*. Leipzig : Duncker and Humbolt. 宇津木 保 (訳) 1978 記憶について 誠信書房
Flexser, A. J. & Tulving, E. 1978 Retrieval independence in recognition and recall. *Psychological Review*, **85**, 153-171.
Freud, S. 1901 Zur Psychopathologie des Alltagslebens. *Monatschrift für Psychiatrie und Neurologie*, **10**. 池見酉次郎・高橋義孝 (訳) 1970 日常生活の精神病理学 フロイト著作集4 人文書院
Gabrieli, J. D. E. 1998 Cognitive neuroscience of human memory. *Annual Review of Psychology*, **49**, 87-115.
Herz, R. S. 1997 The effects of cue distinctiveness on odor-based context-dependent memory. *Memory & Cognition*, **25**, 375-380.
Kintsch, W. 1970 Models for free recall and recognition. In D. A. Norman (Ed.) *Models of human memory*. New York : Academic Press. Pp. 331-373.
Morris, C. D., Bransford, J. D. & Franks, J. J. 1977 Levels of processing versus transfer appropriate processing. *Journal of Verbal Learning and Verbal Behavior*, **16**, 519-533.
Nilsson, L.-G. & Gardiner, J. M. 1993 Identifying exceptions in a database of recognition failure studies from 1973 to 1992. *Memory & Cognition*, **21**, 397-410.
Nilsson, L.-G., Law, J. & Tulving, E. 1988 Recognition failure of recallable unique names : Evidence for an empirical law of memory and learning. *Journal of Experimental Psychology : Learning, Memory, and Cognition*, **14**, 266-277.
Roediger, H. L., III. 1996 Memory illusions. *Journal of Memory and Language*, **35**, 76-100.
Roediger, H. L., III. & McDermott, K. B. 1995 Creating false memories : Remembering words not presented in lists. *Journal of Experimental Psychology : Learning, Memory, and Cognition*, **21**, 803-814.
Schacter, D. L., Norman, K. A. & Koutstaal, W. 1998 The cognitive neuroscience of constructive memory. *Annual Review of Psychology*, **49**, 289-318.

多鹿秀継　1989　記憶の検索過程に関する研究　風間書房
Tulving, E.　1972　Episodic and semantic memory. In E. Tulving & W. Donaldson (Eds.) *Organization of memory*. New York : Academic Press. Pp. 381-403.
Tulving, E.　1983　*Elements of episodic memory*. Oxford : Oxford University Press.　太田信夫（訳）　1985　タルヴィングの記憶理論　教育出版
Tulving, E.　1985　Memory and consciousness. *Canadian Psychology*, **26**, 1-12.
Tulving, E.　1990　Episodic memory. In M. W. Eysenck (Ed.) *The Blackwell dictionary of cognitive psychology*. Oxford : Blackwell. Pp. 137-139.
Tulving, E. & Thomson, D. M. 1973 Encoding specificity and retrieval processes in episodic memory. *Psychological Review*, **80**, 352-373.
Tulving, E. & Wiseman, S.　1975　Relation between recognition and recognition failure of recallable words. *Bulletin of the Psychonomic Society*, **6**, 79-82.
Underwood, J. B.　1965　False recognition produced by implicit verbal responses. *Journal of Experimental Psychology*, **70**, 122-129.

4章 意味記憶

　記憶研究において，人間の保有する知識体系は，意味記憶（semantic memory）の名のもとに研究されている。この「意味記憶」という用語が心理学のジャーナルに初めて登場したのは，コリンズとキリアン（Collins & Quillian, 1969）によってである。心理学における記憶研究は，エビングハウス（1885）までさかのぼることができるが，知識の問題が研究テーマとして取り上げられるようになったのは，30年ほど前からなのである。この意味記憶研究の中心となるトピックはプライミング効果である。プライミング効果は，意味記憶のかかわる情報処理や意味記憶構造を反映する現象であると考えられる。本章ではプライミング効果に関して，これまでに見いだされてきたさまざまな現象，あるいは提唱されてきた理論を紹介する。そして最後に，意味記憶研究の今後の課題・展望についてまとめた。

1 意味記憶研究の概観

(1) 意味記憶モデル

　コリンズとキリアン (1969) は，意味記憶モデルとして人工知能のモデルに基づく階層的ネットワークモデルを提唱した。このモデルでは，概念はその上位－下位関係に基づき階層的に体制化されている。そして，各概念はネットワークにおいて，ノード (node) として表わされ，概念間の関係はリンクにより表現されている。コリンズとキリアン (1969) はさらに，情報の検索がノード間のリンクをたどることにより行なわれ，その際リンクの移動が多くなればそれだけ時間を要するという，意味記憶における情報検索に関しても重要な仮定を提起した。コリンズとキリアン (1969) は，概念について記述した文を呈示し，その真偽について判断を求める課題（文の真偽判断課題：sentence verification task）を用い，反応時間 (reaction time :RT) を測度としてモデルの検証実験を行なった。意味記憶に関しては，それがすでに記憶されている情報であるため，記銘－再生という従来の記憶研究のパラダイムの適用は困難である。コリンズとキリアン (1969) は意味記憶モデルとともに，RT を測度として意味記憶の記憶構造や検索過程を推測しようとする，意味記憶研究のための新たな研究パラダイムも発表したのである。

　コリンズとキリアン (1969) の階層的ネットワークモデルは，その後多くの追試が行なわれ，彼らが仮定したような厳密な階層性については否定的な結果が得られている。そして，意味記憶モデルとしては，コリンズとロフタス (Collins & Loftus, 1975) のように，意味ネットワークは意味的類似性の系列に沿って体制化されていると仮定するネットワークモデルが一般的である。

　コリンズとロフタス (1975) によれば，2つの概念間で共通の特性が多くなれば，それらの特性を通してリンクが増え，その2つの概念はより近接して関連していることになる。たとえば，種々の乗り物もしくは種々の色は，すべてそれぞれに共通の特性を通して高度に連結されている。しかし，消防車，さくらんぼ，夕焼け，ばらのような赤いものには，共通して1つの特性はあるが，

接近しては連結されていない。意味的関連性とは，2つの概念間の相互連結の集合に基づくものなのである。図4-1は，このような概念の関連性の集合の考え方を説明したものである。このモデルでは，1つの概念とノードが対応していると仮定されている。

また，コリンズとロフタス（1975）の意味記憶モデルは，このような意味ネットワークに加えて，語彙ネットワークを仮定しているところにも特徴がある。つまり，概念の意味とは別に，その概念の名前そのものの記憶も考慮したモデルである。彼らによれば，語彙ネットワークは概念の名前のネットワークであり，音素（phoneme）の類似性（ある程度は綴りの類似性）の系列に沿って体制化されている。そして，語彙ネットワークにおける各名前ノードは，図4-2に示されているように意味ネットワークの1つ以上の概念ノードと結合している。

概念やその関係をネットワーク構造で表現するネットワークモデルに対して，概念はその要素の集合によって表象されているとする集合論的モデル（set-

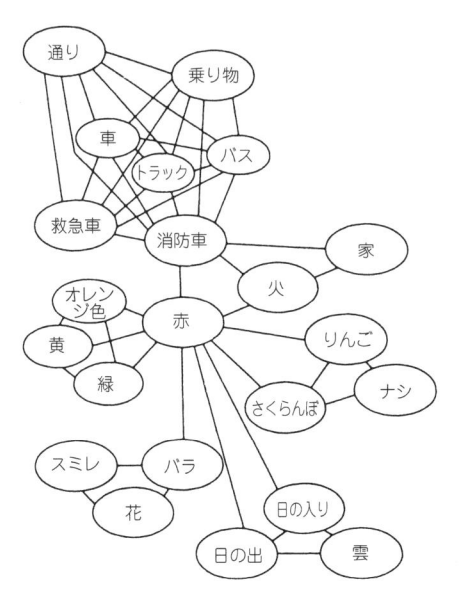

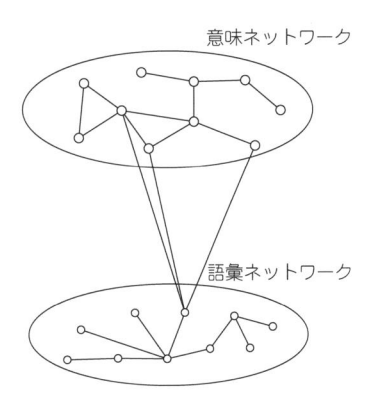

見やすくするため便宜的に語彙ネットワーク上の1つのノードのみ，意味ネットワークと結合しているように描いている。

◆図4-1 コリンズとロフタスの意味記憶モデル（Collins & Loftus, 1975）

◆図4-2 意味ネットワークと語彙ネットワーク

theoretic model, Smith et al., 1974など) も考えられている。スミスらは，意味記憶のモデルとして素性比較モデル (feature comparison model) を提唱している。このモデルでは，概念はその概念のもつ意味素性のセットとして意味記憶に表わされている。素性には，カテゴリーの成員であることを厳密に定義する定義的素性と，その成員を特徴づける特徴的素性がある。そして，文の真偽判断は，2段階の比較過程により判断されると仮定されている。第1段階では，主語と述語のすべての素性を比較して，類似度を決定し，類似度が非常に高い，あるいは非常に低いことが示されれば，第2段階は省略され，反応がなされる。類似度が中程度であれば第2段階へ進み，ここでは定義的素性にのみ基づき比較が行なわれる。第2段階が省略されると真偽判断はより速くなされることになる。この素性比較モデルは，文の真偽判断課題における処理過程を説明するモデルの色彩が強いといえよう。

　意味記憶モデルとしては，近年，活性化や神経学的な発想を取り入れた，分散記憶モデル (distributed memory model) とよばれるモデルが登場してきている (たとえば，Masson, 1991, 1995)。このモデルでは，意味記憶はノードのネットワークで構成されているが，図4-1のようなコリンズとロフタス (1975) のネットワークモデルとは異なり，各ノードは1つの概念を表わすものではなく，概念の素性を表わすと仮定されている。そして，概念はネットワーク全体の活性化のパターンで表わされている。すなわち，共通する素性を多くもつ概念どうしの活性化のパターンは類似していることになる。

(2) プライミング効果

　意味記憶研究における最大のトピックは，メイヤーとシュベインベルト (Meyer & Schvaneveldt, 1971) が独創性に富んだ実験から見いだした現象であるプライミング効果 (priming effect) であろう。メイヤーとシュベインベルト (1971) は，ディスプレイ画面に文字列を2つ，上下に同時に呈示し，その文字列が両方とも有意味語であるか否かの判断を被験者に求めた (語彙判断課題 (lexical decision task))。そして文字列が，"パン-バター"や"看護婦-医者"のように，意味的に関連した有意味語対である場合には，"パン-医者"のように無関連な有意味語対が呈示された場合より，語彙判断のRTが

短くなるプライミング効果を見いだした。このプライミング効果は単純な現象であるにもかかわらず，今日まで多数の研究が行なわれてきている。

メイヤーとシュベインベルト（1971）は，文字列を2つ上下に同時に呈示し，両方の文字列に対する語彙判断を求めるという手続きを用いている。しかしながらその後は，文字列を1つずつ連続して呈示するという方法が一般的に用いられている。たとえば，まず先行刺激（「プライム」と呼ばれる）として最初の文字列"パン"を呈示し語彙判断を求め，次に後続刺激（「ターゲット」と呼ばれる）として2番目の文字列"バター"を呈示して語彙判断を求めるというパラダイムである（たとえば Meyer et al., 1975）。プライムとターゲットを同時に呈示し，語彙判断を求めると，最終的にキーを押すまでの処理過程に記憶の負荷がかかる，あるいは，RTに2つ分の語彙判断の処理が含まれるなど，RTの分析からの処理過程の推論が複雑なものになる。これに対して，語彙判断の対象となる文字列を1つに限ったほうが，このような問題を回避できるうえ，プライムに対する課題を操作できる点や，プライムの呈示開始からターゲットの呈示開始までの時間差（SOA : stimulus onset asynchrony）を操作できる点など研究方法上優れている。

プライムとターゲットが意味的に関連していると，なぜターゲットの処理が促進されるのか。ここに意味記憶の記憶構造や，検索メカニズムの特徴が反映されていると考えられる。

（3） 意味記憶検索の基礎的理論 ―活性化拡散モデル―

伝統的なネットワークモデルでは，活性化を基本的な処理メカニズムとして考えている。コリンズとロフタス（1975）の活性化拡散モデルによれば，概念が処理される，あるいは刺激されると，活性化は自動的にネットワークに沿って勾配をもち拡散すると仮定されている。また，異なる起点ノードからの活性化は加算されるとも仮定されている。そして，活性化は時間の経過，もしくは他の活動の介在により減少する。この活性化は，図4-2に示されているような意味ネットワークと語彙ネットワークの間でも相互に拡散すると考えられている。

このような活性化拡散モデルによれば，プライミング効果は以下のように説

明できる。プライムの処理により，意味記憶におけるその概念が活性化される。そして，その活性化は意味記憶のネットワークに沿って意味的に関連する概念へ広がる。つまり，プライムと意味的に関連した語は，プライムの処理によりある程度活性化している。そのため，プライムと意味的に関連した語がターゲットとして呈示されると，すでに活性化していることによりその処理は促進されRTが短くなる，というのである。活性化拡散は，プライムの処理にともない自動的に生起するメカニズムであると考えられている。

このような"活性化"という概念は，多くの記憶モデルに取り入れられ，さまざまな処理過程の説明において中心的な役割を果たしている（たとえば，Anderson, 1983；McClleland & Rumelhart, 1981；Masson, 1995；Rumelhart & McClleland, 1982）。

(4) 自動的処理過程と制御的処理過程

ポズナーとスナイダー（Posner & Snyder, 1975）は，情報処理過程には自動的な活性化の拡散による処理過程と，注意や意識的な方略あるいは期待に基づく制御的処理過程の2種類があるという2過程説を提唱している。自動的活性化は刺激の呈示直後から生起し，促進効果のみをもつのに対し，制御的処理過程は遅れて生起し，促進効果と抑制効果の両方をもつというのである。ポズナーとスナイダー（1975）によれば，プライミング効果には自動的な活性化に基づくものと，制御的な処理に基づくものの2種類あることになる。

ニーリィ（Neely, 1977）は，巧妙な実験手続きを用いて，この自動的処理過程によるプライミングと，制御的処理過程によるプライミングを検出している。通常の意味的プライミングを扱った実験では，被験者の意識的注意をターゲットに方向づけるプライムとして，ターゲットと意味的に関連する語が用いられてきた。このようなプライムはターゲットのノードの自動的活性化を引き起こす刺激でもあるため，得られる促進効果には自動的活性化によるものと，制御的な過程による促進効果が交絡していることになる。そこでニーリィは，被験者の注意がターゲットへ向くよう操作するプライムに，ターゲットとは意味的に無関連なプライムを用い，自動的活性化による促進効果が交絡しないよう工夫して，次のような実験を計画した。

プライムとして"BIRD","BODY","BUILDING"の3カテゴリー名と"XXX"を用い，教示と有意味語ターゲットのタイプから，3つの変数が操作された。まず，教示により被験者のターゲットに対する注意が次のように操作された。被験者にはプライムが"BIRD"のときには，有意味語ターゲットに鳥の事例が呈示される確率が非常に高いこと（Nonshift 条件：以下 NS 条件とする），プライムが"BODY"であれば，有意味語ターゲットには建物の各部の名称が呈示される確率が高く（Shift 条件：以下 S 条件），プライムが"BUILDING"であれば，有意味語ターゲットに身体の各部の名称が呈示される確率が高いこと(S 条件)を教示したのである。つまり，"BODY"や"BUILDING"がプライムであれば，被験者はプライムとは別のカテゴリーへと注意を向けなければならない（カテゴリー・シフト・パラダイム）。

2つ目の変数は，被験者の期待についてであり，被験者が注意を向けて期待しているカテゴリーの事例が有意味語ターゲットとして呈示される Ex 条件と，

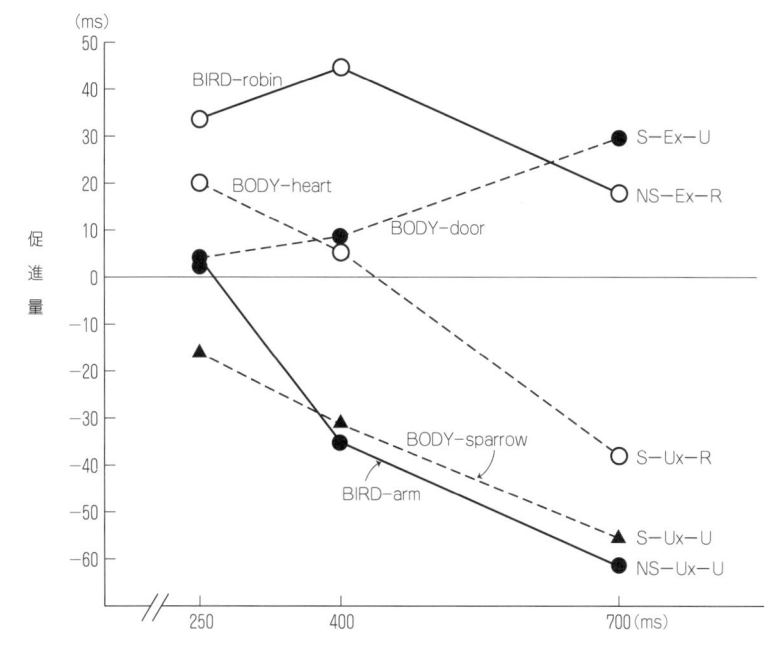

◆図 4-3　自動的処理過程によるプライミング効果と制御的処理過程によるプライミング効果(Neely, 1977)

期待していないカテゴリーの事例が呈示されるUx条件が設けられた。3つ目は，プライムとターゲットの意味的関連性についてであり，意味的に関連しているR条件と無関連なU条件が設けられた。

このような3つの変数に加え，プライムとターゲットのSOAについて250 ms，400 ms，700 msの条件を設定し実験を行なった。"XXX"プライムとの比較で促進量あるいは抑制量を算出した結果が，前頁の図4-3に示されている。S-Ex-U（BODY-door）条件では，250 ms, 400 ms SOAでは促進効果はないが，700 ms SOAでは，促進効果が認められた。また，S-Ux-R（BODY-heart）条件のデータは，SOA 700 msで抑制，SOA 250 msで促進効果を示している。このような結果は，プライムの処理による活性化が，被験者がたとえそのプライムを意味的には無関連なノードへと注意を向けるのに用いるときであっても，その初期においては，自動的にプライムと意味的に関連したノードへ拡散することを示している。また，プライムとは無関連なターゲットでも，そのようなターゲットを期待していれば，700 ms以降になると促進効果が生じることも示している。つまり，自動的活性化は250 ms以内に生起するが，これに対して制御的処理過程は700 ms以降はたらきはじめるといえる。

② プライミング・パラダイムで操作される変数と観察されるさまざまな現象

(1) 意味的関連性

通常は，"医者-看護婦"のような，同じカテゴリーに属する語で，連想的関連性のある語が，意味的関連条件のプライムとターゲットとして用いられる。あるいは，ニーリィ（1977）のようにカテゴリー名をプライム，そのカテゴリーの事例をターゲットに用いる。しかし，記憶モデルの検討を行なうため，次にあげるような変数が実験変数として取り上げられることがある。意味的関連性について，連想的関連性と意味素性の共通性による関連性を区別して，それ

ぞれの効果やその交互作用を分析する。また，連想的関連性については，たとえば，"たばこ"から"けむり"と，"けむり"から"たばこ"のように，どちらから連想するかで連想しやすさの異なる単語対をプライムとターゲットに用いて，その連想の方向性による違いを検討する。特に，連想の方向がターゲットからプライムとなる場合のプライミング効果は，逆行プライミング（backward priming）効果とよばれる（たとえば，Shelton & Martin, 1992 ; Thompson-Schill et al., 1998）。カテゴリー名をプライムとして用いる場合には，ターゲットとする語のカテゴリーの事例としての優位性を操作することがある（たとえば，Neely, et al. 1989）。しかしながら，意味的関連性に関する細かい操作に関しては，その明確な基準を設けることは困難であり，また，実験材料として必要な刺激語対数を確保することも容易ではない。

(2) SOA (stimulus onset asynchrony)

プライムの呈示開始とターゲットの呈示開始の時間差を SOA という。プライミング・パラダイムにおけるプライムとターゲットの時間間隔に関しては，プライムの呈示終了からターゲットの呈示開始までの時間間隔を表わす ISI（刺激間間隔：inter-stimulus interval）よりも SOA で記述されることが多い。ニーリィ（1977）やポズナーとスナイダー（1975）などの研究に基づき，自動的処理過程の検討目的の場合は，SOA を250 ms以内に設定する。また，制御的処理過程を検討目的とする場合，SOA は700 ms以上に設定される。

(3) 関連比率

通常のプライミング効果の実験では，実験中（リスト中）に意味的に関連した語が数多く出現する。このような意味的に関連するプライムとターゲットがリスト中に占める割合，特にターゲットが有意味語である試行のうち，プライムとターゲットが意味的に関連している試行の割合は関連比率（relatedeness proportion）とよばれる。この関連比率は実験結果にいかなる影響を及ぼしているのであろうか。意味的に関連する語の出現率に着目したデ・グルート（de Groot, 1984）やデン・ヘイエル（den Heyer, 1985）の研究では，関連比率が高くなると，プライミング効果も大きくなることが報告されている。リ

スト中に意味的関連語が多く出現する場合，被験者は実験課題において意味的関連語が呈示されることを期待すると考えられる。関連比率は，プライミング効果に対する期待の影響を検討するために用いられる変数である。

(4) 無意味語率

ニーリィら（Neely et al., 1989）は，プライムとターゲットが関連している試行以外の試行のうち，ターゲットが無意味語である確率を無意味語率（nonword ratio）とよんでいる。たとえば，1リストの試行数が20試行，そのうちターゲットが無意味語の試行が10試行であるとする。このようなリストで，関連比率が80％の条件（R条件8試行，UR条件2試行）のもとでは，無意味語率は，10／(2+10)＝.833，となる。これに対して，関連比率が20％の条件（R条件2試行，UR条件8試行）では，無意味語率は，10／(8+10)＝.556，となる。このようなリストでは，関連比率が20％から80％へと高くなると，無意味語率も55.6％から83.3％へと高くなっている。つまり，関連比率の効果と無意味語率の効果が交絡している。したがって，ニーリィら（1989）の実験1において，RP(.33)/NR(.60)条件からRP(.88)/NR(.89)条件へと意味的プライミング効果が大きくなっているのは，関連比率ではなく無意味語率が高くなったためかもしれない。

無意味語率が高くなると，プライムとターゲットが意味的に無関連であるということは，ターゲットが無意味語であることをよりよく予測させるようになる。したがって，関連性のチェックによりターゲットとプライムの関連性が見いだせない場合は，被験者に"無意味語"と反応させるようバイアスがかかることになる。このバイアスが強ければUR有意味語ターゲットに対して"有意味語"と反応するRTを遅くするし，無意味語ターゲットに対する"無意味語"反応は促進されることになる（無意味語促進効果）。

(5) 視認性

プライムあるいはターゲットの視認性もプライミング効果に影響する変数の一つである。一般的には見えにくくした視認性の低い刺激より，完全に見える刺激に対する反応は速い。このような現象はデグラデーション効果（degradation effects) とよばれる。そして，プライミング効果は，ターゲットの視認性が高い条件より低い条件のほうが大きいという，意味的関連性と視認性の交互作用が報告されている（Becker & Killion, 1977；Besner & Smith, 1992；Borowsky & Besner, 1993）。

このような意味的関連性と視認性の交互作用を手がかりに，語の認知における処理過程のうち，どの処理過程が意味的関連性あるいは視認性の影響を受けるのか，つまり，意味的関連性が影響する処理段階と視認性が影響する処理段階は同じか，それとも異なるかを明らかにしようとする研究が行なわれている。視認性の操作としては，視認性の高い条件では黒地に白い文字で刺激語を呈示し，視認性の低い条件では黒地にダークグレーの文字で刺激語を呈示するというように，文字と背景の色により視認性を変える方法（たとえば，Stoltz & Neely, 1995）や，刺激語の輝度を変える方法（たとえば，Borowsky & Besner, 1993）などが用いられている。そして，RT に交互作用が得られるかどうかを検討する。意味的関連性と視認性の交互作用は，系列処理モデルに従うならば，同じ処理段階においてこれらの2要因が影響すると考えられる。しかしながら，もし意味的関連性と視認性の効果が独立で加算的であれば，これら2要因は系列処理モデルに従うなら，それぞれ別々の処理段階に影響するということになる。

(6) プライムの処理
① 無意識的処理 －プライムのマスキング－

自動的処理過程によるプライミング効果に関しては，プライムをマスクしたうえで，ターゲットの処理に対する影響を検討する研究が多く行なわれている（e. g., Balota, 1983；Carr & Dagenbach, 1990；Dagenbach et al., 1989；Fischler & Goodman, 1978；Fowler et al., 1981；Klinger & Greenwald, 1995；Marcel, 1983）。このようなマスキングを用いたプライミング研究は，プライムに対する注意や意識がプライミング効果の生起に必ずしも必要でないことの証拠を提供している。

たとえば，マーセル（Marcel, 1983）は認知できないようにマスクされた語が語彙判断の RT に影響を及ぼすことを示した。多義語を刺激語として用い，

プライムの呈示時間を操作することにより制御的処理過程によるプライミング効果と自動的処理過程によるプライミング効果に検討を加えている。実験ではまず文脈語（たとえば HAND）を呈示し，語彙判断を課し，次に多義語（たとえば PALM）を呈示した。そして続けて，たとえば "WRIST" のように多義語の意味のどれかと関連する語を呈示し，語彙判断を求めるという手続きを用いた。実験の結果，多義語の呈示時間が短く呈示直後にマスキングされて，被験者が多義語を認知できない場合には，TREE-(PALM)-WRIST のように "TREE" と "WRIST" が無関連であっても "WRIST" に対する語彙判断の RT は促進された。しかし被験者が多義語を読み取ることができた場合には，"TREE-PALM-WRIST" のような順序で呈示すれば，"WRIST" に対する語彙判断は抑制されるが，"HAND-PALM-WRIST" では促進されることを見いだした。このような結果は，意識的に意味の処理がなされない場合には自動的な活性化の拡散が生起し，多義語の意味は文脈語で示される意味と別の意味に関しても活性化されていること，そして被験者が多義語を読み取ることができたときにはその前に提示された文脈語により，意味が限定されるように意識的な処理がなされていることを示すものである。

　クリンガーとグリーンワルド（Klinger & Greenwald, 1995）は，被験者にターゲット語対が意味的に連想関係にあるか否かの判断を課した。そして，プライムをマスキングパターンによりマスクした。実験の結果，プライムを認知できなかった被験者のプライミング効果は，プライムを部分的に知覚できた被験者より大きかった。このような結果は，マスクされて認知できないプライムは，語の意味を活性化することができ，そしてマスクされたプライムを意識的に処理しようとすると自動的な（無意識的な）活性化の抑制が生じることを示唆する。活性化の拡散は無意識的プライミングの重要なメカニズムである。

② **意識的処理**

　プライミング実験でよく用いられるプライムに対する課題は，プライムを "読む"，通常は黙読するという課題である。このような課題は，浅い処理レベルの課題といってよいだろう。さらに浅い処理課題としては，プライムに特定の文字が含まれるか否かの判断を求める，文字検出課題（letter search task）がある。文字検出課題では，プライミング効果が減少することが報告さ

れている（たとえば，Friedrich et al., 1991）。

　プライムに対してより深く意図的な処理を課した研究としては，岡（1990）があげられる。岡（1990）は，プライムに対する課題として，"連想"と"しりとり"を用いている。そして，同じ関連比率のもとでも，プライムに対して連想を行なうか，しりとりを行なうかでプライミング効果が異なることを見いだしている。この結果の詳細は5節で取り上げることにする。

（7）マルチ・プライム

　メイヤーとシュベインベルト（1971）以来，これまでのプライミング・パラダイムを用いた研究のそのほとんどは，単一のプライムを用いた研究であり，複数のプライムが意味的に関連するターゲットの処理に及ぼす効果について直接検討した研究はわずかである。複数のプライムを用いた研究としては，バロータとポール（Balota & Paul, 1996）があげられる。バロータとポール（1996）は，次の2タイプの複数プライムの効果を検討している。1つは，プライムとターゲットに直接的な関連性はないが，その間に関連性を媒介する語（第2プライム）を呈示するという，媒介型のプライミング・パラダイムによるものである。たとえば，第1プライムとして"ライオン"，第2プライムとして"トラ"，そして，ターゲットとして"ストライプ"が呈示される。"ライオン"と"ストライプ"には直接的な関連性に乏しいが，"トラ"を媒介することにより，プライムとターゲットに関連性があることになる。このパラダイムは，複数のプライムが同一の記憶表象へ収束するタイプである。もう1つのタイプは，複数のプライムが，それぞれ異なる記憶表象へ拡散するタイプである。たとえば，第1プライムとして"KIDNEY（腎臓）"，第2プライムとして"PIANO"，そしてターゲットには意味的に関連性のない2つのプライムのそれぞれの意味と関連がある意味をもつ多義語"ORGAN"を呈示するというパラダイムによるものである。実験の結果，語彙判断課題において複数のプライムが呈示された場合のプライミング効果の大きさは，それぞれのプライムが単独で呈示されたときの促進量の単純な加算となることが示されている。

　また，岡（1992）は，プライムとして有意味語3語を継時的に呈示し，マルチ・プライムの効果について検討している。実験の結果，図4-4に示されてい

るように、プライム3語は互いに無関連で、そのうちの1語がターゲットと意味的に関連しているR0条件のターゲットに対する語彙判断のRTに比べて、3つのプライムのうち2語が互いに関連しており、その2語と意味的に関連するターゲットが呈示されるR2条件のRTは短い。そして、互いに意味的に関連するプライムが3語呈示され、その3語と意味的に関連するターゲットが呈示されるR3条件のRTは、さらに短いことが明らかとなった。つまり、

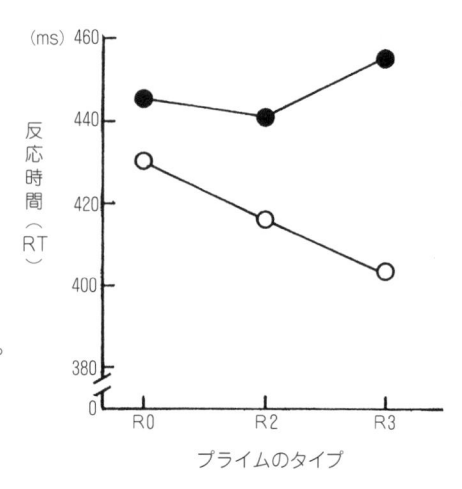

◆図4-4　マルチ・プライムによるプライミング効果（岡，1992）

マルチ・プライムによる促進量は加算的であると考えられる。

（8）ターゲットに対する課題

　プライミング効果を検出するため、ターゲットに課せられる課題はメイヤーとシュベインベルト（1971）以来、語彙判断課題が多く用いられている。しかし、プライミング効果は語彙判断課題にかぎらず、さまざまな課題においても観察されている。その代表的なものを以下にあげてみよう。

① 文の真偽判断課題（sentence verification task）

　コリンズとキリアン（Collins & Quillian, 1970）は、主語が同じ文について続けて文の真偽判断課題を求めると、2番目の文の真偽判断が促進されることを報告している。

② 単語産出課題

　ロフタス（Loftus, 1973）は、指示されたカテゴリーの事例である単語をあげさせる単語産出課題を用いてプライミング効果を見いだしている。たとえば、カテゴリー名と頭文字（例：fruit-A）を呈示して単語産出を被験者に課し、そして、続けて同じカテゴリーからの産出を求める（例："fruit-P"）と、2番目の単語産出のRTが短くなる。さらに、ロフタス（1973）は、このプラ

イミング効果はあいだに別のカテゴリーの語の産出を求めるようにしてラグを操作すると（例：fruit-A, flower-P, animal-D, fruit-P），ラグの大きさにより直線的に減少することも明らかにしている。

③ **関連性判断課題（relatedness judgments task）**

プライムとターゲットが関連しているかどうかの判断を求める課題である。バロータとポール（Balota & Paul, 1996）は，プライムを2語呈示するマルチ・プライム・パラダイムで，プライムのうちの1語が，あるいはプライムの2語とも，ターゲットと関連していれば"yes"，2語ともターゲットと無関連であれば"no"の判断を被験者に求めた。また，クリンガーとグリーンワルド（1995）は，プライムを1語呈示した後，ターゲットを2語同時にCRT画面の上下に呈示する方法を用い，ターゲットの2語が関連しているか否かの判断を被験者に求めている。

語彙判断課題や命名課題においては，被験者の注意がおもに語彙レベルの処理に向けられる。これに対して，関連性判断課題は，意味レベルの処理が要求される課題である。

④ **命名課題（naming task）**

呈示された単語の音読を求める命名課題（たとえば，Warren, 1977）も，多く用いられている課題である。語彙判断課題と違い，その処理過程に判断過程が含まれないことがその特徴である。

3 意味的プライミングに関する理論

意味的プライミングの基礎となるメカニズムについては，多くの論争がなされてきている。これまで見いだされてきたプライミング効果にかかわるさまざまな現象を説明する理論やモデルは，ニーリィ（1991）が詳細にレビューしている。ここでは，以下の4つの理論やモデルを紹介してみよう。

（1） 自動的活性化拡散（automatic spreading activation）

　意味的プライミングのメカニズムについての伝統的な見解は，プライムが意味記憶ネットワーク内で活性化拡散を引き起こし，それがターゲットの検索に影響するというものである。この活性化拡散は，意図や意識なしに急速に生じるもので，ターゲットの処理に対して抑制効果はもたず，促進効果のみが示される。この活性化拡散は自動的な過程であると一般に考えられている。

　前述したようにニーリィ（1977）は，カテゴリーシフト・パラダイムを用いた実験において次のような結果を見いだしている（図4-3参照）。SOAが250 msである条件下では，カテゴリー・シフトのないNS-Ex-S（BIRD-robin）条件では促進効果が得られている。この条件は，通常のプライミング・パラダイムにおけるプライムとターゲットが意味的に関連しているR条件である。これに対して，カテゴリー・シフトが被験者に求められるS-Ux-R（BODY-heart）タイプの条件では，被験者は，プライムの"BODY"については，ターゲットに建物の各部の名称が呈示される確率が高いことが教示されている。このカテゴリー・シフトの教示がなければ，もちろん"BODY-heart"もR条件である。このS-Ux-R（BODY-heart）条件においてもSOAが250 msである条件下では，促進効果が得られている。ただし，SOAが700 msになると促進効果はなく逆に抑制効果が認められた。このような結果は，自動的な活性化の拡散の証拠であると考えられている。SOAが250 msでは，教示や被験者の期待の影響を受けない過程である，自動的活性化拡散がはたらいているといえよう。

　2節で紹介した，プライムがマスクされ，その結果プライムの知覚が閾下知覚となるマスキング・パラダイムで得られている促進効果も，自動的活性化拡散過程の証拠となっている。

　しかしながら，このような自動的な過程に疑問を投げかけるデータも報告されている。そのひとつは，プライムに対して被験者に求める処理のタイプを操作した研究からである。スミスら（Smith et al., 1983）やフリードリヒら（Friedrich et al., 1991）は，プライムに対して，ある文字が含まれているか否かの判断を求める文字検出課題を課し，ターゲットには語彙判断を課したところ，プライミング効果が減少することを報告している。また，スミスら

（Smith et al., 1994）は，呈示時間が短く知覚困難なプライムについては，すべてのプライムが知覚困難な場合には意味的プライミング効果が得られるが，知覚しやすいプライムとミックスして呈示されるという事態では，知覚困難なプライムによるプライミング効果はみられないことを見いだしている。

　このような結果は，プライムの呈示がいつも意味的に関連するノードへの自動的な活性化拡散を引き起こすものではないことを示唆している。

(2) 期待

　活性化拡散ではなく，人間がもつ期待によってもプライミング効果は説明可能である。つまり，プライムの処理にともない，プライムと関連する語への期待が形成される。そして期待した語がターゲットとして呈示されると，その処理は促進される。しかし，期待していない語が呈示されると，その語がプライムと関連している語であっても，あるいは無関連な語であっても，その処理は抑制される。この期待は，人間の意図や意識のもとではたらくものであり，制御的処理過程によるものである。

　プライムとターゲットの意味的関連性は，もちろんプライミング効果の重要な規定因である。しかし，前述のニーリィ（1977）の実験では，プライムとターゲットに意味的関連性がない場合でもプライミング効果は生起することが示されている。すなわち，ターゲットには建物の各部の名称が呈示される確率が高い S-EX-U（BODY-door）条件に関しては，短い SOA では促進効果はないが，SOA が長くなればターゲットに対する語彙判断に促進効果がみられることが明らかとなった。実験事態の文脈から生じる期待が，プライミング効果の生起に影響するのである。

　また，プライミング効果への期待の影響は，意味的に関連したプライムとターゲットが呈示される試行が多くなれば，プライミング効果が大きくなるという関連比率効果からも示される（ニーリィら，1989）。このような結果は，プライミング効果が期待に基づくメカニズムから生まれることを示唆するものである。自動的活性化が刺激の呈示直後から生起し，促進効果のみをもつのに対して，このような期待に基づく制御された処理過程は遅れて生起し（700 ms 以降），促進効果と抑制効果の両方をもつと考えられている。

（3） 意味照合（semantic matching）

　語彙アクセスが行なわれてから語彙判断の反応が実行されるまでの間に，さらに別の処理が行なわれると仮定する理論が最近提唱されている（Neely et al., 1989 ; Neely, 1991）。意味照合過程とよばれるその処理過程では，ターゲットに対する語彙アクセスがなされてから，プライムとターゲットの意味表象が活性化されると，プライムとターゲットが意味的に関連しているか否かのチェックがなされる。この意味照合過程により，プライムとターゲットが関連していることが示されると，被験者にはターゲットが有意味語であると判断するようにバイアスがかかり，それゆえ，関連条件では語彙判断が促進される。これに対して，無関連であればターゲットは無意味語であると判断するようにバイアスがかかる。その結果，無関連条件のRTはバイアスのない中性条件より長くなる。

　ニーリィら（1989）によれば，無意味語率はこの意味照合過程に影響を及ぼす。すなわち，無意味語率が高くなると，プライムとターゲットが意味的に無関連であるということは，ターゲットが無意味語であることをよりよく予測させるようになる。つまり，関連性のチェックによりターゲットとプライムの関連性が見いだせない場合は，被験者に"無意味語"と反応させるようバイアスがかかることになる。このバイアスが強ければUR条件において，有意味語ターゲットに対する"有意味語"反応のRTは長くなるし，無意味語ターゲットに対する"無意味語"反応は促進されることになる（無意味語促進効果）。

　この意味照合過程は，語彙判断課題のようになんらかの判断過程を必要とする課題に特有のものである。したがって，命名課題においてはこのような意味照合過程はRTに反映されない。

（4） 複合手がかり理論（compound-cue theory）

　プライミング効果を説明する理論として，ラトクリフとマクーン（Ratcliff & McKoon, 1988）は複合手がかり理論を提唱している。この複合手がかり理論によれば，記憶検索において，プライムとターゲットは短期記憶内で結合して複合手がかりを形成する。そして，複合手がかりの親近性（familiarity）がターゲットに対する語彙判断の判断決定の基礎として用いられると仮

定している。もしプライムとターゲットが意味的に関連していれば，無関連な場合よりその複合手がかりの親近性は高くなり，ターゲットに対する反応が促進される。もし，複合手がかりの親近性が低ければ，無意味語反応を速く行なうことができる。もし，親近性が中程度であるときは，さらに付加的な処理を行なう必要がある。すなわち，関連するプライム－ターゲット対の複合手がかりの親近性が，無関連なプライム－ターゲット対の複合手がかりの親近性より高いためプライミング効果が生じると説明されるのである。この複合手がかり理論も，語彙判断課題を対象として考えられた理論である。このような複合手がかり理論に対して，マクナマラ（McNamara, 1992a, 1992b, 1994）やクリンガーとグリーンワルド（1995）などは，反証となる実験結果を報告している。マクナマラ（1994）も論じているように，活性化拡散モデルのほうが現段階ではさまざまな実験結果に対する説明力が高いと思われる。

④ 音韻的類似性によるプライミング効果

　プライムとターゲットの関連性について，これまでは意味的関連性を取り上げてきたが，関連性は意味的なものにかぎらない。意味的には無関連であってもプライムとターゲットが同じ文字を含んでいる（綴りの関連性），あるいは音韻的に類似している場合にも，プライミング効果が得られることが報告されている。たとえば，ボウルズとプーン（Bowles & Poon, 1985）が単語産出課題において頭文字によるプライミング効果を報告している。またヒリンジャー（Hillinger, 1980）は，語彙判断課題において韻によるプライミング効果を，スロウィアクツェクら（Slowiaczek et al., 1987）は，語の聞き取り課題において語の始めの音素が同じであるとき，プライミング効果を見いだしている。これらのプライミング効果は，プライムとターゲットの意味的な関連性により生じているものではない。文字，音韻，音素などの類似性により生起するプライミング効果である。綴りによるプライミング効果が生起するということは，

意味記憶のモデルとしてコリンズとロフタス（1975）のモデルのように，意味的関連性によるネットワークだけではなく，綴りや音韻の類似性に基づいて体制化されている，各概念の名前のネットワークである語彙ネットワーク（lexical network）を考える必要性を示している。

　それでは，日本語についての研究を紹介しながら語彙ネットワークの体制化や，検索の問題について検討してみよう。

　岡・桐木（1990）は，プライムとターゲットの頭文字が同じである OR 条件（例：パンダ-パネル），プライムの頭文字が「あ」行で，プライムとターゲットの1音節目の母音が同じである PRV 条件（例：アルト-マスク），プライムの頭文字が「あ」行以外の文字で，プライムとターゲットの1音節目の母音が同じである PRC 条件（例：レタス-ペンキ），綴りにおいても，音韻的にも，意味的にも無関連である UR 条件（例：テラス-リボン）の4条件を設け，片仮名3文字，平仮名3文字で表記した語を用いて実験を行なっている。プライムとターゲットの SOA は200 ms，プライムの課題は黙読，ターゲットの課題は語彙判断課題であった。実験結果は図4-5に示されているように，PRV 条件の RT が最も短く，OR 条件と PRV 条件間の RT には違いがないが，いずれも UR 条件より RT が短かった。頭文字が同じ，あるいは文字は同じでなくても，1音節目の母音が同じであれば，プライミング効果が生起するという結果から，語彙ネットワークは，綴りや音韻の類似性に基づいて体制化されているといえる。しかも日本語の場合，その体制化は「あ」行のリンクが優勢であるようなしくみになっていることがうかがえる。

　岡（1990）は，プライムに対する課題には，「連想」と「しりとり」を用い，意味的関連性と綴りの関連性の関連比率を操作し，意味的関連性と綴りの関連性の効果を直接比較している。意味的プライミングに関する結果は次節で触

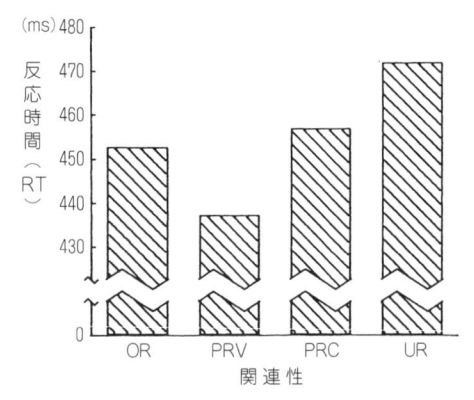

◆図4-5　綴りや音韻の関連性によるプライミング効果(岡・桐木，1990)

れることにして，ここでは綴りによるプライミング効果についてのみ紹介しよう（89頁の図4-7参照）。実験の結果，プライムの課題がしりとりで，プライムとターゲットがしりとり関係になっている対の比率が高い（しりとり-OR-40）条件においてのみ，語彙判断のRTに綴りによるプライミング効果が認められた。プライムについては，しりとりがなされ，そしてプライムとしりとり関係のターゲットが多く呈示され，しりとりになっているターゲットを期待する，このような条件のもとで綴りによるプライミング効果が生じたのである。このことから，綴りによるプライミング効果においても期待が重要な役割を果たしているといえよう。

　上述の研究は，いずれもターゲットに対して語彙判断を課したものである。音韻や綴りの類似性により語彙判断が促進されるということは，検索のメカニズムに関して，文字や音韻の処理に対する活性化と語彙処理による活性化の相互作用を説明できるモデル（たとえば，McClelland & Rumelhart, 1981；Rumelhart & McClelland, 1982）を検討する必要があるといえよう。また，意味的プライミング効果と綴りや音韻によるプライミング効果が，同じメカニズムのもとで出現するものかどうか，この点も今後の重要な研究課題である。

5　意味記憶研究の今後の課題・展望

　プライミング効果に影響を及ぼす変数は前述のように非常に多い。しかもそれらの影響は互いに独立とはかぎらず，交互作用も認められるため，これまでの研究結果は複雑なものとなっている。つまり，プライミング効果には，その実験における条件の設定やリストの構成などにより，自動的活性化拡散，期待，意味照合などのさまざまな処理過程の側面が反映されていると考えられる。そこで，ここではまず研究例を2つあげ，意味記憶研究の今後の課題について考えてみよう。そして次に，方法論上の課題についても触れることにする。

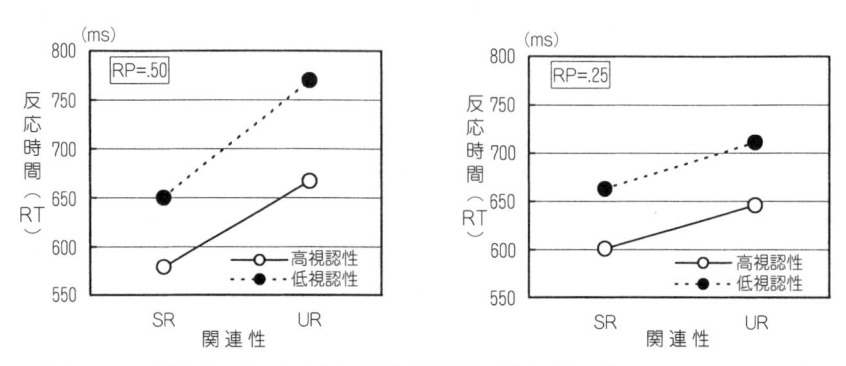

◆図4-6 関連比率による意味的関連性と視認性の効果の違い(Stolz & Neely, 1995)

(1) ストルツとニーリィ (Stoltz & Neely, 1995) の研究

　ストルツとニーリィ (1995) は，意味的関連性と視認性に加えて関連比率も操作し，意味的関連性と視認性にはいつも交互作用があるわけではないことを示している。SOA が短いときには，意味的関連性と視認性の効果が加算的か，それとも交互作用を示すかは，関連比率とプライムとターゲットの連想強度に依存することを見いだした。つまり，図4-6 に示されているように，関連比率が高いときには交互作用が示されるが，関連比率が低いときには加算的な結果が得られる。このような結果のパターンは，SOA に関係なく出現する。
　期待は，語認知においては SOA が短いときではなく長いときにその役割を果たす。したがって，SOA が短いときの意味的関連性と視認性の交互作用と，SOA が長い場合の意味的関連性と視認性の交互作用には異なる説明が必要である。関連比率効果を説明するためには，SOA の長短両方での交互作用を同じメカニズムで考えるのか，それともさらに別のメカニズムを考えるのか，今後 2 通りの可能性について検討していかなければならない。

(2) 岡 (1990) の研究

　岡 (1990) は，プライムに対する深い処理レベルの課題として，「連想」と「しりとり」を用い，意味的関連性と綴りの関連性，およびそれぞれの関連比率を操作する以下のような実験を行なっている。プライムとターゲットの関連性に関しては，意味的に関連している条件 (SR 条件；例：ラジオ＊テレビ)，しりとりになっている条件 (OR 条件；例：カエル＊ルビー)，無関連な条件

5．意味記憶研究の今後の課題・展望　89

（UR条件；例：ピアノ＊ワイン）の3条件が設けられた。また，関連比率に関しては，プライムと意味的に関連した語がターゲットに呈示されるSR条件試行が，リスト中40％（関連比率では，66.7％）であるSR-40条件（OR条件，UR条件は各10％），プライムとターゲットが，しりとりになっているOR条件試行が，リスト中40％であるOR-40条件（SR条件，UR条件は各10％），SR条件試行，OR条件試行，そしてUR条件試行がそれぞれ20％であるControl条件の3条件が設けられた。

　まず，意味的プライミング効果についてみてみよう。実験の結果，図4-7に示されているように，関連比率の大小により単純にプライミング効果の大小が規定されるのではないこと，つまり，プライムに対する課題との関連も考慮するべきであることが示された。すなわち，連想をしても，ターゲットにプライムと意味的に関連した語が呈示される出現率が低い場合（10％）には，意味的プライミング効果は生じないのである（連想-OR-40条件）。一方，しりとり-OR-40条件では，SR条件試行が10％であってもプライミング効果は生じている。

　連想は，ターゲットを予測する側面をもつ課題である。連想-OR-40条件では，連想をしてもプライムと意味的に関連するターゲットが呈示される確率は小さい。したがって，SR条件試行のみを取り上げれば連想はターゲットに対する語彙判断という課題遂行に適切であるが，リスト全体からみれば連想は課

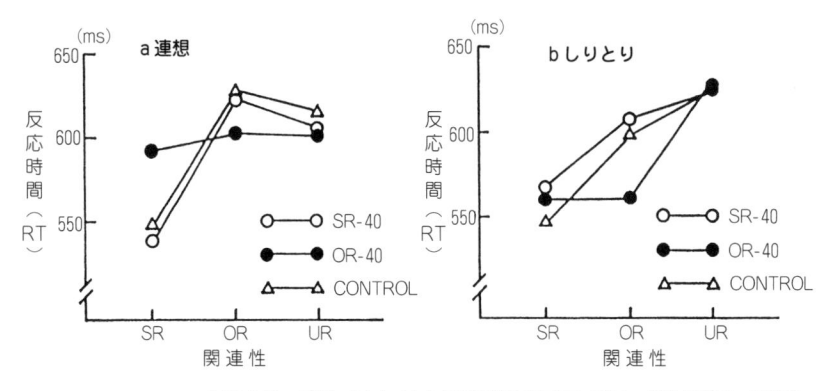

◆図4-7　プライムに対する課題別のプライミング効果（岡，1990）

題遂行にとり適切ではない。つまり，このプライミング効果の抑制は，プライムに対する連想が，この実験事態で被験者に要求される課題遂行に対して不適切であることにより生起したと考えられる。

しりとり-OR-40条件では，プライムとしりとり関係のターゲットが，リストにおいて多く呈示され，リスト全体からみてしりとりは不適切な活動ではない。このことから，連想-OR-40条件のようにプライムに対する処理が課題遂行に不適切なものでなければ，SR条件試行の出現率がたとえ10%と低いものであっても，意味的プライミング効果は生起すると考えられよう。

このような結果は，制御的処理過程による意味的プライミング効果の規定因として被験者の期待効果を考えるには，関連比率の高低による期待だけではなく，プライムに対する処理との関連も考慮しなければならないことを示している。すなわち，実験事態全体として期待をとらえなければならないのである。これは，その実験における課題要求や，実際の課題遂行などから形成される，実験に対する構えや期待の効果といえよう。プライミング効果における構えの影響は，ストルツとベスナー（Stoltz & Besner, 1996）も指摘している。3節で述べた，プライムに対する課題が文字検出課題であると，プライミング効果が減少するという知見（Friedrich et al., 1991 ; Smith et al., 1983）も，実験に対する構えの効果とも考えられる。構えの問題はナイサー（Neisser, 1967）以来，認知心理学の重要なテーマである。しかし，このような点は従来の意味記憶のモデルでは十分に考慮されてはいなかった。構えや期待の要因を踏まえたモデル構築が望まれる。

また，意味記憶検索におけるさまざまな処理過程は，固定的ではなく，課題やその状況に最適な方法で意味記憶検索が実行できるよう機能しているようである。そのようなメカニズムの解明が，今後の意味記憶研究に課せられた重要な課題のひとつである。

(3) 方法論上の課題

プライミング効果がどのような処理段階で生起するのか，また処理レベル間の相互作用について解明していくためには，特定の処理段階の特徴やそのプロセスについての検討が欠かせない。メイヤーとシュベインベルト（1971）以来，

この意味的プライミング効果に関しては，RTや反応の正誤などを指標として研究がなされてきた。RTには，刺激入力からキー押し反応が実行されるまでの間のすべての処理過程に要した時間が含まれている。このことから，与えられた課題に対する情報処理の結果としての反応の正誤より，処理過程についての情報量は多い。しかしながら，あくまでも刺激入力から反応出力までの総時間であるため，RTから特定の処理段階の特徴やそのプロセスを推測するにはおのずと制約があることになる。したがって，処理レベルを分離して検出できるような実験パラダイムや測度を開発しなければ，これ以上の研究の進展は難しいと思われる。

そのようななかで，新しい試みとして，RTに加えて事象関連電位（ERP : event-related potential）を指標とする研究も行なわれるようになってきた。ERPは，なんらかの事象の生起に関連して出現する一過性の脳電位変化である。ERPを惹起する事象には，視覚・聴覚・体性感覚といった感覚器への刺激，さらに期待・注意・意志決定といった心的事象などがあると考えられている。ERPには，刺激が呈示される前から反応後まで連続的に記録できる点，被験者に反応を要求しない刺激についても記録できる点，さらに，極性，振幅，潜時，頭皮上分布などRT以外の多くの次元の情報をもっている点，などの利点がある。したがって，特定のERP成分と処理活動が対応づけられると，入力-出力間に介在する情報処理の推移をその時どきのERP反応として分析できることになる。

このERPのなかで，意味記憶検索やプライミング効果を反映していると考えられている成分に，N400とよばれる成分がある（たとえば, Bentin, 1987 ; Bentin et al., 1985 ; Holcomb, 1988, 1993 ; Kounios & Holcomb, 1992）。このN400は，プライムとターゲットが意味的に関連している場合（SR条件）と比べて，無関連な条件下（UR条件）で，ターゲットの呈示後400 msあたりをピークに陰性方向に大きく発達する成分である。ここで，関連比率を操作した実験でRTとともにERPを測定した藤本ら（2000）の研究から，プライミング効果がERPにおいてどのようにとらえられるかみてみよう。

実験の結果，図4-8のようなERP波形が得られた。この図4-8に示されているのは，正中前頭部(Fz)で測定されたものであり，プライム呈示前100 msか

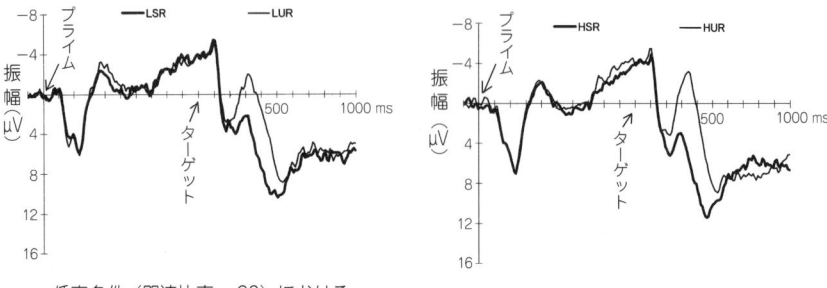

◆図4-8 ERP波形にみられるプライミング効果(藤本・宮谷・岡・桐木, 2000)

らターゲット呈示後1000 msまでの間の ERP 波形である。ターゲット呈示前の波形はどの条件もよく似ており，プライム後約200 msの陽性波，約400 msの陰性波が出現した後，波形は再び陽性方向へシフトし，さらにターゲット前500 ms前後から，緩やかで高振幅な陰性変動（contingent negative variation, CNV）が出現している。ターゲット後 200 msあたりから条件によるERP波形の分岐が出現し，それ以降，後期陽性成分(P3b)の頂点あたりまで，UR条件試行の波形がSR条件試行の波形よりも陰性である。また，この区間におけるSR条件試行波形は関連比率の高率条件よりも低率条件で陰性であり，UR条件試行の波形は，逆に低率条件よりも高率条件で陰性であった。図4-8に示した以外の部位の波形も総合すると，UR条件試行波形では，ターゲット後 330 ms前後にピーク（高率条件で340 ms，低率条件で320 ms）を示す大きな陰性波（以後N330とよぶ）が中心部から前頭部にかけて左半球優勢にみられるが，SR条件試行波形では，その陰性波はUR条件試行波形に比べて小さく，頭頂部領域ではその後に続く大きな陽性波に隠れている。

また，関連比率条件別にUR条件試行波形からSR条件波形を引き算して求めた差波形でみると，意味的関連性に関する条件差はターゲット呈示後約400 msで最大となる。出現潜時や条件差の方向から，この成分はN400と考えられる。

このN400は，関連比率の高率条件では中心部から頭頂部にかけて優勢に分布しているのに対し，低率条件では前頭部において最大であり，頭頂部では小さい。さらに，高率条件では全体的には左半球優位の傾向があるのに対して，

低率条件ではわずかではあるが右半球優位の傾向がみられる。ERP成分の頭皮上分布の違いは，それを生じる神経活動の空間的パターンの違いを示唆する。したがって，高率条件と低率条件の意味的プライミングでは，それを生じる過程が同一でないことが推測できる。

　以上のようにERPは，意味記憶検索研究のための測度として情報量が多く，プライミング効果がどのような処理段階で生起するのかといったテーマの解明のための測度として非常に魅力的である。もっとも，N400をはじめとして，ERP諸成分とそれぞれに対応する心理過程の特定化は，現在のところ十分にできていない。先に述べたような，意味的プライミングへの影響を検討するために操作されてきた実験変数がERPに及ぼす影響と，RT上の影響を比較検討することにより，ERP成分と処理過程との対応づけをすすめることが今後の課題である。

　なお，意味記憶検索や記憶構造を解明していく際には，特に，実験に用いる課題に特有のメカニズムを特定し，切り離して考えるべきことも忘れてはならない。そのためには，ターゲットの課題に異なる課題を用い，直接比較可能にする研究方法をとる必要があろう。

（4）おわりに

　プライミング効果は，当初考えられていたよりもはるかに複雑なメカニズムから生まれてきている。ニーリィ（1991）も指摘しているように，すべてのデータを説明するためには，複数のメカニズムを仮定する必要がある。いずれにせよ，プライミング効果が意味記憶検索や意味記憶構造を知るための大きな手がかりを提供してくれていることはまちがいない。これまでは，自動的処理過程に比べると，制御的処理過程に対して関心があまり払われてこなかった感がある。意味記憶検索は，検索の方略の決定や評価，判断などを制御するシステムにより，状況に適応した最適の水準でなされているはずである。今後は，制御システムのモデル化へ向けて研究が進展していくであろう。

【引 用 文 献】

Anderson, J. R. 1983 *The architecture of cognition.* Cambridge : Harvard University Press.
Balota, D. A. 1983 Automatic semantic activation and episodic memory encoding. *Journal of Verbal Learning and Verbal Behavior,* **22**, 88-104.
Balota, D. A. & Paul, S. T. 1996 Summation of activation : Evidence from multiple primes that converge and diverge within semantic memory. *Journal of Experimental Psychology : Learning, Memory, and Cognition,* **22**, 827-845.
Becker, C. A. & Killion, T. H. 1977 Interaction of visual and cognitive effects in word recognition. *Journal of Experimental Psychology : Human Perception and Performance,* **3**, 389-401.
Bentin, S. 1987 Event-related potentials, semantic processes, and expectancy factors in word recognition. *Brain and Language,* **31**, 308-327.
Bentin, S., McCarthy, G. & Wood, C. 1985 Event-related potentials, lexical decision, and semantic priming. *Electroencephalography and Clinical Neurophysiology,* **60**, 343-355.
Besner, D. & Smith, M. C. 1992 Models of visual word recognition : When obscuring the stimulus yields a clearer view. *Journal of Experimental Psychology: Learning, Memory, and Cognition,* **18**, 468-482.
Borowsky, R. & Besner, D. 1993 Visual word recogniton : A multistage activation model. *Journal of Experimental Psychology : Learning, Memory, and Cognition,* **19**, 813-840.
Bowles, N. L. & Poon, L. W. 1985 Effects of priming in word retrieval. *Journal of Experimental Psychology : Learning, Memory, and Cognition,* **11**, 272-283.
Carr, T. H. & Dagenbach, D. 1990 Semantic priming and repetition priming from masked words : Evidence for a center-surround attentional mechanism in perceptual recognition. *Journal of Experimental Psychology : Learning, Memory, and Cognition,* **16**, 341-350.
Collins, A. M. & Loftus, E. F. 1975 A spreading activation theory of semantic processing. *Psychological Review,* **82**, 407-428.
Collins, A. M. & Quillian, M. R. 1969 Retrieval time from semantic memory. *Journal of Verbal Learning and Verbal Behavior,* **8**, 240-247.
Collins, A. M. & Quillian, M. R. 1970 Facilitating retrieval from semantic memory : The effect of repeating part of an inference. *Acta Psychologica,* **33** (*Attention and Performance* III), 304-314.
Dagenbach, D., Carr, T. H. & Wilhelmsen, A. 1989 Task-induced strategies and near-threshold priming : Conscious effects on unconscious perception. *Jouranal of Memory and Language,* **28**, 412-443.
de Groot, A. M. B. 1984 Primed lexical decision : Combined effects of the proportion of related prime-target pairs and the stimulus-onset asynchrony of prime and target. *The Quarterly Journal of Experimental Psychology,* **34A**, 253

-280.
den Heyer, K. 1985 On the nature of the proportion effect in semantic priming. *Acta Psychologica*, **60**, 25-38.
Ebbinghaus, H. 1885 *Über das Gedächtnis : Untersuchungen zur experimentellen Psychologie.* Leipzig : Duncker und Humboldt. 宇津木 保（訳） 1978 記憶について－実験心理学への貢献 誠信書房
Fischler, I. & Goodman, G. O. 1978 Latency of associative activation in memory. *Journal of Experimental Psychology : Human Perception and Performance*, **4**, 455-470.
Fowler, C. A., Wolford, G., Slade, R. & Tassinary, L. 1981 Lexical access with and without awareness. *Journal of Experimental Psychology: General*, **110**, 341-362.
Friedrich, F. J., Henik, A. & Tzelgov, J. 1991 Automatic processes in lexical access and spreading activation. *Journal of Experimental Psychology : Human Perception and Performance*, **17**, 792-806.
藤本里奈・宮谷真人・岡 直樹・桐木建始 (2000) 意味的プライミング効果に及ぼす関連比率の効果：事象関連電位による検討 基礎心理学研究, 18, 2, 139-148.
Hillinger, M. L. 1980 Priming effects with phonemically similar words : The encoding-bias hypothesis reconsidered. *Memory and Cognition*, **8**, 115-123.
Holcomb, P. J. 1988 Automatic and attentional processes : An event-related brain potential analysis of semantic priming. *Brain and Language*, **35**, 66-85.
Holcomb, P. J. 1993 Semantic priming and stimulus degradation : Implications for the role of the N4000 in language processing. *Psychophysiology*, **30**, 47-61.
Klinger, M. R. & Greenwald, A. G. 1995 Unconscious priming of association judgments. *Journal of Experimental Psychology : Learning, Memory, and Cognition*, **21**, 569-581.
Kounious, J. & Holcomb, P. J. 1992 Structure and process in semantic memory : Evidence from event-related brain potentials and reaction times. *Journal of Experimental Psychology: General*, **121**, 460-480.
Loftus, E. F. 1973 Activation of semantic memory. *American Journal of Psychology*, **86**, 331-337.
Marcel, A. J. 1983 Conscious and unconscious perception : Experiments on visual masking and word recognition. *Cognitive Psychology*, **15**, 197-237.
Masson, M. E. J. 1991 A distributed memory model of context effects in word identification. In D. Besner & G. W. Humphreys(Eds.) *Basic processing in reading : Visual word recognition.* Hillsdale, New Jersey : Lawrence Erlbaum Associates. Pp.233-263.
Masson, M. E. J. 1995 A distributed memory model of semantic priming. *Journal of Experimental Psychology : Learning, Memory, and Cognition*, **21**, 3-23.
McClelland, J. L. & Rumelhart, D. E. 1981 An interactive activation model of context effects in letter perception : Part 1. An account of basic findings.

Psychological Review, **88**, 375-407.
McNamara, T. P. 1992a Priming and constraints it places on theories of memory and retrieval. *Psychological Review*, **99**, 650-662.
McNamara, T. P. 1992b Theories of priming : Ⅰ. Associative distance and lag. *Journal of Experimental Psychology : Learning, Memory, and Cognition*, **18**, 1173-1190.
McNamara, T. P. 1994 Theories of priming : Ⅱ. Types of primes. *Journal of Experimental Psychology : Learning, Memory, and Cognition*, **20**, 507-520.
Meyer, D. E. & Schvaneveldt, R. W. 1971 Facilitation in recognizing pairs of words : Evidence of a dependence between retrieval operations. *Journal of Experimental Psychology*, **90**, 227-234.
Meyer, D. E., Schvaneveldt, R. W. & Ruddy, M. G. 1975 Loci of contextual effects on visual word recognition. In P. M. A. Rabbitt & S. Dornic(Eds.) *Attention and performance Ⅴ.* New York : Academic Press. Pp.98-118.
Neely, J. H. 1977 Semantic priming and retrieval from lexical memory : Roles of inhibitionless spreading activation and limited-capacity attention. *Journal of Experimental Psychology : General*, **106**, 226-254.
Neely, J. H. 1991 Semantic priming effects in visual word recognition : A selective review of current findings and theories. In D. Besner & G. W. Humphreys (Eds.) *Basic processing in reading : Visual word recognition.* Hillsdale, New Jersey : Lawrence Erlbaum Associates. Pp.264-336.
Neely, J. H., Keefe, D. E. & Ross, K. L. 1989 Semantic priming in the lexical decision task : Roles of prospective prime-generated expectancies and retrospective semantic matching. *Journal of Experimental Psychology : Learning, Memory, and Cognition*, **15**, 1003-1019.
Neisser, U. 1967 *Cognitive psychology.* New York : Appleton-Century-Crofts.
岡 直樹 1990 プライム刺激に対する課題とリスト構成がプライミング効果に及ぼす影響 心理学研究, **61**, 235-240.
岡 直樹 1992 複数のプライム刺激によるプライミング効果 日本心理学会第56回大会発表論文集, 792.
岡 直樹・桐木建始 1990 意味記憶に関する研究（18）－音韻的類似性とプライミング効果－ 中国四国心理学会発表論文集, **23**, 18.
Posner, M. I. & Snyder, C. R. R. 1975 Facilitation and inhibition in the processing of signals. In P. M. A. Rabbitt & S. Dornic(Eds.) *Attention and performance Ⅴ.* New York : Academic Press. Pp.669-182.
Ratcliff, R. & McKoon, G. 1988 A retrieval theory of priming in memory. *Psychological Review*, **95**, 385-408.
Rumelhart, D. E. & McClelland, J. L. 1982 An interactive activation model of context effects in letter perception : Part 2. The contextual enhancement effect and some tests and extensions of the model. *Psychological Review*, **89**, 60-94.
Shelton, J. R. & Martin, R. C. 1992 How semantic is automatic semantic priming ? *Journal of Experimental Psychology : Learning, Memory, and Cognition*,

18, 1191-1210.
Slowiaczek, L. M., Nusbaum, H. C. & Pisoni, D. B.　1987　Phonological priming in auditory word recognition. *Journal of Experimental Psychology : Learning, Memory, and Cognition*, **13**, 64-75.
Smith, M. C., Besner, D. & Miyoshi, H.　1994　New limits to automaticity : Context modulates semantic priming. *Journal of Experimental Psychology : Learning, Memory, and Cognition*, **20**, 104-115.
Smith, E. E., Shoben, E. J. & Rips, L. J.　1974　Structure and process in semantic memory : A featured model for semantic decisions. *Psychological Review*, **81**, 214-241.
Smith, M. C., Theodor, L. & Franklin, P. E.　1983　The relationship between contextual facilitation and depth of processing. *Journal of Experimental Psychology : Learning, Memory, and Cognition*, **9**, 697-712.
Stoltz, J. A. & Besner, D.　1996　Role of set in visual word recognition : Activation and activation blocking as nonautomatic processes. *Journal of Experimental Psychology : Human Perception and Performance*, **22**, 1166-1177.
Stoltz, J. A. & Neely, J. H.　1995　When target degradation does and does not enhance semantic context effects in word recognition. *Journal of Experimental Psychology : Learning, Memory, and Cognition*, **21**, 596-611.
Thompson-Schill, S. L., Kurtz, K. J. & Gabrieli, J. D. E.　1998　Effects of semantic and associative relatedness on automatic priming. *Journal of Memory, and Language*, **38**, 440-458.
Warren, R. E.　1977　Time and the spread of activation in Memory. *Journal of Experimental Psychology : Human Learning and Memory*, **3**, 458-466.

記憶の工学的モデル

平井 有三（ひらいゆうぞう）

（専門分野）
ニューラルネットワーク

1948年生まれ。現在，筑波大学電子・情報工学系教授
《主要著書・訳書》
● PDP モデル（分担訳）　産業図書　1989
● VLSZ Neural Network Systems．Gordon and Breach Publishers．1992
● 視覚と記憶の情報処理　培風館　1995

　10年ほど前まで，筆者が提案した連想記憶モデル HASP（A Model of Human Associative Processing）を手掛かりに，人間の記憶にまつわる心理現象のシミュレーションを試みていた。記憶のファン効果，意味的プライミング効果，語彙検索の2段階説，子どものたし算過程や数字系列の獲得過程などを計算機のうえで再現したり，関連する心理実験などを行なっていた。

　工学の分野では，もろもろの入出力関係を取り扱う場合，関数あるいは写像という考え方が基礎になる。関数は一対一あるいは多対一の写像でなければ関数とはよばない。工学的な記憶のモデルである連想記憶モデルも，一から一を想起するときの正確さを基準に，引き込み領域や記憶容量などが議論されてきたし，議論されている。

　しかしながら，人間の記憶現象を再現するためには，一対一の枠組みを踏み出て考察する必要がある。HASP は一対多から出発した。その結果，上述したような記憶現象を再現することができた。最近，筆者の研究室の大学院生が，引き込み領域などの解析を行なっている。

　記憶モデルに関するここ10年は，海馬を中心とする生理学的モデル，変数束縛を中心とした計算モデルなどに進展がみられたようである。そのなかで，最

近国語辞書などの電子化が急ピッチで進められ，大規模な知識を基礎においたモデルの検証が可能になってきたことが注目できる。モデル研究もおもちゃの世界から実世界へと踏み出すことが可能になってきた。これからはおもちゃではダメということであろう。

　本書は記憶の心理学に関する本である。目次を拝見すると，工学的なモデル研究が手をつけているのは概略を除く最初の3章までであり，残りの章の内容に関しては依然手つかずのままである。手をつけることができないくらい，人の記憶は広範で，多岐にわたり，われわれの日常活動のあらゆる側面にかかわっている。帰納法的に記憶の本質を明らかにしようとする努力が，本書であろう。

　チョムスキーは言語理論に関して，記述的妥当性と説明的妥当性の概念を提唱している。これまでの記憶研究は，記述的妥当性に相当する研究なのであろう。説明的妥当性に相当する，あるいは演繹的な記憶研究はあり得ないのであろうか。また，「明けの明星」や「宵の明星」としての「金星」も大切であるが，「物理的な実体」としての「金星」を見ることも大切であろう。脳の新皮質は機能分担がすすんでいるが，どこも同じような神経回路で構成されている。神経回路というハードウエアを通して記憶を見つめていきたい。少なくとも演繹的な態度で。

5章 非言語情報の記憶

　毎日の生活のなかで，目に映る情景，耳に届く音や声，肌にすいつく空気の感触，動く物など，私たちは感覚器官を通してさまざまな情報を入手している。これらの情報は，後に言語を用いて再生されることもあるが，すべての経験が言語に置き換えられることは考えにくく，直接的に再現されることも多い。このように，感覚から伝えられた情報の一部は非言語情報として符号化され，保持され，想起され，あるいは操作される。非言語情報の記憶のうち，視覚的情報の記憶には対象の色や形態的な特徴と対象間の空間的位置関係，運動的特徴などの情報が含まれている。本章では，この視覚的記憶に焦点をあて，第一に視覚的記憶の特性について，第二に想起・操作される視覚イメージをめぐる議論について，最近の研究も含めいくつかの研究を紹介しながら考えていきたい。

① 非言語情報の記憶

　非言語情報の記憶のうち，視覚的記憶の研究は，1960年代後半から絵などの画像材料を用いたものが多くみられるようになった。その多くが言語記憶との比較を試み，画像優越効果や視覚的短期記憶における系列位置効果などを報告してきた。これらは後に触れる潜在記憶に対して，顕在記憶に位置づけられる。また，近年，視覚的短期記憶は視空間作動記憶のなかで議論されることが多い。本章では，まずこの視覚的記憶の特性について考える。
　2つ目の視覚イメージは，記憶においては心的表象をめぐる議論のなかで取り上げられてきた。日常的な視覚的経験は，レストラン・人の顔・部屋のようすなど通常意味的な理解をともなっている。そこで，経験に基づいて想起される視覚イメージは，意味と切り離された事象なのか，それとも意味もともなった表象なのかが問題となった。近年になって，発見的イメージあるいは創造的イメージをめぐって，このイメージ特性についての議論が再燃した。発見的イメージとは，イメージから新しいイメージを作り出すことを指し示している。また，このイメージの想起・操作も視空間作動記憶のなかで論じられることが多い。本章では，視覚イメージを想起され活性化された記憶イメージと位置づけ，記憶という観点からこのイメージについて考える。

② 視覚的記憶の特性

(1) 画像の記憶

　そもそもさまざまな視覚的経験に付随した視覚的情報の記憶は，どのくらい可能なのだろうか？　このことについて，日常的場面を刺激材料として，数百枚から数千枚の写真呈示による再認を調べたいくつかの研究が，1970年前後に

みられる。それぞれいろいろな情景を写した写真を数秒ずつ呈示し，その後，新しい情景の写真を加えて，それぞれ先に見たものかどうかを答えてもらうという再認テストを行なっている。その結果は，情景写真が複雑な刺激パターンであるにもかかわらずかなりの再認が可能であるというものであった。そのなかで，シェパード（Shepard, 1967）は情景写真に加えて，その情景を説明した文章や，情景を端的に示す単語の呈示も行なっている。結果は，情景写真の再認率は98％の正確さであるのに対して，文や単語の言語材料では90％程度の正確さであり，情景写真の再認のほうがよいというものだった。また，このような画像の再認成績は数日後も保持されることを，ニッカーソン（Nickerson, 1968）が明らかにしている。これらの結果は，視覚的記憶が言語記憶より優れるという「画像優越効果（picture superiority effect）」を示すものとされた。

　この画像優越効果はどのように説明されるだろうか。その後の画像を用いた研究は，主として2つの方向をもっている。ひとつは意味あるいは概念表象とのかかわりから，言語的符号化の役割を考える二重符号化説に基づいた研究である。もうひとつは用いられる画像間の視覚的類似性の効果から考える研究である。

　日常場面を表わした画像・写真や線画などの刺激では，内容をことばで表現したり名前をいう（命名する）ことが可能である。これを言語的符号化というが，これによって，画像などでは非言語的な視覚イメージと言語という二重の符号化が可能になる。したがって，言語的符号化のみの単語や文に比べて画像の記憶成績が優れるという考え方がある。この考え方の代表がペイヴィオ（Paivio, 1986）の二重符号化説である。

　日常的な場面などのいわゆる有意味材料による視覚的記憶では，特に例外を除いて，その情景や場面の意味的理解が行なわれていると考えてよいだろう。レストラン，友人，顔，料理などさまざまな場所や対象などの意味的理解が，視覚的特徴の把握や記憶とほぼ同時的に生じており，また後に場面や情景を想起する場合にも，そこに含まれる対象などの意味的な理解をともなっていることが多いと考えられる。このことは，視覚的記憶が長期的な意味（概念）記憶とかかわることを示している。さらに言えば，この意味的な理解は言語に置き

換えることが可能である。私たちは日常的な経験をことばを用いて表現する。したがって、視覚的記憶とはいっても、それは符号化の段階で言語的処理が行なわれ、想起においても言語を介して成立している可能性があるということになる。二重符号化説では、これを言語的処理対イメージ処理という2つの符号化でみていこうとするものである。

　もうひとつの類似性は実験方法ともかかわる問題である。場面や情景などの画像刺激では、線画であっても単語などと比較して複雑な形態情報の組み合わせからできている。処理すべき情報の量からすれば線画や画像のほうが多くなり、符号化や記憶が困難になるとも考えられる。しかし、この複雑さは逆に刺激間の相違を大きくする。これは、再認テストで新規項目を用意する場合にもいえることである。ウィーバら（Weaver et al., 1978）は、このようなテスト刺激間およびテスト・新刺激間の弁別のしやすさが画像優越効果をもたらしていると考え、類似性の高い画像系列を用いた再認実験を行なった。その結果は上記のシェパードやニッカーソンらと比べると、再認率が低くなるというものだった。

　ネルソンら（Nelson et al., 1976）は、図5-1のように、形態の類似性とカテゴリー（意味）の類似性を組み合わせた図形リストと、それに対応する単語リストを用意し、それらを呈示した後の再生を比較した。ネルソンらは再生数ではなく、誤り反応に着目して分析を行なっている。類似した刺激は互いに干渉しあって、誤り反応を導くと考えられるからである。その結果、リスト内が形態的にも意味的にも類似した図形での誤り反応は、形態的に類似せず意味的に類似した図形リストや、形態的にも意味的にも

〈形態類似性〉
　　高　　　　　　　低
〈概念類似性〉
高　　低　　高　　低

◆図5-1　類似性条件ごとの線画例
　　（Nelson et al., 1976を改変）

類似しない図形リスト,そして形態的に類似するが意味的に類似しない図形リストに比べて多かった。このことから,形態的に類似した図形リストで画像優越効果が消えることが明らかになった。このことから,ネルソンは画像優越効果について,二重に符号化されるよりも,刺激の類似性などの感覚的符号化の問題としてとらえることができると述べている。

　感覚的符号化は,ここでは形態情報の符号化と考えてよいだろう。ネルソンの考え方は,符号化を感覚的符号化と概念・意味的な符号化という段階的にとらえるもので,二重符号化説とは異なっている。このような感覚的符号化については,近年,「感覚照合効果(sensory match effect)」の問題としても取り上げられている。スノッドグラスら(Snodgrass et al., 1994：Snodgrass & Fan, 1996)は図5-2に示す水準1～7のような不完全画像を用いて再認テストを行なっている。その結果,学習時とテスト時で画像の不完全さの程度(水準)が同じであるときの再認成績が,不完全さの程度が学習時とテスト時で異なっている条件よりもよいことを見いだした。学習時には不完全画像への命名と正答のフィードバックを行なっているが,命名が可能かどうかは再認成績に影響しなかった。この命名や正答のフィードバックは,学習者がその時点で画像の意味的な符号化をできるということである。これらの結果は,意味・概念的符号化よりも同じ対象を表わす画像をどのような形態情報として学習するかが,その後の再認に影響したことを示している。スノッドグラスらは,この効果を感覚照合効果とよび,感覚的符号化が後の記憶に影響を与えるものと解釈している。

上から水準 8, 7, 4, 1

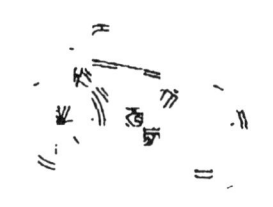

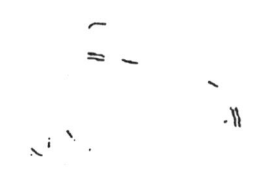

◆図 5-2　不完全画像例
(Snodgrass & Feenan, 1990を改変)

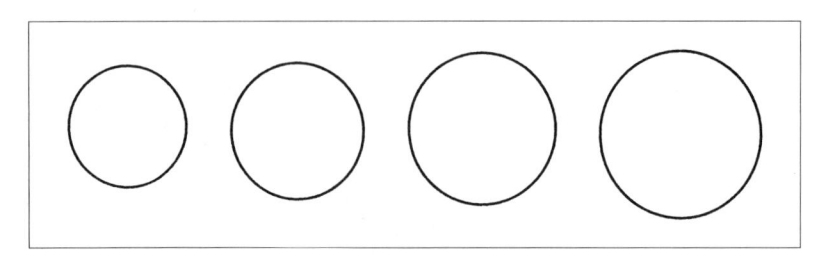

◆図5-3 一円硬貨の大きさはどれか？

（2） 何が記憶されるか？

　ところで視覚的記憶はどのくらい経験を正確に，細部にわたって詳細に再現するものなのだろうか？　たとえば一円硬貨を例にとってみよう。一円硬貨を正確に思い出すことができるだろうか？　また，一円硬貨の大きさは，図5-3のどれと同じだろうか？　図5-3で選んだ円のなかに硬貨の模様を描いてみよう。多くの人は一円硬貨の模様を正確に思い出して描けないことに驚き，また，正確に大きさを指し示せないことに驚く。これまでに筆者が試したところでは，圧倒的に多くの人が実物より小さい円を選んでいる。

　ニッカーソンとアダムス（Nickerson & Adams, 1979）は，アメリカの一般成人20人に対して1セント硬貨を思い出して描いてもらった。その結果は，硬貨にある8つの特徴のうちだいたい3つくらいを正確に描けるというものであった。さらに硬貨に含まれる8つの特徴を一つひとつ示し，それらが硬貨のどの位置にあるかを答えさせるという構成法によっても同様の結果を得た。梅本（1985）も大学生を対象に，百円硬貨について思い出して描いてもらっているが，再生結果は同様であった。

　私たちの生活のなかで硬貨や紙幣は欠かせない。目にしている頻度からすれば，上記の結果は驚くほど悪い。しかし，同様のことはほかにもたくさん例をあげることができる。毎日通う通学や通勤の途上の風景を，私たちは描き出したり思い出したりできるだろうか？　ある日工事が始まり，今まであった建物が取り壊されたとき，その元の建物のあった風景を思い出せるだろうか？

　マンドラーとジョンソン（Mandler & Johnson, 1976）は，さまざまな対象物を空間的に配置した，図5-4のような絵を被験者に数秒呈示し，それぞれの

対象物の細部や対象の位置などを変えた妨害項目を加えて，再認テストを行なっている。図5-4のうち，上部の図が元図形で，下部の図は相対的位置を変えた妨害図形の例である。その結果，対象が変化したり（たとえば，ポスターから地図へ），対象間の相対的位置関係が変化した（図5-4のように，離れていた物が近くにきている）図形については，82%・78%と成績がよいが，その対象がどこにあったかという絶対的位置（39%）や存在したかどうか（64%），そして対象の細部が変化した図形（61%）の成績は悪かった。

また，ネルソンら（Nelson et al., 1974）の実験では，写真とそれを詳細に再現した画像と，単純化して主要部分のみを描いた簡略画像を用いて，再認記憶を調べているが，ここでも，写

◆図5-4　元画像（上部）と変形図形（下部）例（Mandler & Johnson, 1974 を改変）

真と詳細な画像と主要部分のみの簡略画像では成績に差がないことが見いだされている。写真や画像に比べて，視覚的場面を言語記述した条件では，7日後の再認成績が悪くなっており，視覚的場面を単に言語記憶に置き換えて記憶しているとは考えられない。しかし，視覚的場面が何を表わしているのかというおゆる主題がとらえられ，その他の詳細部分はあまり必要とされていないことがこの結果からもわかる。

これらは生活空間についての概念的表象（認識）を私たちがもっており，新たに入ってくる情報はその概念的表象の枠組み（スキーマ）に組み込まれ，あるいはそのスキーマによって参照・確認されて記憶していることを示す一例である。日常的には，むしろこのような記憶形態が圧倒的であり，それぞれ概念的表象・スキーマを利用する形で，多くの視覚的経験を取り込んでいると考え

られる。そして，どのくらい細部にわたって詳細に記憶するかは，そのときどきの状況が決定していくものではないかと思われる。また，記憶された視覚的経験をどのくらい詳細に想起するかも，想起時点での意識や状況判断によって決定されていくのではないだろうか。

このようなスキーマと画像記憶の関係については，ペジェクら（Pezdek, et al., 1988）によって取り上げられている。彼らは，画像がスキーマに組み込まれて単純化して記憶されると考え，画像の細部を削除または追加して再認テストを行なった。その結果，簡略画像への追加は気づかれやすいが，詳細画像からの削除は気づかれにくいことを見いだした。そして，この効果を「非対称的混同効果（asymmetric confusability effects）」とよんでいる。また安藤ら（1998，1999）は蝶やネコの画像を用いて細部の追加・削除を行ない，この非対称的混同効果について，予想一致性や典型性などの点からさらに検討を行なっている。

（3） 視覚的記憶における言語的符号化の問題

視覚的記憶において，これまで述べたような二重符号化説が示す言語的符号化の可能性や，概念的表象・スキーマの利用を排除するためには，ランダム図形や無意味図形など言語的・概念的符号化の困難な図形を用いる必要がある。しかし，この場合にも，言語的・概念的符号化の利用可能性は完全には排除できず，図形によっては高い言語的符号化が行なわれることもある。松川（1983）は，図5-5のような100×100の分割点からランダムに選ばれた点を結んで作られたランダム図形を用い，連想価の高い図形と低い図形の再認を比較した。連想価が高いということは，図形がなにか意味的な対象とみられたり，別の対象を思い浮かべやすいということであり，その分，言語的符号化がより容易になると考えられる。図形は数秒ずつ呈示され，新たな図形を加えたなかから先に見た図形を選ぶという方法を用いた。その結果，高連想価の図形の再認

◆図5-5　ランダム図形例
　　　　（Vanderplas & Garvin, 1959より）

が78.9%と低連想価の図形の40.5%よりもよいことを示した。また，図形に言語的符号化が実際にできた図形の再認が符号化できなかった図形よりもよいことも見いだした。

　ランダム図形ではなく，マトリクス図形を用いて一連の記憶研究を行なったのが，フィリップスとクリスティ（Phillips & Christie, 1977）である。彼らは図5-6のようなマトリクスのセルをランダムに塗りつぶした図形を用いて再認記憶を調べた。マトリクスのセルが多くなるほど，刺激は複雑になると考えられる。マトリクス図形は8図形が系列として呈示され，1秒後に再認テストが行なわれた。再認テストは，呈示したマトリクス図形と類似した図形を並べて呈示して，どちらを見たか選択するという方法であった。その結果，図5-7にあるように，系列位置について最後の1項目のみが再認成績がよいという新近性効果を見いだし，彼らはこれを視覚的短期記憶とよんだ。この最後の1項目のみの新近性効果は，系列の最初と最後の成績がよいという言語材料を用いた実験結果とは異なっている。このことから，視覚的記憶の特徴として，あたかもひとつのスクリーンがあって，その上にひとつずつの図形が視覚化されていくようなものと考えられた。

　このフィリップスらの実験では，再認テストは呈示系列とは逆順で行なわれた。得られた結果が，この手続きによったものではないかと考え，ブロードベントとブロードベント（Broadbent & Broadbent, 1981）はプローブ法を用いて系列位置効果を検討した。プローブ法というのは，系列の呈示の後にターゲットとなる図形を呈示して，それが系列のなかにあったかどうかを被験者に

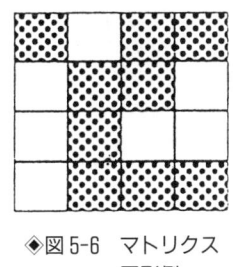

◆図5-6　マトリクス図形例

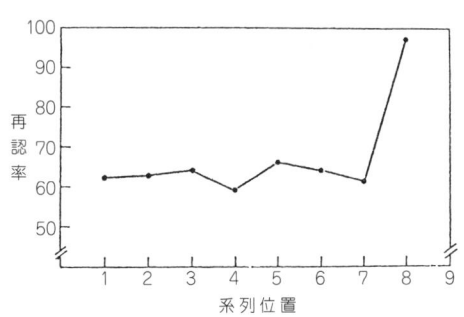

◆図5-7　系列位置によるランダム図形の正再認率
　　　　（Phillips, 1977）

答えてもらうという方法である。その結果，フィリップスらの結果と同様の新近性効果が認められた。

　しかし，新近性効果と短期記憶の関係については，ロジー（Logie, 1995）も述べるように，新近性効果自体が視覚的短期記憶の存在を示すものではないという批判がある。そこでロジーら（Logie et al., 1990）は，図5-6で示したようなマトリクス図形を学習時に呈示し，このマトリクスの1セルを白黒反転した図形をテストで呈示して，どのセルが反転したかを被験者に問うという方法を用いて実験を行なっている。被験者が正答するたびに，マトリクス図形は2セルずつ増えて，しだいに複雑なマトリクス図形になっていき，連続して誤答が生じる時点で課題を終了するというものであった。これは，たとえば数字や単語をいくつまで覚えることができるかを調べる直接記憶範囲の測定方法と類似している。また，同時に図5-8のような別のマトリクスのセルを教示に従って埋めていき，埋めた結果現われる数字（図5-8では「9」）を答えるというイメージ妨害課題を与え，マトリクス図形記憶への影響を調べた。実験では，比較のために文字記憶課題と加算妨害課題も行なわれた。その結果が図5-9である。図5-9には，マトリクス図形記憶課題と文字記憶課題が，イメージ妨害課題と加算妨害課題によってそれぞれどれくらい成績がそこなわれていたかが示されている。明らかに，マトリクス図形記憶課題はイメージ妨害課題によって成績が悪くなっていることがわかる。このように，ロジーら（1990）は，新

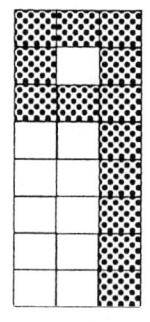

◆図5-8　Logie et al.（1990）が用いた妨害イメージ課題
（Logie, 1995より）

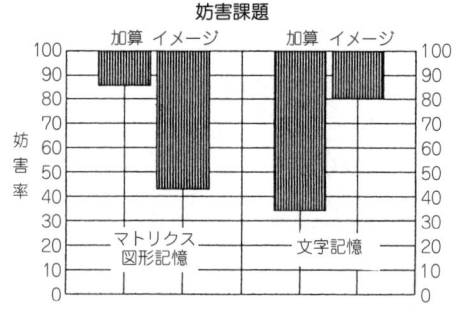

◆図5-9　Logie et al.（1990）の実験結果
（Logie, 1995より）

2. 視覚的記憶の特性

近性効果ではなく，視覚イメージ妨害課題を用いて相対的に視覚的短期記憶の存在を示している。

フィリップスらの実験については，その後言語的符号化が利用された可能性も指摘されている。エイボンスとフィリップス（Avons & Phillips, 1987）は，図5-10のようなマトリクス図形の一部に「T」などのアルファベット文字を配置し，その部分のパターンを変えた図形を用いて実験を行なった。その結果，短かい呈示の後（STVM）ではFFとFN図形での再認がよいが，呈示後に挿入課題を入れた長期再認（LTVM）事態では，FN図形のみが再認成績がよいことを見いだした（図5-11参照）。これらの結果は，図形の一部をアルファベット文字として意味的に理解することが再認を容易にしていると解釈できる。また，結果からは，視覚的短期記憶と視覚的長期記憶の符号化の違いがみられる。さらに，エイボンス（Avons, 1998）は，フィリップスらの実験とは反対に系列呈示したマトリクス図形を最初から順にした再認手続きをとると，新近性効果が消えることも見いだした。

このようにランダム図形やマトリ

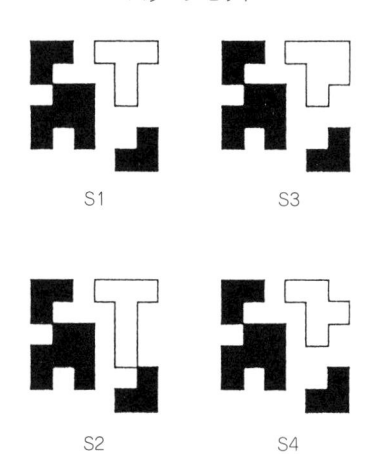

◆図5-10　1部にアルファベット文字を含むマトリックス図形
S1は元図形，S2〜S4は変形図形

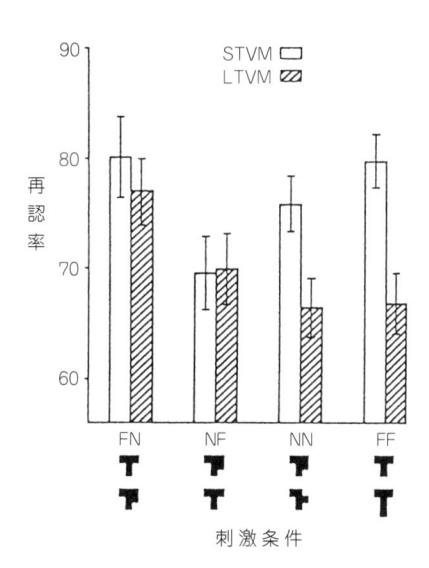

◆図5-11　呈示時間と刺激条件による再認率
（Avons et al., 1987）

クス図形を用いることで，言語的符号化や意味的理解をなるべく排除あるいは相対的に統制して，短期的な視覚的記憶の存在を探るアプローチがとられてきた。しかし，「形」の把握は，刺激の個々の成分を独立的に把握するのとは異なり，すでにある種のカテゴリー化を含んでいると考えられる。これが言語的・概念的符号化と同一であるかどうかは検討されなければならないが，視覚的短期記憶は，少なくともこのような形としてカテゴリー化された水準における記憶であることを踏まえておく必要があろう。

(4) 視覚的潜在記憶

　私たちはさまざまな視覚的経験をくり返している。先の視覚的経験が，経験した本人が意識していない状態で，後の異なった場面で効果をもつことがある。たとえば，料理の本でさまざまな食材を見た後は，実際の食料品店やスーパーで食材が選択的に目に留まるということがあるかもしれない。経験した本人が特に意識的な想起をともなわない場合の記憶は潜在記憶とよばれ，これまでに多くの研究が行なわれてきた（太田，1991）。その多くは単語を用いた言語的記憶に関するものである。

　そのなかで，シャクター（Schacter, 1990）は，知覚表象システム（perceptual representation system : PRS）を提唱し，知覚構造の分析が記憶に及ぼす効果を明らかにした。図5-12は彼らが用いた三次元物体図形である。図の上部の図形は三次元物体（可能図形）を表わしているが，下部の図形は不可能図形である。シャクターとクーパー（Schacter & Cooper, 1993）は，学習課題で左右の方向性を判断させるか（構造的課題），椅子のように座るものとしてとらえ得るか（機能的課題）を判断してもらった。その後，テスト課題として，先に学習課題で見た図形と学習されなかった新しい図形を加えて，半分の被験者には100ミリ秒の瞬間呈示を行ない，図形が可能図形かどうかを

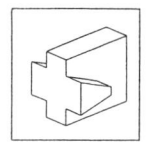

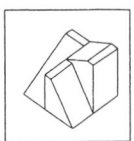

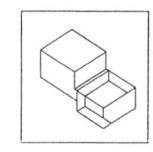

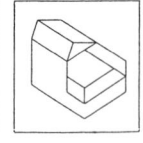

◆図5-12　可能図形(上部)と不可能図形(下部)
(Schacter et al., 1993)

判断させた（知覚判断課題）。残りの被験者には再認テストが行なわれた。その結果，図形が可能図形かどうかの知覚判断は，最初の構造的課題で呈示されていた図形での成績が新しい図形よりよかったのである。また再認テストは機能的課題で呈示された図形で成績がよかった。彼らは新奇な物体の潜在記憶はPRSの下位システムである「構造記述システム（structual description system）」に依存し，このシステムはエピソード記憶とは独立していると論じている。このような構造記述システムは，形態情報の符号化にはたらく記憶システムであり，三次元空間における知覚の体制化と記憶の関係を示唆するものといえる。

　また，スノッドグラスとフィーナン（Snodgrass & Feenan, 1990）は，105頁の図5-2にあるような不完全な画像を学習時に呈示し，その後上昇系列呈示法を用いて画像の同定テストを行なった。これは，非常に不完全な水準の画像から完全な画像まで8段階になった画像を時間をおいて呈示していき，被験者が画像名を答えることができる水準を調べるという方法である。その結果，非常に不完全な画像（水準1）や完全に近い画像（水準7）で学習する条件より，中間の不完全画像（水準4）で学習し，答えをフィードバックされた条件で，より早い水準で画像を同定できることがわかった。スノッドグラスとフィーナンは，このU字型の結果を「知覚閉合効果（perceptual closure effect）」とよんでいる。知覚閉合とは，不完全な画像を完全な画像としてとらえることであり，この知覚閉合の過程が後の画像同定に効果をもつと，彼らは解釈している。知覚閉合効果はその後単語を用いても確認されている（Snodgrass & Kinjo, 1998）。知覚閉合効果は，ゲシュタルト法則の閉合の要因が画像などの対象認知・記憶で効果をもったものであり，先のPRSと同様，知覚的体制化と視覚的記憶の関係を示すものといえる。

　ところで，今井ら（1993）は，シャクターらが用いた図形が学習時とテスト時ではかなり異なっていることを批判し，可能図形・不可能図形をあらためて作成して，可能・不可能の図形判断を行なった。その結果，学習時とテスト時に同じ図形判断課題を行なった条件で，不可能図形にプライミング効果が見られることを示した。このことから，必ずしもPRSで説明されるとはかぎらないと述べている。また，油谷ら（1993）では，線図形を用いて，線分どおしの

結合関係が同じ図形にプライミング効果がみられることを示した。しかし彼らの結果は，構造記述システム自体を否定するものではなく，むしろ，それに加えて学習事態によっては，形態情報が三次元構造にかかわらない他の構造や個々の線分の分析によっても符号化・保持されることを示唆しているものと考えられる。　なお，潜在記憶に関しては6章を参照のこと。

3 視覚的記憶とイメージ

(1) イメージ処理・操作

　これまでの議論の視点は，どちらかといえば符号化・保持にかかわったものであった。私たちは視覚的に経験したことを思い出すが，そのとき，多くの人は絵のように経験されたエピソードとしての情景を思い描くことができる。またこれまでの経験から概念としての対象を思い描くこともできる。この思い描かれる心的な絵をまた，視覚的イメージという。この視覚的イメージは想起された記憶であり，後に述べる視空間作動記憶のひとつと考えられる。想起された視覚的記憶としてのイメージの処理・操作は，視空間作動記憶の下位システムである形態・空間・運動記憶の機能とのかかわりで論じられている。

　イメージにかぎらず心的表象の特徴は，イメージ想起にともなってさまざまな妨害課題を同時的に与え，それによって生じる妨害の程度から検討することができる。ブルックス（Brooks, 1968）の実験は，視覚的にイメージすることが，物理的に呈示された視覚課題と干渉することを示し，イメージ処理が言語処理とは異なることを明らかにした代表的な研究である。実験は，図5-13のようなアルファベットのブロックを記憶させ，印のついたところからブロックをなぞってい

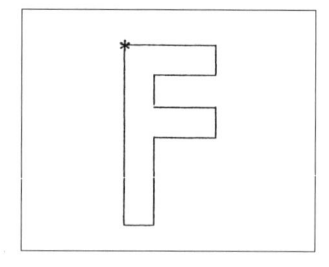

◆図5-13　ブロックアルファベット文字

き，ブロックの角が凸か凹を「はい―いいえ」とさまざまな配置で書かれたところを指さしする条件と，口頭で「はい―いいえ」を答える条件からなり，それぞれの反応時間の比較が行なわれた。また，文章を記憶し，その文の各単語が名詞かどうかを，同じように指さしして答える条件と口頭で答える条件の比較も行なわれた。その結果，アルファベットのブロックでは指さし課題が，文記憶では口頭課題がそれぞれもう一方の課題より困難であることがわかった。

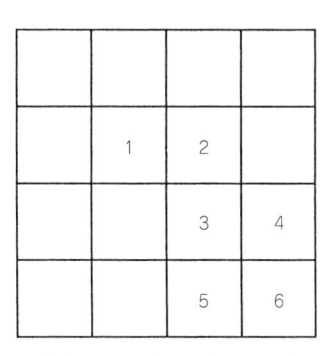

◆図5-14 ブルックスのマトリクス課題

　ブルックスはまた，ブルックス課題とよばれる図5-14のようなマトリクスを用いて，視覚イメージと視知覚過程が類似しており，両者が互いに干渉することを示した（Brooks, 1967）。ここでは，出発点の「１」の位置が決まっており，その後口頭あるいは視覚呈示された指示に従って，隣り合ったマトリクス上に数字を順番にイメージしていくという課題であった。予想できるように，視覚的に指示された条件ではイメージの形成が著しく困難であった。このブルックスの課題はイメージを浮かべる，あるいは形成するというものであり，記憶されたパターンのイメージ化や心に描いたパターンを完成していくものである。これは，その後，視空間作動記憶の下位システムを論じるための課題として利用されることになった。

（２）　心的回転とイメージ

　たとえば図5-15のような２つの図形を見て，両者が同じであるかどうかを尋ねられたとしよう。この２つの図形は，どちらかの図形を図形平面上で回転させるともうひとつの図形と重なることがわかる。図5-15の図形では時計回りに80度回転させた

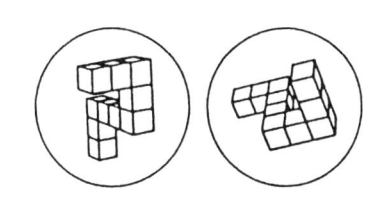

◆図5-15　心的回転図形例
　　　　（Shepard & Metzler, 1971より）

とき重なっている。回転を0度から180度まで用意したとき，同じかどうかを判断する時間は，回転角に応じて長くなった。被験者の多くは図形全体を思い浮かべて回転すると述べており，この現象は心的回転とよばれている（Shepard & Metzler, 1971）。シェパードとメツラーは多くの実験を通して，視覚イメージは現実の視覚的経験と同じような過程であると主張した。同様の研究は，心的走査からも得られた。心的走査とは，地図などを記憶し，地図上の対象物を記憶に基づいて走査することをいう。この場合にも，心的回転と同様，標的までの走査時間は物理的な距離が遠いと長くかかっている。

　ブルックスの実験や，先に述べたロジーらの実験でも明らかなように，視覚的課題で妨害を受ける視覚的イメージが存在すると考えてよいだろう。心的回転や心的操作においても，イメージは視知覚と同等の機能をもつと考えられている。たとえば，大久保・高野（1997）は，潜在記憶課題を用いて，イメージ化が知覚判断に与える影響を調べている。彼らは具体漢字（「指」など）と非具体漢字（「順」など），さらに「へん」や「つくり」に分割可能か可能でない漢字を用意して，最初にそれらをひらがな表記で被験者に与え，そこから作り出された漢字の熟語の先頭漢字をイメージして画数を答えさせた。その後，新しい漢字を加えて，漢字が具体漢字かどうか，「へん」や「つくり」に分割可能かを答えさせる課題を行なった。先行課題で漢字をイメージしたことは，具体漢字の弁別に効果をもったが，分割に関しては効果がなかった。これらのことから，彼らは知覚とイメージが同等機能をもつと解釈している。

（3）　視空間作動記憶とイメージ

　視覚的記憶には，対象の形態的特徴の記憶とそれらの視空間における位置関係がかかわっていると考えられる。家の鍵の特徴と，それを部屋のどこに置いたかについての記憶はそれぞれ異なっている。さらに，視空間における対象物の移動という運動記憶も関与しているだろう。視覚的情報の記憶には，形態情報と空間運動的情報とがあり，両者が下位の記憶特性をもつということについては，視空間作動記憶の議論のなかでも展開されている。視空間作動記憶は，作動記憶のひとつであり，研究者によって用語やその定義が若干異なってはいるが，主として視覚的・空間的情報の操作と記憶を扱うとされる。たとえば，

バドリー (Baddeley, 1986) は，この視空間作動記憶をスクラッチパッドとよんでいる (2章を参照のこと)。ロジー (Logie, 1995) によれば，視空間作動記憶のうち，特に「空間 (spatial)」については運動記憶を含めて考える研究者や，空間と運動記憶を切り離して考える研究者がおり，議論を進めるうえで注意が必要である。ロジー自身は空間という表現に運動記憶を含めて考えているようである。しかし，神経科学の分野においても，視覚と空間情報の伝達経路の違いや部位の違いが報告されており (苧阪, 1998a, b)，色や形態情報にかかわる視覚的記憶と空間・運動情報にかかわる空間記憶の下位システムを想定することには，無理がないように思われる。

　視空間作動記憶における議論は，この下位システムをめぐってのものである。たとえば，先にあげたブルックスの妨害課題は，いずれも指さしやマトリクスのなかの移動という空間成分を含んだものである。したがって妨害を受けたとされる視覚イメージは，視覚的なものではなく空間的なものではないかという指摘がある。バドリーとリーバーマン (Baddeley & Lieberman, 1980) は，ブルックスのマトリクス課題を用い，妨害課題として2.5秒おきに呈示される光の明るさを判断する視覚課題条件と，目隠しをして揺れ動く振り子の先の信号音を聞いてその位置に光を命中させる空間課題条件とを設けて比較している。その結果は，空間課題によって妨害を受けるというものであった。このようにイメージの問題は，視空間作動記憶の下位システムの機能ともかかわって現在もさまざまな研究が行なわれており，今後の大きな課題である。

(4) イメージの創造性

　上記のように，イメージは知覚と同等機能をもつほか，たとえば新しい発見をするときに利用される創造的な側面さえももつと考えられてきた。しかし，視覚的記憶のうち，対象理解を経たものは，そこから生成されるイメージもすでに解釈を経たものと考えることができる。シャクターらが用いた三次元図形であっても，ある三次元的物体ととらえられていれば，それは図形が解釈されたことを意味する。このことより，イメージによって想起される図形は，解釈された図形であり，元の刺激図形とは異なっていることになる。そのことを示したのが，チャンバースとライスバーグ (Chambers & Reisberg, 1985) の研

究であった。図5-16に示した図形は、「アヒル」にも「ウサギ」にも見ることのできるいわゆる多義図形のひとつである。この図を見ているときには、どちらの見方も発見できるのに、いったんアヒルまたはウサギと同定された後では、その図形をイメージ化してそこからもうひとつの意味を発見することができないと彼らは主張した。これは、ある意味でイメージの固定的特徴を表わしており、新しい発見を妨げていることになる。

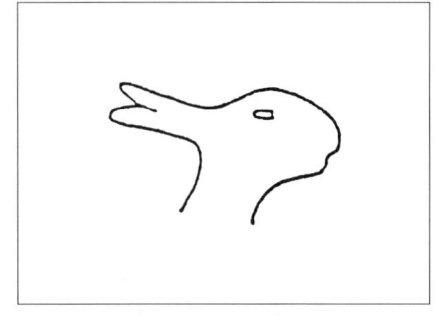

◆図5-16　多義図形（ウサギとアヒル）例

　しかし、その後、いくつかの研究が行なわれ、イメージ生成によっても多義性の発見が可能であるという報告もみられている。フィンケ（Finke，1990）は、図5-17のような図形を用いて、たとえば「最初に大文字のDを思い浮かべ、それを90度左に回転し、その図形の下に大文字のJを置く」というイメージ課題で、最終的に新しい図形「傘」が作り出されることを見いだした。これは、イメージの操作とそれによる新しい図形の発見を示している。また、ブランディモンテら（Brandimonte et al., 1992）は図5-18のような図形を用いて、記憶した元図形から部

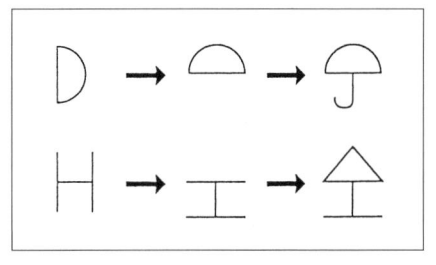

◆図5-17　イメージ操作図形例
　　　　（Finke, 1990より）

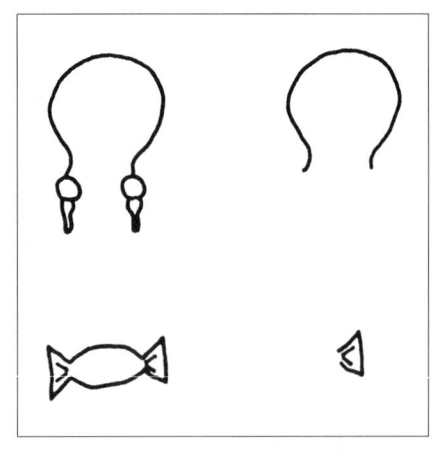

◆図5-18　引き算によるイメージ操作図形例
　　　　（Brandimonte et al., 1992より）

分を引き算してできあがる図形を答えさせる実験を行ない，この場合も新しい図形（たとえば，ソフトクリームや魚）の発見が可能であることを示した。また，これは「ざ，ざ，ざ，」などの音声を発声させて言語的符号化を妨げる音声化抑制を行なったり，言語的符号化が困難な図形を用いたときに促進されることも明らかにした。これらはいずれも一度記憶された図形を想起し，想起されたイメージを操作して答えを導き出したものである。

　視覚的課題では観察者は絶えず図形の形態的特徴を見ることができる。一方イメージ課題では，その手がかりは記憶からの活性化しかない。多義図形の発見には図形を注意深く観察し，図形の個々の形態情報を構成し直す過程が必要である。もし，イメージ課題でも十分な形態情報の処理が行なわれれば，図形の想起も容易になり，操作も可能になるのではないだろうか。知覚とイメージはこれまで見てきたように機能的に同等であるとみなすこともできる。しかし，視覚的手がかりの程度は両者で異なっており，そのことが多義図形課題のように，課題が処理のどの部分をどの程度要求するかで異なった結果を生むのではないかと考えられる。私たちは容易に意味的処理を言語に置き換える。しかし，ブランディモンテらの実験が示すように，言語的符号化を音声化抑制課題によって妨げると，形態情報の処理が促進され，イメージ操作が容易になったものと理解される。

4 非言語情報を用いた記憶研究の今後の展望

（1）　非言語情報と言語情報の記憶

　以上みてきたように，非言語情報の記憶は，それぞれの感覚器官特有の情報の符号化・保持・想起といえる。視覚的情報であれば，形態・色情報と空間・運動情報に細分される。ここで視覚的（形態的）符号化とは，図と地の分化に始まり，形のまとまりや群化にみられる視覚的体制化を経て，対象としての形態のまとまりをもつことを意味する。この視覚的体制化には，2．（4）で述べ

たPRSや下位システムとしての構造記述システム，あるいは知覚閉合効果などがかかわっているだろう。情報の入力・符号化は，既存の認識の枠組みとの関係で決まってくる。また，その時の意識や注意の向け方によっても左右される（苧阪，1998a）。上記のように，非言語情報が意味的な把握をともなっているとすれば，何をどのように入力・符号化するのかが，記憶となっていくということだろう。それは，外界をどのようにとらえようとしているかという認知の問題と言い換えることができる。つまり，非言語情報の記憶の問題は，人は感覚器官を通して何を見，何を聞き，何を味わい，何を嗅いでいるかという問題としても考える必要があるということである。

　また，日常場面のように意味的な把握がともなう場合には，言語とのかかわりが問題になってくる。二重符号化説では，言語とイメージによる符号化及び内的表象を仮定する。一方，感覚器官を通して符号化された情報は，感覚的な表層にかかわるものと，意味的な深層にかかわるものに分けられ，後者は命題表象によって表現されるという考え方がある。言語であれ，非言語であれ，入力されて解釈（符号化）された情報は，命題表象をなすというものである。それぞれの感覚器官に特有の情報は，たとえば視覚的には，色や形態特徴や空間特徴や運動などの成分によって説明される。これが視覚イメージであり，非言語情報である。

　1970年代のコスリン（たとえば，Kosslyn & Pomerantz, 1977；Kosslyn, 1981）とピリシン（Pylyshyn, 1973；1981）によるイメージ論争は，このイメージの機能・特性をめぐってのものであった。コスリンは内的なスクリーン上に描かれたものとしてイメージを扱うのに対して，ピリシンは言語も含めて内的表象をすべて命題による表現と考え，イメージはその付帯事象として現われるにすぎないと論じた。その後，コスリンは深層構造としての命題表象と表層構造としてのイメージという考えを呈示し，両者の違いはそれほどみられなくなったことと，アンダーソン（Anderson, 1978）がどのような実験結果からも両者の相違を明らかにすることはできないと論じたことなどが影響して，1980年代には論争が自然消滅した形になった。

　このイメージについて，近年，3.(4)でみたように，その創造性をめぐって議論が再燃した。宮崎（1998）は，議論を整理しながら，イメージにはイメ

ージされた対象の色や形など感覚特性を示す「描写的側面」と対象の名前や機能などを示す「記述的側面」があり，近年のイメージ論争は，この2つの側面を切り離すところから発生しているのではないかと述べている。「りんごの丸い形」のイメージは，宮崎（1998）が指摘した描写的側面と記述的側面を同時に表わした表現であろう。その意味では，日常的に経験される意味をともなった非言語情報の記憶と，そこから想起されるイメージは，描写的側面と記述的側面が一体化したものといえるかもしれない。

　日常的な経験は，感覚器官を通して符号化された非言語情報が，既存の概念的枠組みやスキーマを利用して，その意味・概念的な表象と結びつく，あるいは，新たな意味・概念的表象に変換されていく過程であると考えられる。イメージ，意味・概念的な表象，そして，言語との関係をどのようにとらえるかは，研究者によって考えの分かれるところであろう。たとえば，脳損傷の患者やfMRI（functional magnetic resonance imaging）による研究では，意味・概念的表象における視覚的表象の特定の問題も取り上げられている（Farah & McClelland, 1991；Warrington & Shallice, 1984 など参照）いずれにしても，われわれは言語を用いて日常的な経験を語る。非言語情報の記憶と言語情報の記憶が関連しあっていることは確かである。両者の関係を明らかにしていくことが今後も重要であるといえよう。

（2）　その他の非言語情報の記憶

　感覚からのさまざまな情報の記憶は，視覚ばかりでなく，聴覚・味覚・触覚・嗅覚・身体感覚などの記憶が含まれる。これらは，感覚情報処理のしくみと密接にかかわってくる。本章では視覚的記憶を中心に論を進めてきたが，言語的記憶との関係などは，他の感覚器官を通した非言語情報についてもあてはまる議論であろう。イメージ処理・操作や作動記憶の問題は，部分的には共通しているだろうが，感覚器官の特性によって異なった議論になるのではないかと思われる。聴覚・嗅覚・触覚による記憶については，少し古くなるが，小谷津（1982）などを参照されたい。また，川口（1995）が潜在記憶との関係で和音の記憶について，三雲（1995）が音楽の旋律の記憶についてそれぞれ最近の研究動向を紹介している。上田（1996）による一連の聴覚記憶に関する研究も

みられるので，それらを参照してほしい。

【引 用 文 献】

Anderson, J. H. 1978 Arguments concerning representations for mental imagery. *Psychological Review*, **85**, 249-277.
安藤満代・箱田裕司 1998 蝶画像の再認記憶における非対称的混同効果 心理学研究, **69**, 47-52.
安藤満代・箱田裕司 1999 ネコ画像の再認記憶における非対称的混同効果 心理学研究, **70**, 120-127.
Avons, S. E. 1998 Serial report and item recognition of novel visual patterns. *British Journal of Psychology*, **89**, 285-308.
Avons, S. E. & Phillips, W. A. 1987 Presentation of matrix patterns in long- and short-term visual memory. *Acta Psychologia*, **65**, 227-246.
Baddeley, A. 1986 *Working Memory*. Oxford Science Publications.
Baddeley, A. & Lieberman, K. 1980 *Spatial working memory*. In R. S. Nickerson (Ed.) Attention and Performance VIII, Erlbaum. Pp. 521-539.
Brandimonte, M. A., Hitch, G. J. & Bishop, D. V. M. 1992 Influence of short-term memory codes on visual image processing : Evidence from image transformation tasks. *Journal of Experimental Psychology : Leaning, Memory, and Cognition*, **18**, 157-165.
Broadbent, D. E. & Broadbent, M. H. P. 1981 Recency effects in visual memory. *Quarterly Journal of Experimental Psychology*, **33A**, 1-15.
Brooks, L. R. 1967 The suppression of visualisation by reading. *Quarterly Journal of Experimental Psychology*, **19**, 289-299.
Brooks, L. R. 1968 Spatial and verbal components of the act of recall. *Canadian Journal of Psychology*, **22**, 349-368.
Chambers, D. & Reisberg, D. 1985 Can mental images be ambigous ? *Journal of Experimental Psychology : Learning, Memory, and Cognition*, **15**, 1129-1133.
Farah, M. J. & McClelland, J. L. 1991 A computational model of semantic momory impairment : Modality specificity and emergent category specificity. *Journal of Experimental Psychology : General*, **120**, 339-357.
Finke, R. 1990 *Creative Imagery : Discoveries and inventions in visualization*. Lawrence Erlbaum Associates, Publishers.
今井久登・油谷実紀・高野陽太郎 1993 適切処理転移が新奇図形のプライミングに及ぼす効果 日本心理学会第57回大会発表論文集 p. 756.
川口潤 1995 音楽情報の潜在記憶 梅本堯夫（編） 音楽心理学の研究 ナカニシヤ出版 Pp. 55-70.
Kosslyn, S. M. & Pomerantz, J. K. 1977 Imagery, propositions and the form of

internal representations. *Cognitive Psychology*, **9**, 52-76.
Kosslyn, S. M. 1981 The medium and the messages in mental imagery : A theory. *Psychological review*, **88**, 46-66.
小谷津孝明（編） 1982 現代基礎心理学4記憶 東京大学出版会
Logie, R. H. 1995 *Visuo-spatial working memory*. Lawrence Erlbaum Associates, Publishers.
Logie, R. H., Zucco, G. & Baddeley, A. D. 1990 Interference with visual short-term memory. *Acta Psychologica*, **75**, 55-74.
松川順子 1983 ランダム図形の命名作用と再認 心理学研究, **54**, 62-66.
Mandler, J. M. & Johnson, N. S. 1976 Some of the thousand words a picture is worth. *Journal of Experimental Psychology : Human Learning and Memory*, **2**, 523-528.
三雲真理子 1995 旋律の記憶 梅本堯夫（編） 音楽心理学の研究 ナカニシヤ出版 Pp. 71-102.
宮崎清孝 1998 イメージは創造をささえうるか：イメージ論争再び 丸野俊一（編） 心理学のなかの論争 ナカニシヤ出版 Pp. 121-148.
Nelson, D. L., Reed, V. S. & Walling, J. R. 1976 Pictorial superiority effect. *Journal of Experimental Psychology : Human Learning and Memory*, **2**, 523-528.
Nelson, T. O., Metzler, J. & Reed, D. A. 1974 Role of details in the long-term recognition of pictures and verbal descriptions. *Journal of Experimental Psychology*, **102**, 184-186.
Nickerson, R. S. 1968 A note on long-term recognition memory for pictorial material. *Psychonomic Science*, **11**, 58.
Nickerson, R. S. & Adams, M. J. 1979 Long term memory for a common object. *Cognitive Psychology*, **11**, 287-307.
大久保街亜・高野陽太郎 1997 心的イメージが知覚判断課題に与えるプライミング効果. 日本心理学会第61回大会発表論文集 p. 640.
苧阪直行 1998a リカーシブな意識と作業記憶："意識とワーキングメモリ" 特集へのまえがきにかえて 心理学評論, **41**, 87-95.
苧阪直行 1998b 視覚的作業記憶 心理学評論, **41**, 142-153.
太田信夫 1991 直接プライミング 心理学研究, **62**, 119-135.
Pavio, A. 1986 *Mental Repre sentations : A dual coding approach*. New York : Oxford University Press.
Pezdek, K., Maki, R., Yalencia-Laver, D., Whestone, T., Stoeckert, J. & Dougherty, T. 1988 Picture memory : Recognition added and deleted details. *Journal of Experimental Psychology : Learning, Memory, and Cognition*, **14**, 468-476.
Phillips, W.A. & Christie, D.F.M. 1977 Components of visual memory. *Quarterly Journal of Experimental Psychology*, **29**, 117-133.
Pylyshyn, Z. W. 1973 What the mind's eye tells the mind's brain : A critique of mental imagery. *Psychological Bulletin*, **80**, 1-24.
Pylyshyn, Z. W. 1981 The imagery debate : Analogue media versus tacit know-

ledge. *Psychological Review*, **88**, 16-45.
Schacter, D. L. 1990 Perceptual representations systems and implicit memory : Toward a resolution of the multiple memory systems debate. In A. Diamond (Ed.) Development and neutral bases of higher cognitive functions. *Annals of the New York Academy of Science*, **608**, 543-572.
Schacter, D. L. & Cooper, L. A. 1993 Implicit and explicit memory for novel visual objects : Structure and function. *Journal of Experimental Psychology : Learning Memory, and Cognition*, **19**, 995-1009.
Shepard, R. N. 1967 Recognition memory for words, sentences, and pictures. *Journal of Verbal Learning and Verbal Behavior*, **6**, 156-163.
Shepard, R. N. & Metzler, J. 1971 Mental rotation of three-dimentional objects. *Science*, **171**, 701-703.
Snodgrass, J. G. & Feenan, K. 1990 Priming effects in picture fragment completion : Support for the perceptual closure hypothesis. *Journal of Experimental Psychology : General*, **119**, 276-296.
Snodgrass, J. G. & Hirshman, E. 1994 Dissociations among implicit and explicit memory tasks : The role of stimulus similarity. *Journal of Experimental Psychology : Learning, Memory, and Cognition*, **20**, 150-160.
Snodgrass, J. G. & Hirshman, E. & Fan, J. 1996 The sensory match effect in recognition memory : Perceptual fluency or episodec trace ? *Memory and Cognition*, **24**, 367-383.
Snodgrass, J. G. & Kinjo, H. 1998 On the generality of the perceptual closure effect. *Journal of Experimental Psychology : Learning, Memory, and Cognition*, **24**, 645-658.
油谷実紀・今井久登・高野陽太郎 1993 刺激の物理的特性変化がプライミング課題成績に及ぼす効果 日本心理学会第57回大会発表論文集 p.757.
上田和夫 1996 聴覚短期記憶の干渉効果：純音と数詞音声 日本心理学会第60回大会発表論文集 p.792.
梅本堯夫 1985 認知と遂行の関係に関する研究 昭和58・59年度科学研究費補助金（一般研究B）研究成果報告書.
Vanderplas, J. M. & Garvin, E. A. 1959 The association value of random shapes. *Journal of Experimental Psychology* **57**, 147-154.
Warrington, E. K. & Shallice, T. 1984 Category specific semantic impairment. *Brain*, **107**, 829-854.
Weaver, G. E. & Stanny, C. J. 1978 Short-term retention of pictorial stimuli as assessed by probe recognition technique. *Journal of Experimental Psychology : Human Learning and Memory*, **4**, 55-65.

6章
意識と無意識の記憶

　記憶していることの証がそれを思い出し意識できるということであるとするならば,「無意識の記憶」という表現は矛盾に満ちたものとなってしまう。思い出すことのできない記憶なんて本当に存在するのだろうか。仮に存在するとしても,どうやってそれを証明するのか。さらに,思い出すことはできても意識できないということはあり得るのだろうか。このようにさまざまな疑問が湧き起こっている。

　最近の記憶研究は,意識できないけれども記憶しているという現象を実験事態のなかで鮮やかに出現させ,これを潜在記憶と命名した。無意識的な潜在記憶を研究することは,同時に,意識とは何かを探究する試みでもあった。本章では,潜在記憶をめぐるこれまでの研究成果を中心に,意識と無意識の記憶について論じる。

はじめに

　最近20年間の認知心理学的研究がもたらした画期的成果のひとつとして，潜在記憶（implicit memory）現象の発見をあげることができる。潜在記憶は，意識／無意識と記憶の関係についてわれわれが抱いてきた常識を根本的に覆すものであった。潜在記憶研究で常に中心的役割を果たしてきたシャクター（Schacter, 1996）は，初めて潜在記憶現象を目のあたりにしたときの衝撃を次のように語っている。

> 「雪崩に襲われたときのような驚きがあった。……長い間その存在が疑われてきた新しい惑星か銀河を発見したときの宇宙飛行士のような気持ちだった。新しい可能性の世界が突然に目の前に開けた。(p. 167)」

　本章では，特に潜在記憶に焦点をあて，意識と無意識の記憶について最近の研究成果と今後の動向を論じる。潜在記憶現象の発見の背景には新しい検査方法の開発があった。記憶研究の場合，新現象の発見は新しい方法論の考案と不可分であり，結果として何が得られたかとともに，どのような方法がそこで用いられているかを把握しておかねばならない。さらに，新しい方法論が生まれるときには，対象のとらえ方という点で従来の枠組みを突破するような発想の転換があったことを見逃してはならない。そこで本章ではまず，記憶研究にとって特に重要となる意識の3つの側面を明らかにし，意識と無意識という問題をこれまでの心理学がどのように扱ってきたのかを展望する。次に，潜在記憶を取り上げる。ここでは，潜在記憶現象がどのように発見され，現在までに何がわかり，何が未解決の問題として残っているかを論じる。最後に，意識と無意識の記憶をより精緻に測定するための方法として，過程解離手続きとRemember/Know 手続きを紹介し，今後の研究指針を示すことにする。

① 意識と無意識の研究系譜

（1） 意識の諸相

　研究の出発点は定義から始まる。研究対象を正確に定義した後に，実際の研究に着手するというのが学問としての正攻法である。だが研究対象が意識となると，この正攻法は適用しにくい。プラトンやアリストテレスに代表されるギリシア哲学の昔から現在にいたるまで，意識とは何かをめぐって大論争が続いているものの，決着をみてはいないからである（たとえば，Dennett, 1991）。そうしたなかで，意識の正確な定義は研究の出発点ではなく，到達点であることをチャーチランド（Churchland, 1983）は唱える。意識に関してはまだわかっていないことが多すぎるし，どうやって研究するかという方法論もまだ十分には確立していない。正確な定義は当面棚上げして，いろいろな方法を試しながら，とにかく研究してみようという主張である。とはいえ議論をすすめるうえで，意識ということばの含意についてある程度の共通理解を得ておく必要がある。意識の諸相としてここでは次の3つを指摘する。

① アウェアネス（awareness）としての意識

　英語では，意識を表わすことばとして，consciousness と awareness がある。consciousness は awareness よりも広い概念であり，意識全般を指す。これに対し，アウェアネスはなんらかの対象の存在を前提とした意識であり，何かを意識している，あるいは，何かに気づいているという心的状態を意味する。つまり，アウェアネスでは意識する主体と意識される対象との関係が重要になる。意識対象は，外的刺激（見える，聞こえる），内的状態（ウキウキする，けだるい），事実（知っている），経験（思い出す）などさまざまであり，メタ認知のように自分の意識が意識の対象となる場合もある。

② コントロール（control）としての意識

　アウェアネスとしての意識では，情報を受け取るという側面に焦点があてられていた。こうした受動的側面だけでなく，外界に対して積極的にはたらきかけるという意識の能動的側面を無視することはできない。ここではそれを，コ

ントロールとしての意識とよぶことにする。ここでいうコントロールとは，情報処理モデルのなかでの制御機能に相当し，自発性や自主性，自由意志などの概念とも密接に関連する。

③ クオリア（qualia）としての意識

クオリアとは哲学用語で経験そのものの生の感覚を指す。本人だけしか味わうことのできない（つまり，他者には分かち得ない）主観的あるいは現象学的意識経験のことである。一人称としての意識という言い方も可能である。意識をクオリアとして考えていくと，難解な哲学的問題に直面してしまう。すなわち，意識が他人とは分かち得ないのならば，他の人にも意識（クオリア）があるということをどうやって知るのだろうか，あるいは，他者の意識が自分の意識と似ているということをどうやって知るのだろうか，さらに，そもそも主観的な意識が客観的な科学の対象になり得るのか，といった問題である。

意識の諸相として3つの特徴をあげた。これらはいずれも日本語による的確な表現が困難であるため，カタカナ書きになってしまっている。日本語でうまく言い表わせないような特徴が普遍的といえるのか，そんな区別に必然性があるのか，という疑問が生じるかもしれない。しかし，こうした異なる意識の側面を（アウェアネスとして）意識することが，意識と無意識の記憶研究を発展させていくためにきわめて重要だったことを終節で明らかにする。

（2） 心理学における意識研究の系譜

心理学がどのように意識の問題を扱ってきたのか。素朴に考えても，心を調べるために意識が大切なのは明らかである。しかし，大切であるがゆえに激しい愛憎が生じてしまうのか，意識に対する心理学の歴史は屈折したものとなっている。

まず，意識と心を等価とみなし，意識を内観することによって心を理解できると考える立場がある。この考え方は，西欧哲学の2大潮流である合理主義と経験主義に共通して認められる（Reber, 1997）。「われ思うゆえにわれあり」というデカルトのことばに代表されるように，合理主義では存在の根本基盤を意識経験に求めた。同様に，経験主義の代表であるロックも，意識と心を等価とみなし，内観は認識論的な真実を探求するための最も重要な手段であること

を唱えていた。心を探るためには自分の意識を内観すればよいという考え方は，その後19世紀後半になって，ヴントやティチナーの構成主義心理学に受け継がれていく。

　内観による意識の分析は限界に突きあたることになる。内観は信頼性に欠ける。内観報告が意識の実態を正確に反映しているのか，その真実性（veridicality）を保証できない。さらに，観察する者と観察される者とが同一であるというパラドックスを抱えている。意識内容を内観で探ろうとすることによって，意識内容そのものが変容してしまうかもしれないという心理学版「不確定性原理（Mandler, 1997）」が生じることにもなる。こうした限界ゆえ，内観による意識を全面否定する行動主義心理学が誕生する。行動主義心理学では，意識の解明ではなく，行動の予測と制御を研究目的に掲げる。一人称による観察を全面的に否定することは，心理学を意識の研究から遠ざけてしまうという結果を招いた。

　意識と心を等価とみなす考えに反駁しながら，行動ではなく無意識の重要性を強調したのが，フロイトの精神分析である。精神分析では，心を海に浮かぶ氷山にたとえ，海面に顔を出している意識よりも，海面下に隠れた無意識の重要性を強調する。われわれの思考や行動は無意識によって大きく規定されていることを唱える。認知に無意識的過程がかかわっていることは，無意識的推論としてヘルムホルツによってすでに指摘されていたものの，無意識という概念を広く浸透させたのは精神分析の功績といえる。

（3）　認知心理学における一致ドクトリン

　認知心理学は，1960年代以降，急速な発展を遂げたコンピュータ科学を背景として，人間をコンピュータのような情報処理装置とみなし，その内部のメカニズムを詳述しようとする。内的メカニズムの解明という点で，行動主義心理学が否定した心や意識が研究対象として再登場する。

　しかしタルヴィング（Tulving, 1989）は，認知心理学が実際には意識の問題をないがしろにしてきたと批判する。記憶研究を例にとってみよう。エビングハウスの伝統を受け継ぎ，記憶研究者たちは材料や手続きの周到な統制を試み，そうした統制条件下で表出された行動（たとえば，再生量や再認の正確さ，

反応潜時)を記憶とみなしてきた。こうした研究は,想起にともなう意識経験といった問題には踏み込めていないという点で,行動主義心理学を背景とした言語学習実験となんら変わるところがない。記憶の本質であるはずの想起意識に触れることなく記憶研究を続けられるのは,研究者の間に暗黙の前提があるからである。その前提とは,認知・行動・経験が相互に一致しているというドクトリンである。われわれが何を知り,どのようにふるまい,何を経験するかについては,完全とはいえないものの,密接な照応があるとする考え方を指す。意識を直接の研究対象としなくても,意識は行動と一致しているので,行動を調べれば意識を理解できるという論理である。しかし逆に言うならば,この一致ドクトリンが破綻すると,想起意識を無視して記憶研究はできないことになる。

　本章の冒頭で,意識／無意識と記憶の関係は最近20年間で劇的な変貌を遂げたと述べた。この劇的な変貌とは,認知・行動・経験間の一致ドクトリンが破綻したことを意味している。潜在記憶現象の発見によって,意識だけではなく無意識の記憶が認知や行動に決定的な影響を与えていることが明らかになった。心理学の系譜に沿っていうならば,潜在記憶研究は,行動を指標とすることで人間を解明できるとする行動主義心理学と,心＝意識とみなし内観によって心を理解できるとする意識心理学の限界をみごとに証明してみせた。次に,潜在記憶研究の先駆けとなった無意識をめぐる研究を紹介する。

(4) 無意識をめぐる認知心理学的研究

　認知・行動への無意識の影響は,フロイトの精神分析以降も,心理学のなかでさまざまに取り沙汰されてきた。1950年代に入ると,認知心理学の先がけともいえるニュールック心理学において,期待や動機づけ,感情といった内生的(endogenous)要因がコインの大きさの知覚に無意識的な影響を与えることが報告され,大きな反響をもたらした。さらに,映画館で「ポップコーンを食べよう」「コークを飲もう」というメッセージを閾下水準で呈示すると売り上げが増大したという閾下知覚実験,あるいは,睡眠中にテープを流すことで学習効果が生じたとする睡眠学習実験などがセンセーショナルに報じられた。しかし,これらの現象は再現可能性という点で問題を抱えていた。条件統制が不

十分なために生じた偶然の結果にすぎないという批判に耐え得るものではなかった。このため無意識の研究というと，ある種のいかがわしさがつきまとい，疑いの目でみられるという雰囲気も生まれた。

　1970年代以降の認知心理学的研究は，より厳密に統制された実験場面のなかで無意識が認知や行動に実際に影響を与えていることを次つぎに証明していった。ここで重要なのは，実験条件さえ同じにすれば，無意識の影響を現象として再現できるという点にある。この背景には，実験手続きを工夫し洗練していくことによって，無意識の記憶を検証するための方法論が確立したという事実がある。また，無意識という用語はどうしても精神分析を連想させてしまうことになるが，認知心理学で扱うのはリビドーや防衛機制とは別の認知的過程である。それゆえ，精神分析の枠組みに基づく無意識過程と区別するために，意識／無意識ではなく，顕在／潜在という用語が使われるようになった。潜在知覚や潜在学習など，潜在的認知過程はさまざまな方法によって研究が試みられているが，本章では潜在記憶に絞って，どのようにしてこの現象が研究されてきたのかを明らかにする。

② 潜在記憶

（1）想起意識をともなわない記憶

　潜在記憶現象の発見は，健忘症候群（amnesic syndrome）患者を対象とした研究をきっかけとする。健忘症候群とは，脳損傷による永続的な記憶障害と定義される。脳損傷は，過度のアルコール摂取やウイルス感染，あるいは，てんかん発作治療のための外科的手術などの結果として起こる。健忘症候群に共通する特徴は，知的能力のなかでも特に記憶力においてのみ選択的障害が認められる点である。WAIS-R（Wechsler Adult Intelligence Scale-Revised）のような知能検査の成績は健常者とほとんど変わりないのに対し，WMS-R（Wechsler Memory Scale-Revised）のような記憶検査の成績が著しく劣る。

ただし，さまざまな記憶指標のすべてにおいて健忘症患者が障害を示すわけではない。最も典型的な障害は，前向性健忘（anterograde amnesia）である。すなわち，発症後に学習した新しい情報を想起する能力に重度の障害を呈する。

ワリントンとワイスクランツ（Warrington & Weiskrantz, 1974）は，こうした健忘症患者に対して，単語リストを呈示し，10分の保持間隔後，2種類の記憶検査を行なった。検査の一方は再認（recognition）であり，学習単語と非学習単語が混ざり合った検査リストのなかから，学習段階で呈示された語を選ぶことが要求された。もう一方は，語幹完成（word-stem completion）である。この検査では，各学習単語の最初の3文字が手がかりとして呈示され，適当な文字を語幹のうしろに付け加えることによって，有意味単語として語幹を完成させることが求められた。実験結果を図6-1aに示す。健忘症患者は，再認検査では統制群よりも有意に成績が劣り，典型的な前向性健忘の症状を示した。これに対し，語幹完成検査における健忘症群の成績は，統制群と同等であった。健忘症患者が統制群と同様の記憶成績を示すという現象は，学習単語の断片（図6-2参照）を手がかりとした単語完成（word-fragment completion）検査でも確認されている。

新しい情報を学習するのは不可能とみられていた健忘症患者が，語幹完成あるいは単語完成検査では，健常者と同程度に学習単語を想起できたという実験

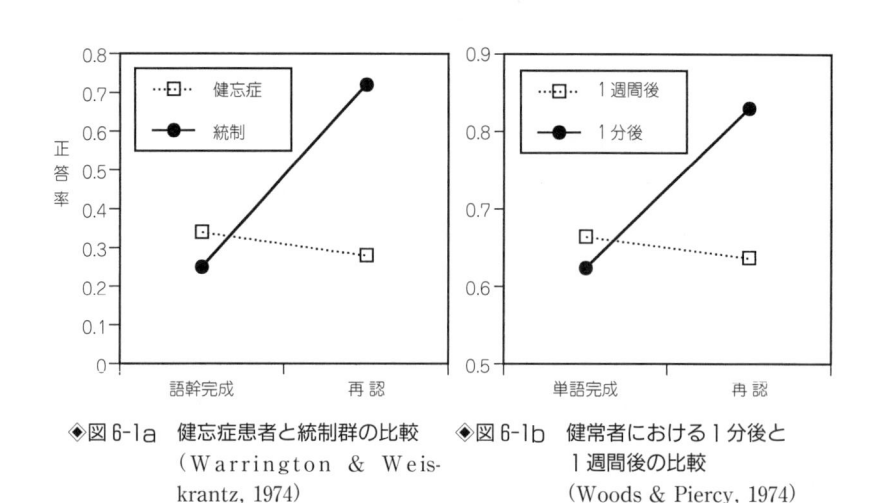

◆図6-1a 健忘症患者と統制群の比較
（Warrington & Weiskrantz, 1974）

◆図6-1b 健常者における1分後と1週間後の比較
（Woods & Piercy, 1974）

結果は衝撃的であった。ワイスクランツ（Weiskrantz, 1997）は当時を回想して次のように述べている。

「重篤な健忘症患者に接したことのある者ならば誰でも，健忘症患者が1分以上新しい情報を保持できないことを熟知している。それゆえ，健忘症患者が長期にわたって学習リストを保持していたという事実はとうてい信じがたいものであった。この患者が保持できたのはまぐれあたり，偶然の結果にちがいない。別の患者で調べてみれば，きっとまちがいだったことがわかるだろう。しかし，次の患者でもやはり結果は同じだった。(p. 1052)」

◆図6-2　単語完成検査で呈示された断片的手がかりの例

　学習場面を意識的には想起できないにもかかわらず，行動水準では学習単語を思い出せるという現象は，無意識的な記憶の存在を暗示している。しかし，発見者本人でさえすぐには信じられなかった現象ゆえ，この結果の解釈と意義をめぐってさまざまな批判がまき起こった。ワイスクランツ自身も認めるように，論文の不備も批判を助長することになってしまった。すなわち，論文のなかで手がかり再生という用語が不用意にあいまいなまま使われていたり，検査時の教示内容は，後になって条件設定にとって決定的に重要であることが判明するのだが，オリジナルの論文中には記載されていなかったりした。

　批判のひとつとして，この実験結果は，脳に特殊な損傷を被った健忘症患者においてのみ認められる特異現象にすぎないという指摘ができる。この批判に対しウッズとピエシー（Woods & Piercy, 1974）は，健常者を対象とした場合にも無意識的記憶が存在することを実験的に証明した。この実験では，健常者の学習リストへの想起意識を消失させるために，学習から検査までの保持間隔を大幅に延長するという手続きが用いられた。健常大学生を被験者として，学習リスト呈示後，1分と1週間の2つの保持条件で検査が行なわれた。検査

は，単語完成と再認の 2 種類であった。結果を132頁の図6-1bに示す。健忘症患者を被験者とした図6-1aの結果と比べてみてほしい。縦軸の刻み幅こそ異なっているものの，1週間の保持間隔後に検査を受けた健常者のプロファイルは，健忘症患者のものと類似していることがわかる。

　単語完成検査の場合，たとえリストを学習していなくても，あてずっぽうで標的単語を答えることが可能である。したがって，先行学習が単語完成検査の遂行に促進効果をもたらしたと結論するには，学習単語と非学習単語の正答率を比較する必要がある。ウッズとピエシーの実験では，非学習単語の正答率は40％であり，この推測による正答率に比べ学習項目の正答率は20％以上も高かった。こうした先行学習による促進効果のことをプライミング効果（priming effect）とよぶ。1週間の保持間隔中に，再認は急激な低下を示すのに対し，単語完成検査の成績はほとんど低下せずプライミング効果が認められるという結果は，後の研究のなかでもくり返し確認されている。さらに，再認成績と単語完成の成績が推計学的に独立であること（Tulving et al., 1982）や，保持間隔が1か月に及んだ場合でもプライミング効果は量的には低下するものの依然として持続することが証明されている（Komatsu & Ohta, 1984）。

（2）　潜在記憶の出現条件と定義

　想起意識をともなわない記憶はどのような条件のもとで出現するのか，再認や再生検査で測られる記憶と何が異なるのか，という問題に明快な答えを示したのがグラフら（Graf et al., 1984）である。この実験では，健忘症患者と統制群を対象に，単語リストを呈示し，リスト内の各々の単語について好きか嫌いかを5段階で評定させた。この偶発学習の後，自由再生と再認，手がかり再生，語幹完成からなる4種類の検査が行なわれた。このなかで，手がかり再生と語幹完成検査は，手がかりとして語幹3文字を呈示したという点では同じであったが，検査に先だって与えられた教示が異なっていた。手がかり再生では，語幹を手がかりにして学習リストの単語を再生するように教示された。これに対し語幹完成では，語幹を手がかりにして最初に思い浮かんだ単語を答えるように教示された。結果を図6-3に示す。手がかり再生検査では，自由再生や再認と同様，健忘症患者は統制群に比べ有意に成績が劣っている。対照的に，語

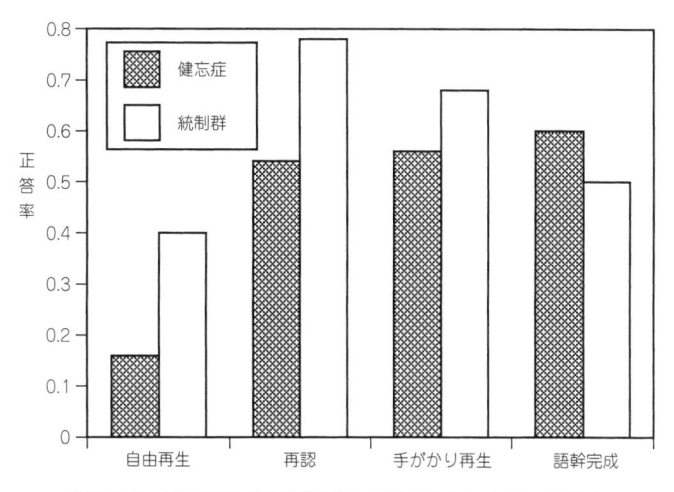

◆図 6-3　健忘症患者と統制群の 4 種の検査における正答率
（Graf et al., 1984）

幹完成では両群間で成績に有意差は認められなかった。手がかり再生と自由再生，再認検査に共通する特徴は，先行して学習したリストを意識的に思い出すことが要求されている点である。語幹完成では意識的な想起は求められていない。さらに，手がかり再生と語幹完成を比べてみると，検査段階で呈示された手がかりは同一であり，検査に先立って与えられた教示内容だけが異なっていた。以上から，想起意識をともなわない記憶が出現するかどうかは，検査時にどんな手がかりが呈示されるかよりも，どのような構えで被験者が検査を受けるかによって決まってくることがわかる。

　グラフとシャクター（Graf & Schacter, 1985）は，こうした健忘症患者でも保持可能な記憶を潜在記憶と命名した。潜在記憶とは，先行経験についての意識的ないしは意図的な想起を必要としない課題において先行経験が課題遂行を促進する場合の記憶を指す。潜在記憶は顕在記憶と対比される。顕在記憶とは，先行経験の意識的な想起を必要とする課題において，先行経験が課題遂行を促進するものと定義される。つまり，潜在記憶と顕在記憶を区別する際の基準は，検査時に呈示される手がかりの違いにあるのではなく，先行する学習事象の想起を開始し先導するための心的な態度あるいは意図の相違にあることが

明言された。学習事象を意識的に想起しようとするかどうかで記憶を区分する試みは，多くの研究者の支持を集めることになった。この概念的区分は，錯綜するさまざまな記憶現象を理解するための有力な指針としての役割を果たしたからである。神経心理学の領域では，健忘症患者の記憶障害の性質を理解するうえでこの区分が有力な枠組みとなった。すなわち，健忘症患者は顕在記憶検査において重篤な障害を呈するのに対し，潜在記憶検査では健常者と同等の遂行を示すという形で，健忘症候群の概念化を可能にした。また認知心理学の領域では，従来の研究の中心であった顕在記憶とはまったく性質の異なる潜在記憶に対して，さまざまな独立変数の効果が検討されることになった。

(3) 潜在記憶のおもな特徴

潜在記憶に関する研究が始まってからまだ20年程度にすぎない。しかし，その間に数多くの研究が積み重ねられ，顕在記憶とは異なる潜在記憶の特徴がさまざまな側面から明らかになっている（展望として，太田，1999；Roediger & McDermott, 1993）。そのなかから，ここでは3つの観点に絞って潜在記憶の特徴を説明する。

すでに論じたように，潜在記憶と顕在記憶を区分するための定義的特徴は，先行する学習事象の意図的な想起が検査課題において必要となるかどうかにあった。それゆえ潜在記憶の特徴として，先行学習事象への想起意識が欠如している点をまずあげることができる。実験的には，健忘症患者と健常者を比較することによって，あるいは，学習から検査までの保持間隔を延長することによって，この特徴が確認されている。

第二に，顕在記憶に比べ，潜在記憶は知覚的変数による影響を受けやすい。この特徴は，学習と検査の間で標的となる刺激項目の呈示モダリティを操作することによって確認されてきた。学習段階で刺激項目は視覚または聴覚のどちらかのモダリティで呈示される。後の検査では，学習／検査間で呈示モダリティが一致した条件と不一致条件の成績が比較される。こうした実験の結果，モダリティの不一致によって，潜在記憶検査におけるプライミング効果は有意に低減することが証明されている。これに対し，再生や再認のような顕在記憶検査を指標とした場合，モダリティの変化は大きな影響を与えない。

第三の特徴として，潜在記憶は意味的変数による影響を受けにくい点があげられる。意味的変数の効果は，符号化時の処理水準の操作，および，生成処理と読み処理の比較という形で検討されてきた。学習段階での処理の深さを操作した場合，項目の意味的分析が必要となる深い符号化（たとえば，カテゴリー判断）条件のほうが，表層的特徴の分析だけで十分な浅い符号化（たとえば，母音が含まれているかの判断）条件よりも，後の顕在的再生・再認検査の遂行が優れることは，処理水準の効果（levels-of-processing effect）として広く認められている（Craik & Tulving, 1975）。さらに，顕在記憶検査では，学習時に被験者が学習項目を生成したほうが，単に読むだけの条件に比べ，後の成績が優れるという現象が見いだされており，生成効果（generation effect）とよばれている（Slamecka & Graf, 1978）。顕在記憶検査を指標とした場合とは対照的に，潜在記憶検査では，処理水準の効果や生成効果が出現しにくい。

（4）　潜在記憶に関する未解決な問題

　潜在記憶現象を解釈するためにこれまでにいくつかの理論が提唱されてきた。これらの理論は，処理説と記憶システム説の2つに大別することができる。処理説では，潜在／顕在記憶間の相違は単一記憶システム内での処理操作の違いに起因すると唱える。ジャコビ（Jacoby, 1983）によれば，顕在記憶が概念駆動型（conceptually driven）処理に依拠しているのに対し，潜在記憶は知覚的なデータ駆動型（data-driven）処理に基づくと説明されている。記憶システム説では，両記憶の相違は記憶システムの違いを反映していると解釈する。タルヴィングとシャクター（Tulving & Schacter, 1990）は，顕在記憶現象がエピソード記憶システムの反映であるのに対し，潜在記憶は知覚表象システム（perceptual representation system）に規定されていることを提唱する。処理説と記憶システム説は，人間の記憶を単一システムとみなすか，あるいは，複数の機能的に異なるシステムから構成されているとみなすか，という記憶モデル構築の出発点において根本的に対立する。しかし，潜在記憶が，意味的水準に到達する以前の知覚水準での処理の反映であると考える点は両理論間で共通している。

　ここで疑問となるのは，潜在記憶は知覚的水準の処理だけを反映しているの

かという点である。モダリティを操作した実験の結果を詳細に検討してみると，多くの先行研究のなかで，交差モダリティ（cross modality）・プライミング効果が報告されている。つまり，学習と検査間で呈示モダリティが変化した条件では，モダリティ一致条件に比べ，潜在記憶遂行は有意に低減するものの，ベースライン遂行と比較した場合には依然として有意なプライミング効果が確認されるという現象である（Kirsner et al., 1989）。さらに，意味的変数が潜在記憶に及ぼす効果についても，類似の問題を指摘できる。処理水準の操作が潜在記憶検査に及ぼす効果に関して，チャリスとブロドベック（Challis & Brodbeck, 1992）は，先行研究のなかの35の実験を取り上げメタ分析を試みている。この結果，符号化時の処理水準操作は潜在記憶遂行に対しても影響を与えていると結論した。ただし，その効果は相対的に小さいため，実験の検定力不足から先行研究のなかでは見逃されてきたのではないかと考察している。処理水準操作とは異なり，生成／読み操作では，項目の知覚的特徴が学習と検査間で一定に保たれているのは読み条件だけであり，生成条件では，学習段階で標的項目そのものが視覚呈示されることはない。そのため，知覚的処理に起因するプライミング効果は読み処理条件で生起しても，生成処理条件では起こらないと仮定できる。生成処理が潜在記憶検査に及ぼす影響に関するメタ分析（Roediger & McDermott, 1993）によれば，多くの実験で生成処理は読み処理に比べ潜在記憶遂行を低減させ，ベースライン遂行に比べても有意なプライミング効果は認められていない。しかし，生成処理によってプライミング効果が有意に生起することを報告した研究（たとえば，Komatsu & Naito, 1992; Masson & MacLeod, 1992）もあり，潜在記憶検査に及ぼす生成処理の影響に関してもまだ決着がついたとはいいがたい。

　潜在記憶と顕在記憶を区分し両記憶の性質を探るために，先行研究では解離（dissociation）とよばれる研究方法を用いてきた。解離法では，2種の異なる検査を実施し，所与の独立変数が両検査間で交互作用を引き起こした場合に，両記憶検査を反映する内的過程（処理もしくはシステム）は質的に異なると推論する。顕在記憶を測る指標として再生や再認検査が，潜在記憶の指標として語幹完成や単語完成がそれぞれ使用されてきた。健忘症状の有無や保持間隔のような独立変数が顕在記憶指標には影響を与えるのに対し，潜在記憶指標には

影響を与えないという結果を根拠として，両指標には異なる種類の記憶が反映されていると結論する。この解離法の前提となっているのは，検査課題と内的過程との一対一対応である。すなわち，それぞれの記憶検査は単一過程のみを純粋に反映しているという考え方を指す。

しかし，検査課題が内的過程と一対一対応するという仮定には疑問が提起されている。潜在記憶を測るとみなされてきた語幹完成や単語完成検査を遂行する際に，学習リストを意識的に想起して正答を得ることも可能である。被験者が意識的な顕在記憶方略を使用して潜在記憶検査を行なった場合，検査結果は潜在記憶成分の純粋な反映とはみなし得なくなってしまう（Bowers & Schacter, 1990）。さらに，顕在記憶を測定するための典型的指標である再認検査においても，無意識的な潜在記憶成分が遂行に介入する可能性が指摘されている（Mandler, 1980）。

交差モダリティ・プライミング効果は，知覚水準よりも高次な（おそらくは，意味的・概念的水準の）処理が潜在記憶検査に影響を与えていることの証拠とみなせる。問題は，交差モダリティ・プライミングを引き起こす高次処理が，潜在記憶と顕在記憶のどちらを反映しているかにある。潜在記憶検査のなかで顕在記憶方略を利用していたと仮定するならば，交差モダリティ・プライミングを引き起こした処理は顕在記憶の反映とみなせる。同様に，処理水準における深い意味的処理や生成処理が潜在記憶検査の遂行を促進することがメタ分析によって示唆されていたが，こうした促進効果は顕在記憶成分に起因するという解釈も可能である。このように潜在記憶検査にも顕在記憶成分からの介入が起こっていると仮定することによって，潜在記憶をめぐる錯綜した実験結果を統一的に解釈できる。しかし，このことは同時に，検査課題は内的過程と一対一対応するという仮定の断念を意味している。

③ 課題による解離を超えて

　意識と無意識の記憶をめぐる現在の研究の争点は，意識的過程と無意識的過程が混在しあう記憶遂行のなかから，どのようにして両成分の寄与を推定していくかにある。検査と過程間の一対一対応仮定を放棄し，どんな記憶検査も単一の内的過程を純粋に反映するものではないという考え方を受け入れたうえで，行動水準で測定された記憶成績からどのようにして内的過程を推論していくかという課題が記憶研究者たちに突きつけられている。この難題に対し今日までに2つの方法が提案されている。すなわち，過程解離手続き（process dissociation procedure）と Remember/Know 手続きである。両手続きは，さまざまな実験事態に適用が試みられ，意識と無意識の記憶に関して貴重な新発見をもたらしてきた。ここでは，注意要因が意識と無意識の記憶に及ぼす影響を扱った実験を取り上げ，そのなかで両手続きがどのように適用されるかを紹介する。

（1）過程解離手続き

　まず，過程解離手続きによって注意の影響を分析したジャコビら（Jacoby et al., 1993）の実験をみてみよう。実験の学習段階では，無関連な単語リストが大学生被験者に対して視覚呈示された。ここで注意集中と注意分割の2条件が設けられた。注意集中条件では，呈示された単語を声を出して読みながら覚えるように教示された。注意分割条件では，この記銘課題と同時に，ランダムな数字系列が聴覚呈示され，奇数が3つ続いたときにはキーを押すことが求められた。学習後の検査では，学習単語と非学習単語の語幹（最初の3文字）が手がかりとして呈示された。ここで，包含（inclusion）と除外（exclusion）という2つの検査条件が設けられた。包含条件では，語幹手がかりにあてはまるような学習単語を答えるように要求された。もし手がかりから学習単語を思い出せない場合には，語幹から最初に頭に浮かんだ単語を答えるように教示された。除外条件では，手がかりから学習単語を思い出すことが求められたのだ

が，学習単語を思いついた場合にはそれを除外して，手がかりにあてはまる学習単語以外の単語を答えることが求められた。

学習単語に対する完成率を表6-1に示す。この結果から，包含条件では注意の分割によって，完成率が低減していることがわかる。ただし，注意分割条件の完成率（.46）は，非学習単語の推測による完成率（.35）よりも約10%高く，学習段階で注意が分散されても，プライミング効果が起きていたとみなせる。一方，除外条件では学習単語を意識的に回答しないことが求められていた。注意集中条件の完成率（.36）がベースラインとほぼ同等だったことから，先行学習による完成率の上昇は意識的に除外できるということが示唆される。

過程解離手続きでは，包含条件と除外条件の完成率に基づいて，意識的回想成分（R: Recollection）と無意識的自動成分（A: Automatic influence）の寄与を推定しようとする。まず，包含条件における学習単語の完成率に対して，RとAは独立に作用すると考える。

$$包含 = R + A - RA$$

除外条件で教示にもかかわらず学習単語を完成させてしまうのは，手がかりから無意識的に項目を思いつくのだが，意識的な回想に失敗してそれを除外できない場合である。

$$除外 = A(1-R)$$

したがって，RとAの推定値は，次のように計算できる。

$$R = 包含 - 除外$$
$$A = 除外 / (1-R)$$

過程解離手続きに基づいて，意識的回想成分と無意識的自動成分を推定した

◆表6-1　包含と除外検査条件における完成率と過程解離手続きによる回想成分と自動成分の推定値（Jacoby et al., 1993）

注意	検査条件		推定値	
	包含	除外	回想(R)	自動(A)
集中	.61	.36	.25	.47
分割	.46	.46	.00	.46

完成率のベースラインは，.35

結果を表6-1右側に示す。まず，無意識的自動成分は注意要因からの影響を受けず，集中と分割条件のどちらでも等しく機能している。これに対し意識的な回想は，注意要因の影響を大きく受け，注意を分割された条件ではまったく機能しなくなっている。過程解離手続きの適用によって，注意要因が意識成分と無意識成分に対してまったく異なる効果をもたらすことが判明した。これは，完成率を指標とする結果からは直接に読み取ることができない。

（2） Remember/Know 手続き

次に，Remember/Know 手続きによって注意要因の効果を分析したガーディナーとパーキン（Gardiner & Parkin, 1990）の実験を取り上げる。Remember/Know 手続きとは，再認記憶を意識成分と無意識成分に分割しようとする試みである。ジャコビらによる実験と同様，この実験でも学習段階において，注意集中条件と分割条件が設けられた。両条件とも，無関連な単語リストが視覚呈示され，大学生被験者はそれを記銘することが求められた。加えて，注意分割条件では単語リストの視覚呈示と同時に，高／中／低いずれかの高さの音が6秒から9秒の間隔でランダムに呈示された。注意分割条件の被験者は，音が聞こえたときにはその音の高さを3段階で答えることが要求された。10分の保持間隔後，検査リストが呈示され，学習段階で呈示された単語を再認することが要求された。この再認検査において，学習リストにあった単語だと被験者が判断した場合には，さらに，その単語について R/K 判断が課された。R とは，学習リストのなかにその単語が出てきたということを意識的に回想できる場合を指す。たとえば，学習リストでその単語が出てきたときに連想したこと，イメージしたこと，あるいは，その単語の字面や出てきた位置などを再生できる場合が該当する。これに対し K とは，学習リストに出てきたことを意識的には回想できないのだけれども，たしかにあったと自信がもてる場合である。

再認結果を表6-2に示す。全体の再認成績をみると，注意の分割によって，全体のヒット率が大きく低下していることがわかる。しかし，R/K 手続きによって再認ヒット率を意識成分と無意識成分に分けた場合，こうした注意分割の効果は選択的であることが初めて明らかになる。つまり，注意分割は，無意

◆表 6-2 全体の再認ヒット率と Remember/Know 判断の内訳
(Gardiner & Parkin, 1990)

注意	全体	Remember	Know
集中	.71(.05)	.50(.01)	.21(.04)
分割	.58(.08)	.38(.01)	.20(.07)

括弧内は誤警報率

識的な K 反応に対しては影響を与えてはいない。意識的な R 反応に対しての
み選択的に妨害効果を与えていたと結論できる。

(3) 過程解離手続きと Remember/Know 手続きの妥当性をめぐって

過程解離手続きと Remember/Know 手続きは，検査と過程との間の一対
一対応を仮定することなく，意識的過程と無意識的過程の寄与する度合いを巧
みに推定する。しかし，その推定を成立させる前提条件に対し疑問も提起され，
両手続きの妥当性をめぐり激しい論争がくり広げられている。論点のひとつは，
意識的成分と無意識的成分との関係にある。過程解離手続きでは，両成分の独
立性を仮定していた。これに対し Remember/Know 手続きでは，両成分が
排反であると仮定する。独立と排反以外にも，無意識が意識を包含するという
関係を仮定できる（Joordens & Merikle, 1993）。両成分の関係についてどの
仮定を受け入れるかによって，推定値は大きく変わってしまう（Jacoby et
al., 1997）。

過程解離手続きから導き出された意識的回想成分と無意識的自動成分を，顕
在／潜在記憶の区分と対比した場合，過程解離手続きでは，意識的な意図に基
づいて開始される想起と，結果に対してアウェアネスをともなう無意図的想起
とが区別できていない点を指摘できる（Graf & Komatsu, 1994 ; Richardson-
Klavehn et al., 1994）。つまり，除外検査条件では，意識的に意図をともなっ
て想起した項目と，想起は無意図的でありながら学習リストにあったというア
ウェアネスがともなう項目をどちらも除外することを求められるが，顕在／潜
在区分に基づくならば，後者は潜在記憶とみなされる。さらに，包含検査と除
外検査間で無意識的自動成分を等価とみなす仮定に対しても，再認事態におい

て両検査条件で誤警報率が異なるという実験結果を根拠として，疑問が投げかけられている（Komatsu et al., 1995）。

　一方，Remember/Know 手続きに関しても，R 反応と K 反応は質的に異なるのか，あるいは，量的相違にすぎないのかをめぐって議論が戦わされている。この手続きでは，タルヴィング（Tulving, 1985）の記憶モデルに基づき，R と K 反応は，それぞれ質的に異なる意識状態を反映していると考える。これに対し，両反応は単一記憶痕跡の強度あるいは確信度の違いを反映しているにすぎないという批判がなされている（Donaldson, 1996）。信号検出理論に従うならば，R 反応は再認判断（yes/no 反応）に比べ，反応バイアスがより厳しく設定されている。しかし，d' のような弁別力を指標とした場合には，両反応は変わるところがない。より厳しい R 反応の基準では「いいえ」と判断されながら，より緩やかな再認判断の基準では「はい」と判断される場合が，K 反応となるという指摘である。問題は K 反応の位置づけにあるといえる。K 反応は，R 反応にはいたらない中途半端なあまりものなのか，それとも，R 反応とは質的に異なる意識状態と記憶システムを反映しているのかを究明するための研究が続けられている。

4　意識と無意識の記憶研究の今後の展望

　本章では，意識と無意識の記憶がどのように研究されてきたのか，これまでにどこまで解明されているのか，今，現時点で何が問題となっているのかを検討してきた。このテーマが，多くの認知心理学者たちの注目を集め，その後も特筆すべき発展を遂げていった背景には，研究者たちの絶えまざる方法論への探求があった。どのようにして記憶を測るか，測られた結果からどのようにして内的過程を推論するかについて，さまざまな工夫や洗練が試みられてきた。さらに，画期的な方法論の開発には，従来にはない新たな視点からの対象の見つめ直しがあったことを指摘したい。1 節の初めで，意識には，アウェアネス，

コントロール,クオリアという3つの側面があることを論じた。意識の異なる側面に目を向けることが方法論的飛躍につながったのではないかと考察する。

　まず,潜在記憶研究の発端となった解離法に基づく研究は,アウェアネスとしての意識に対応している。アウェアネスで問題となるのは対象との関係であり,対象を意識できるかどうかを基準として意識を定義する。この考え方を実験事態にあてはめると,意識の有無を独立変数として扱うという方法論が生まれる (Baars, 1997)。つまり,意識の有無以外の実験条件はすべて同等とし,意識条件と統制群としての無意識条件を設け,両群の記憶成績を比較することによって,意識の効果を測るというものである。無意識条件として具体的には,刺激の呈示時間を意識できないくらいに短く制限する,学習時の注意を分割する,想起意識を失わせるために長期間の保持間隔を設ける,脳損傷ゆえ想起意識の欠如した健忘症患者を被験者にする,といった方法が用いられてきた。解離法は,検査と内的過程が一対一対応しているという仮定に基づいていた。この一対一対応仮定によることなく意識的成分と無意識的成分の寄与を推定しようとする画期的試みが,過程解離手続きとRemember/Know手続きであった。

　過程解離手続きは,コントロールとしての意識を実験事態のなかに巧みに導入した点が独創的であるといえる。無意識的成分は自動的でコントロールできないのに対し,意識的成分はコントロール可能であるという特徴から,両記憶成分の推定式が導き出される。すなわち,コントロールできない無意識的成分は,包含と除外条件のどちらでも同じに作用する。これに対し,意識的成分はコントロール可能なので,包含条件では無意識と同じ方向に,除外条件では無意識と反対方向に作用させるというのが,その根本の論理である。

　一方,Remember/Know手続きは,従来の研究のなかでは見逃されてきたクオリアとしての意識に焦点をあてた点が際立っている。だいたんな試みゆえ,一人称としての主観的意識経験をRとKの2値に分けてしまうのは無謀すぎる,あるいは,内観の信頼性と妥当性をどのように保証するのかなど,さまざまな批判がもちろん可能だろう。しかし,実験的統制を尊ぶゆえに誰もがさわろうとはしなかった意識の側面に着目し,それを実験事態のなかに鮮やかに取り込んだ独創性は高く評価できる。

新しい現象の発見には，新しい方法論の開発が背景にある。新しい方法の誕生には，対象をとらえる際の新しい視点が背景にある。これが，意識と無意識の記憶に関する最近の研究成果を検討して得られた筆者の結論である。ということは，誰も気づかなかった意識の側面に着目することが次なる飛躍をもたらしてくれるはずである。

【引 用 文 献】

Baars, B. J. 1997 Some essential differences between consciousness and attention, perception, and working memory. *Consciousness and Cognition*, **6**, 363-371.

Bowers, J. S. & Schacter, D. L. 1990 Implicit memory and test awareness. *Journal of Experimental Psychology : Learning, Memory, and Cognition*, **16**, 404-416.

Challis, B. H. & Brodbeck, D. R. 1992 Level of processing affects priming in word fragment completion. *Journal of Experimental Psychology : Learning, Memory, and Cognition*, **18**, 595-607.

Churchland, P. S. 1983 Consciousness : The transmutation of a concept. *Pacific Philosophical Quarterly*, **64**, 80-93.

Craik, F. I. M. & Tulving, E. 1975 Depth of processing and the retention of words in episodic memory. *Journal of Experimental Psychology : General*, **104**, 268-294.

Dennett, D. C. 1991 *Consciousness explained*. Boston, MA : Little, Brown and Company.

Donaldson, W. 1996 The role of decision processes in remembering and knowing. *Memory & Cognition*, **24**, 523-533.

Gardiner, J. M. & Parkin, A. J. 1990 Attention and recollective experience in recognition memory. *Memory & Cognition*, **18**, 579-583.

Graf, P. & Komatsu, S. 1994 Process dissociation procedure : Handle with caution ! *European Journal of Cognitive Psychology*, **6**, 113-129.

Graf, P. & Schacter, D. L. 1985 Implicit and explicit memory for new associations in normal and amnesic subjects. *Journal of Experimental Psychology : Learning, Memory, and Cognition*, **11**, 501-518.

Graf, P., Squire, L. R. & Mandler, G. 1984 The information that amnesic patients do not forget. *Journal of Experimental Psychology : Learning, Memory, and Cognition*, **10**, 164-178.

Jacoby, L. L. 1983 Remembering the data : Analyzing interactive processes in reading. *Journal of Verbal Learning and Verbal Behavior*, **17**, 649-667.

Jacoby, L. L., Toth, J. P. & Yonelinas, A. P. 1993 Separating conscious and unconscious influences of memory : Measuring recollection. *Journal of Experimental Psychology : General*, **122**, 139-154.
Jacoby, L. L., Yonelinas, A. P. & Jennings, J. M. 1997 The relation between conscious and unconscious (automatic) influences : A declaration of independence. In J. D. Cohen & J. W. Schooler (Eds.) *Scientific approaches to consciousness*. Mahwah, NJ : Erlbaum. Pp. 13-47.
Joordens, S. & Merikle, P. M. 1993 Independence or redundancy? *Journal of Experimental Psychology : General*, **122**, 462-467.
Kirsner, K., Dunn, J. C. & Standen, P. 1989 Domain-specific resources in word recognition. In S. Lewandowsky, J. C. Dunn & K. Kirsner (Eds.) *Implicit memory : Theoretical issues*. Hillsdale, NJ : Erlbaum. Pp. 99-122.
Komatsu, S., Graf, P. & Uttl, B. 1995 Process dissociation procedure : Core assumptions fail, sometimes. *European Journal of Cognitive Psychology*, **7**, 19-40.
Komatsu, S. & Naito, M. 1992 Repetition priming with Japanese Kana scripts in word-fragment completion. *Memory & Cognition*, **20**, 160-170.
Komatsu, S. & Ohta, N. 1984 Priming effects in word-fragment completion for short- and long-term retention intervals. *Japanese Psychological Research*, **26**, 194-200.
Mandler, G. 1980 Recognizing : The judgment of previous occurrence. *Psychological Review*, **87**, 252-271.
Mandler, G. 1997 Consciousness redux. In J. D. Cohen & J. W. Schooler (Eds.) *Scientific approaches to consciousness*. Mahwah, NJ : Erlbaum. Pp. 479-498.
Masson, M. E. J. & MacLeod, C. M. 1992 Reenacting the route to interpretation : Enhanced perceptual identification without prior perception. *Journal of Experimental Psychology : General*, **121**, 145-176.
太田信夫（編） 1999 特集：潜在記憶 心理学評論, **42** (2).
Reber, A. S. 1997 How to differentiate implicit and explicit modes of acquisition. In J. D. Cohen & J. W. Schooler (Eds.) *Scientific approaches to consciousness*. Mahwah, NJ : Erlbaum. Pp. 137-159.
Richardson-Klavehn, A., Gardiner, J. M. & Java, R. I. 1994 Involuntary conscious memory and the method of opposition. *Memory*, **2**, 1-29.
Roediger, H. L. & McDermott, K. B. 1993 Implicit memory in normal human subjects. In H. Spinnler & F. Boller (Eds.) *Handbook of neuropsychology* Vol. **8**, Amsterdam : Elsevier. Pp. 63-131.
Schacter, D. L. 1996 *Searching for memory : The brain, the mind, and the past*. New York : Basic Books.
Slamecka, N. J. & Graf, P. 1978 The generation effect : Delineation of a phenomenon. *Journal of Experimental Psychology : Human Learning and Memory*, **4**, 592-604.
Tulving, E. 1985 Memory and consciousness. *Canadian Psychologist*, **26**, 1-12.

Tulving, E. 1989 Memory : Performance, knowledge, and experience. *European Journal of Cognitive Psychology*, **1**, 3-26.
Tulving, E. & Schacter, D. L. 1990 Priming and human memory systems. *Science*, **247**, 301-306.
Tulving, E., Schacter, D. L. & Stark, H. A. 1982 Priming effects in word-fragment completion are independent of recognition memory. *Journal of Experimental Psychology* : Learning, Memory, and Cognition, **8**, 336-342.
Warrington, E. K. & Weiskrantz, L. 1974 The effect of prior learning on subsequent retention in amnesic patients. *Neuropsychologia*, **12**, 419-428.
Weiskrantz, L. 1997 Fragments of memory. *Neuropsychologia*, **35**, 1051-1057.
Woods, R. T. & Piercy, M. 1974 A similarity between amnesic memory and normal forgetting. *Neuropsychologia*, **12**, 437-445.

コラム ④

記憶の脳モデル

大森 隆司（おおもりりゅうじ）

（専門分野）
　　生体情報科学

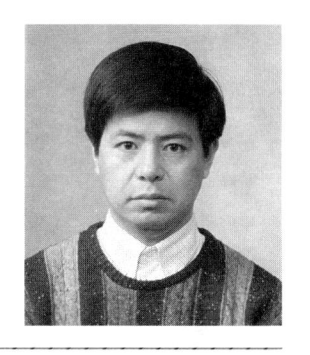

1955年生まれ。現在，東京農工大学工学部電気電子工学科助教授

《主要著書》
- ニューロコンピューティング（分担執筆）　培風館　1992
- 記憶における海馬と新皮質の役割分担（分担執筆）　朝倉書店　1994
- ニューラルネットと心（分担執筆）　共立出版　1997

　心理学は行動としての記憶現象を扱っているが，その背景には記憶に関する脳のメカニズム，すなわち神経現象があることは誰もが知っている。最近の脳研究の進歩は，サルの生理実験や人間の非侵襲計測の結果を用いて，神経回路の物理的な動作として記憶行動を研究することを可能にしつつある。
　ところが，脳の測定で得られた結果をわれわれの記憶行動と対応づけようとすると，そのデータの解釈には神経回路から実際の記憶行動が発生する過程についての理論，すなわち認知レベルの脳モデルが必要となってくる。個々の神経細胞がどのようにして記憶の要素を表現し，それらの集団がどのようにして記憶となり，それが外部からどのようにアクセスされ，あるいは形成されて，それが全体として認知場面においてどのように使われるか。残念ながら，現時点ではそのような統一的な理論はまだ知られていない。その理論を構築していくことは，脳研究・心理学・認知科学などの人間の行動を科学する学問の一つの究極の目標であるはずである。
　脳モデルの立場では，そのような理論の構築に向けて神経科学・心理学・認知科学などの研究結果を利用して，物理的な素子である神経細胞とその集団に可能な人間行動の発現のメカニズムを探っていく。たとえば，神経回路群によ

る連想記憶は以前より知られているが，実際の日常的な記憶の利用場面では単純な連想記憶は役に立たず，文脈依存性や注意の効果をもつ連想機能が必要となる。その機能を，いかにして脳として無理のない神経回路として実現できるか。さらにそれがこれまで知られている現象や理論と矛盾がないか，あるいはより強力な理論につながるか，ということを考えていく。その意味では，心理学も神経科学も認知科学も脳モデルも，相互につながりあった複合的な学問であり，他者を無視した学問に大きな進展は期待できない。

われわれはこのような目的から，脳の構造と注意のメカニズムを取り入れたニューラルネットとして記憶モデル PATON（Pattern 情報の基本単位という意味の造語）を考えてきた。PATON とは，脳で表現・操作される事物の記憶表現の単位であり，その事象に関する感覚情報および非感覚情報を表現する神経興奮パターンの集合を，その事象をシンボル的に表現する細胞と連合した記憶である。記憶はわれわれの日常的な知的活動の基礎となる情報であり，PATON は記憶の利用による認知・推論などの基礎過程をモデル化することをめざしている。連想記憶モデルは適切に用いることで，

1. 感覚パターンから特定事物を認知することを学習する過程の説明が可能となる。
2. あるパターンの認識結果から，文脈依存で別のものを連想し，その感覚イメージを想起する過程を説明できる。
   （パターンからパターンへの連想）
3. 連想記憶の理論から，上記のパターン間の連想は状態遷移機械，すなわち論理的な推論過程と同等の機能をもつことが導出できる。
   （イメージ的な連想は論理推論と同じ？）

記憶は思考の材料であることは誰もが認めることであり，記憶の脳モデルは心理学を大きく変化させる可能性を秘めているようにみえる。

7章

日常記憶

　日常記憶（everyday memory）とは，われわれが日々の日常生活を送る際に必要となるような記憶のことである。旧来の心理学は，すでに100年以上，人間の記憶について研究をしてきたにもかかわらず，この日常記憶にかかわる素朴な疑問にこたえられなかった。その反省から，近年，日常記憶研究の重要性が認められ，この分野の研究者も増えている。そこで本章では，日常記憶の研究者が現在，人間の記憶についてどのようにとらえているのかを端的に示すような研究例をいくつか紹介する。特に「衝撃の瞬間」の記憶に関する研究，そして「自伝的記憶の構造化」に関する研究の2点には重点をおいて概括した。また最後に，今後の展望として，日常記憶研究の意義に触れると同時に，今後進むべき方向についてまとめてみた。

1 日常記憶研究とは

「1歳頃の記憶がないのはなぜか」,「もう20年も前なのに祖父が亡くなったときの衝撃を昨日のことのように覚えているのはなぜか」,「たった1分前のことなのに,家を出るときに部屋の鍵をかけたかどうか思い出せないのはなぜか」,「昨夜見た夢をすぐに忘れてしまうのはなぜか」等々,われわれが記憶について日々疑問に思っていることは多い。「日常記憶研究」が取り組むのはこのような疑問である。

心理学は,もう100年以上も記憶の問題に取り組んできた。しかしながら,このような日常的な疑問に対しては,実は最近までほとんど答えることはできなかった。このような問いに答えるための研究が行なわれるようになったのは,実はここ20年くらいのことである。それ以前の記憶研究は,動物や人間の学習メカニズムを解明することに力を注いでおり,そのためには統制された刺激を用いて厳密な実験状況のもとで研究することが当然であった。あえて実験室から飛び出し,条件の輻輳する日常的な場面のなかで,われわれの素朴な疑問を解決しようとするような研究は少なかったのである。

したがって,従来の方法をとりつづけるかぎり,いつまでたっても日常的な疑問は解決されないままである。この点を鋭く指摘したのがアメリカの心理学者ナイサー(Neisser, U.)であった。彼は1978年に「記憶の実際的側面」という会議のなかで講演し,記憶研究者は従来のような研究よりむしろ,日常われわれが疑問に思っているような記憶現象にこそ注目し,解明する努力をすべきではないかと述べたのである。この主張は,従来の記憶研究に欲求不満を感じていた多くの研究者の賛同を得,ひいては後の日常記憶研究領域を活発化させる原動力ともなった。

現在では,もっぱらこの問題を扱った教科書も発刊され(Conway, 1990),記憶についての概説的な教科書においても,必ずといっていいほど日常記憶に関する章立てがみられるようになってきた。もうすでに日常記憶研究は,記憶心理学の重要な一分野として認知されたといってよいであろう。

② 日常記憶研究における記憶のとらえ方

(1) 日常場面の記憶：スキーマの重要性

　さてわれわれは，日々体験するさまざまな出来事をどの程度記憶しているのだろうか。日常記憶の諸問題を考えるにあたって，まず最初にこの問題から取り上げてみよう。

　ふつうわれわれは，日々の生活のなかで遭遇した出来事や見聞きした事物を，ずいぶんたくさん記憶しているように感じる。しかも，これらの記憶は正確であるにちがいないといった感じももっている。しかし残念ながら，そうした日常生活のなかで作られる記憶は主観的であり，正確さは期待できないというのが一般的な研究者の見解である。

　たとえばニッカーソンとアダムス（Nickerson & Adams, 1979）は，アメリカ人の被験者に対し，自国の1セント硬貨の模様を描かせる課題を与えている。被験者にとって1セント硬貨は最も身近な対象のひとつであり，そこに描かれた模様もたいへんよく目にしているはずである。ところが実験の結果，大半の被験者が模様の特徴の半分も描くことができなかった。そこでニッカーソンとアダムスは課題をより容易にするため，正しい1セント硬貨を15の選択肢のなかから選ぶ再認課題も行なったが，それでも半数程度の被験者しか正答できなかったという。つまりこの実験の被験者は，毎日慣れ親しんでいるはずの対象を正しく識別することができなかったのである。これはわれわれが日常的に目にするものであっても，記憶のなかには正確に保持されていないことを示す事例のひとつといえよう。

　しかしブルーワーとトレインズ（Brewer & Treyens, 1981）の実験結果は，いくぶんか複雑である。この実験では，被験者となる学生を，「実験のため」と称して大学の研究室に呼び出し，順番がくるまでのあいだ，大学院生の部屋で待機させた。そして35秒後，被験者は別の実験室に呼ばれ，それまでいた大学院生の部屋で見たものをできるかぎり多く再生するという，予期しない課題が与えられたのである。この大学院生の部屋には，さまざまな物体が置かれて

いたが，実はそのなかには，われわれが大学院生の部屋と聞いてすぐイメージするようなもの（つまり「大学院生の部屋」スキーマに合致するもの，たとえば机やタイプライターなど）と，なかなかイメージしにくいもの（つまり「大学院生の部屋」スキーマに合致しないもの，たとえば頭蓋骨やコマなど）とがあり，それらが注意深く配置されていた。なにも知らない被験者が，これらの物体をどのように記憶するか調べるためである。

その結果，被験者が回答した項目（表7-1）のなかには，元の部屋にあったもの（正答）もあれば，なかったもの（誤警報）も含まれていたが，それらはスキーマによく合致する物体（たとえば机など）か，さもなければまったくスキーマに合致しない物体（たとえば頭蓋骨など）のいずれかである場合が多く，「ほどほど」の物体はあまり回答されていないことが，異なる被験者の評定により判明した。要するに，被験者によって報告されたほとんどの項目が，スキーマによく合致する「いかにもありそうな」物体か，そうでなければスキーマにまったく合致しない「特異な」物体かのいずれかだったのである。なお，本来部屋には存在しなかったにもかかわらず，被験者が「あった」として報告した誤警報項目（たとえば本やペン，コーヒーカップなど）は，そのほとんどが「スキーマ合致項目」であった。

ブルーワーとトレインズの結果において，スキーマに合致しない物体が想起される理由は簡単である。そのような物体を目にした場合，被験者は意外性を感じて意識的に符号化したり，特別な精緻化を行なうため，結果的に想起されやすくなるのであろう。それよりもここで興味深いのは，スキーマに合致する物体のほうである。誤警報項目のほとんどがスキーマ合致項目であったことを考えあわせると，被験者はスキーマ合致項目を報告する際，必ずしも元の部屋の記憶を想起しているわけではなく，それよりもみずからのもつ「大学院生の部屋」スキーマをもとに推論することによって，スキーマ合致項目を生成している可能性が高い。言い換えれば，被験者はみずからのエピソード記憶には頼らず，実験者から課題を与えられた時点で記憶を再構成している可能性が高いのである。もちろんある程度のエピソード記憶は活用されているであろうが，誤警報項目のほとんどがスキーマ合致項目であることからみても，スキーマからの推論によって補完されている部分が存在することは確実である。

◆表 7-1 被験者が回答した項目およびその出現頻度
(Brewer & Treyens, 1981)

回答項目	度数	回答項目	度数
椅子A(机の隣にあったもの)	29	スヌーピーの絵	3
机A	29	ロータリースイッチ	3
壁+	29	サボテン	2
椅子B(机の前にあったもの)	24	段ボール箱	2
ポスターA(チンパンジー)	23	コーヒーカップ*	2
ドアA+	22	コンピュータのカード	2
テーブルA(作業台)	22	紙B(掲示板に貼ったもの)	2
戸棚A	21	ペン*	2
天井+	16	植木鉢(サボテン用)	2
テーブルB(コーヒーがのったもの)	15	ハンダ	2
スキナー箱	14	真空管	2
椅子C(子供用)	12	窓*	2
ドアB+	12	電気コード	2
照明スイッチA+	12	紙A(棚の上のもの)	1
コマ	12	鉛筆立て*	1
脳模型A	11	鉛筆*	1
部品	11	ボール*	1
椅子D(回転するタイプ)	11	脳模型B*	1
ポスターB(天井に貼ったもの)	10	レンガ	1
本*	9	コンピュータの図	1
照明+	9	カーテン	1
ポスターC(食べ物)	9	デカルコマニア(転写画)*	1
タイプライター	9	机B*	1
掲示板	8	ドアノブ+	1
照明スイッチB	8	消しゴム	1
コーヒーポットA	8	扇風機	1
頭蓋骨	7	ガラス板(机の上に敷くもの)*	1
モビール	7	地球儀	1
道路標識	7	壁の穴	1
カレンダー	6	帰宅表示板	1
ワインボトル	6	ランプ*	1
サッカー選手の人形	5	雑誌	1
ミルク差し	5	クギ*	1
パイプ	5	砂糖(包んだもの)	1
ハガキ	5	紙C(椅子の上のもの)	1
テニスのラケット	5	ハサミ	1
送風機	4	ネジ*	1
照明のかさの模様	4	スプーン	1
樹皮のかけら	4	ピクニック用のバスケット	1
戸棚B*	3	ベンチ*	1
フリスビー	3	皿	1
コーヒーポットB	3	電話*	1
ポスターD*	3	カサ	1
ねじ回し	3	レンチ	1

+「スキーマ合致」項目   *「誤警報」項目   (なお最大度数は30である。)

いずれにせよ，被験者の想起がスキーマの影響を受けているのは疑いようがない。そして同様のことが，日常接するさまざまな局面においても言うことができるであろう。バートレット（Bartlett, 1932）の研究をもちだすまでもなく，われわれが日常経験する事象はスキーマによってフィルタリングされ，選択され，強調され，標準化され，そして補完されているのである。換言すれば，日常場面の記憶はわれわれ自身の知識構造と有機的に連関をとりながら形成されるものであり，映画や写真のように，そのままの形で記録されるわけではないということである。

（2） 写真的な記憶：フラッシュバルブメモリー

では本当に「写真のようなありのままの記憶」は存在しないのであろうか。われわれ自身の経験を振り返ってみればわかるとおり，「あたかもその場にいるかのような」回想を経験することがしばしばある。一般的にそうした経験は，高校の卒業式であるとか，親族の死などについて，強烈な印象とともに思い起こすような場合にみられ（Rubin & Kozin, 1984），主観的には視界のすみずみまではっきりと目に浮かんでくるので，あたかも写真を見ているようである。

ブラウンとカーリック（Brown & Kulik, 1977）は，このような記憶を「写真的」という点になぞらえて「フラッシュバルブメモリー（flashbulb memory）」とよんでいる。ブラウンとカーリックは，ケネディ大統領が暗殺された瞬間の記憶に関する研究において，暗殺のような衝撃的な出来事は，写真に焼き付けられるように記憶され，長期間忘却されずに保持されるという，普通の記憶システムとは異なった特殊なプロセスが存在するのではないかという仮説を提案している。

なお，ブラウンとカーリックが報告したのと同様の現象は，犯罪や事故などに遭遇した被害者においてもしばしば生ずることが知られている。被害者の多くは，実際には想起したくないにもかかわらず，被害を受けた際のようすが詳細にいたるまで心によみがえってくるため，心的な負担となり，PTSD（post traumatic stress disorder）を引き起こす原因になるというのである（Horowitz et al., 1979）。

以上の指摘からもわかるとおり，見たものがそのまま目に焼き付けられるよ

うな記憶（フラッシュバルブメモリー）は，主観的な経験としてはたしかに強くその存在を感じられるものであり，そのリアリティは疑いようがないように思われる。はたして，本当にこのような記憶が実在するものなのであろうか。もし実在するなら，「不正確である」とか「スキーマによって変容してしまう」などといわれてきた日常的な記憶のなかにも，きわだって正確なものが存在することになる。

ただ，ここで確かめておかなくてはならないのは，フラッシュバルブメモリーによる主観的体験と，もともとの事実が本当に一致するのかという点である。いくら鮮明で臨場感あふれる記憶であっても，事実と異なるのであれば，それは「現実を焼き付けた写真」ではなく，「頭に描いた詳細な偽記憶」でしかないのである。まず何より，こうした記憶がすみずみまで現実と一致することが確かめられて初めて「写真的な記憶」の存在を吟味できるのである。

ところが従来の研究の多くは，被験者の記憶が事実と一致しているのかどうかを確認していなかった。あるいは確認しようにも，被験者の個人的な経験であるために確認できないという状態にあった。その反省から近年，フラッシュバルブメモリーによる報告がどの程度事実と一致するのか検証する研究が行なわれるようになっている（たとえば，レーガン大統領暗殺未遂事件に関するPillemer（1984）の研究や，スペースシャトルチャレンジャーの爆発事故に関するNeisser & Harsch（1992）の研究など）。これらの研究では，事件あるいは事故の生起直後に被験者の報告を聴取しておき，その数か月後あるいは数年後に再び想起させてみて，その両者がどの程度一致しているのか調べるという手続きをとっている。

一例として，ナイサーとハーシュ（Neisser & Harsch, 1992）の実験におけるある被験者のデータを示してみよう（図7-1）。この被験者は事故直後の聴取では図上のように語っているにもかかわらず，1年後に再び聴取したところ，自信をもって図下のように語ったそうである。つまり，本人がいくら「目に焼き付いた」といって詳細に語ったとしても，現実には誤っている場合があることがわかる。したがって，フラッシュバルブメモリーがいくら鮮明であっても，やはり通常の記憶と同様に，必ずしも正しいとはかぎらないのである。

ナイサーとハーシュの例ほど極端に変容することはまれであるが，フラッシ

『私が最初に爆発のことを知ったのは,自分の寮の部屋でルームメイトとテレビを見ていたときです。ニュース速報が入って,本当にびっくりしました。そのまま上の階の友だちの部屋まで行って話をし,実家の両親に電話をかけてしまったくらいです。』

(1年後)
↓

『宗教の授業のときに,何人かの学生が教室に入ってきて,そのことを話しだしました。詳しいことはわからなかったのですが,生徒たちがみんな見ている前での爆発だったということを聞いて,たいへんだと思いました。授業の後,自分の部屋に戻ると,テレビでそのことをやっていたので,詳しく知ることができました。』

◆図7-1 「チャレンジャー爆発事故」に関する被験者 R.T の想起内容
（Neisser & Harsch, 1992）

ュバルブメモリーによる想起においては一般に,ニュースソースや状況の一部などが「いかにもありそうな」形式に変容する（いわゆるスキーマ化される）ことが知られている。国内の研究例をあげると,ある事件の発生を最初に知った場面に関する調査（越智・太田,1995）において,実際にはテレビのニュース速報の字幕で事件を知ったはずの被験者が,数か月後には「ＮＨＫニュースでアナウンサーが話すのを聞いた」と報告したり,事件発生のニュース番組を1人で見たはずの被験者が,その後の報告で「家族と見た」と信じて疑わないということが起きるようである。

したがって,フラッシュバルブメモリーという一見特殊にみえる現象においても,体験した事象が正確に記銘され想起されているのではなく,ほかの日常記憶現象と同様にスキーマの影響を受けていることがわかる。

(3) 「衝撃の瞬間」の記憶：記憶促進説と記憶抑制説

フラッシュバルブメモリーは,客観的には必ずしも正確でない。この点では通常の記憶と同様である。ところがわれわれの主観的体験としては,通常の記憶とはおおいに異なる,特異なものに感じられる。このような差異が生じるのは,衝撃的な事態に遭遇して強い情動が喚起される場面では,通常とは異なる特殊な認知メカニズムがはたらくためであろう。では実際に,激しい情動喚起状況においてはどのような心的メカニズムがはたらき,記憶能力はどのような影響を受けるのであろうか。これを調べるために数々の実験がなされている。

たとえば,ロフタスとバーンズ（Loftus & Burns, 1982）は,被験者に銀行

強盗場面のビデオを見せる実験を行なった。その際「衝撃群」の被験者に対しては，銀行強盗の放った銃弾が付近を歩いていた子どもの顔面に命中するという，衝撃的なシーンが呈示されたが，「統制群」の被験者にはそうしたシーンは呈示されなかった。ビデオ終了後，被験者にビデオ内容の再生を求めたところ，「衝撃群」の成績は「統制群」に比べ有意に低いことがわかったという。そして特に，衝撃的な場面の直前部分の記憶が大きく阻害されていたのである。このロフタスとバーンズの結果によれば，衝撃的な場面に遭遇することで，記憶の抑制が生じたことになる。

しかし一方，衝撃的な場面に遭遇すると記憶の促進が生じるとする研究もある。ホイヤーとレイズバーグ（Heuer & Reisberg, 1990）は，子どもが父親の職場を訪問するようすを一連のスライドによって被験者に呈示した。ただし「衝撃群」の被験者が見たのは，父親の職業が外科医であり，子どもが職場に着くと同時にけが人が運ばれ，父親が血だらけのけが人を治療するというものであった。「統制群」の被験者が見たのは，父親の職業が自動車修理工であり，子どもが職場に着くと，父親が自動車を修理しているというものであった。両群に呈示されるスライドは，できるかぎり登場人物や状況，カメラアングルなどの点で一致するように作られている。そして2週間後に再び被験者を集め，スライドに関するテストを行なったところ，衝撃群の成績が有意に高いことが判明したのである。

以上のように，衝撃的な場面との遭遇が記憶を抑制するのか，あるいは促進するのかという問題は一見簡単に結論が出そうに思われるが，意外にもいまだ意見の統一をみていない。なぜなら，さまざまな研究者がさまざまな実験を行なった結果，「抑制説」を支持するデータが得られる一方，「促進説」のデータも同様に集まってしまったためである。その原因としては，それぞれの実験によって用いられる材料や手続き，記憶テストの基準などがまちまちであることが考えられる。

こうした状況に対しクリスチャンソン（Christianson, 1989, 1992）は，「記憶抑制」か「記憶促進」かを決める媒介変数の存在を指摘している。要するに，従来の研究ではあまり考慮されていなかった要因によって「抑制」か「促進」かが大きく左右されているのではないかと考えたのである。

クリスチャンソンが行なった実験のひとつとして，次のようなものがある。「衝撃群」の被験者には，道路を自転車で走っている女性が急に転倒し血を流すという内容のスライドを呈示し，「統制群」の被験者には，同じ女性が何事もなく自転車で走り去るような内容のスライドを呈示したうえで，全被験者に共通の再認テストを実施したのである。両被験者群のテスト成績を比較すると，「衝撃群」では，画面の中央部に写っていた事物（たとえば女性の服の色）の成績がよくなる一方，周辺部の事物（たとえば背景に写り込んでいた自動車の色）の成績は悪くなっていることが判明した。この結果は，衝撃的な場面を目にすることで，被験者の注意が画面の中心部に集中したために，中心部の事象はよく記憶されるが，注意が向かなくなった周辺部の事象に関しては記憶されにくくなったことによるものと考えられる。要するにこれは，いわゆる「イースターブルック（Easterbrook, 1959）効果」として古くから知られている現象が実験的に再現されたものといえよう。

　したがって，衝撃的な場面に関しては，後によく想起される事象（中心的事象）とそうでない事象（周辺的事象）とが，はっきりと分かれてしまうことになる。これはつまり，同じ被験者が同じ方法で刺激呈示されたとしても，最終的な記憶テストで中心事象ばかり質問すれば，テスト成績は（見かけ上）よくなるが，逆に周辺事象ばかり質問すれば，テスト成績は（見かけ上）悪くなることを意味しており，このようなテスト項目の偏りが，従来の「記憶促進説」と「記憶抑制説」を生み出す原因になっているものと思われる。つまり，最終的な記憶テスト項目としてどのような事象を取り込むかが「促進」か「抑制」かを左右していたのである。

　また，それ以外の媒介変数として注目されているのは時間の効果である（越智・相良，1996）。衝撃的な出来事は，クリスチャンソンが指摘したように注意を集中させるため，実際に記憶される総量は減少してしまう一方で，なかなか忘れられにくいという性質ももっている。そのために，衝撃的な事象に遭遇した直後は相対的に記憶量は減少するものの，ある程度時間が経過するとかえって他の事象よりもよく記憶されているという逆転現象が起きるのである。実際に従来の研究を振り返ってみても，刺激呈示直後に記憶テストを実施した実験の多くが「記憶抑制説」を支持し，ある程度時間が経った後で記憶テストを

行なう実験の多くが「記憶促進説」を支持しているのは，偶然ではなく，以上で述べたような保持時間の効果が媒介変数としてかかわっているものと思われる（越智，1997）。

③ 自伝的記憶

(1) 自伝的記憶の想起

　前節では，日常記憶研究において近年論議の対象となっている，日常場面の記憶およびそれに類すると思われる衝撃的な場面の記憶について概観した。しかし当然のことながら，そうした記憶が人間のもつ記憶のすべてであるはずはなく，われわれはさまざまな日常の出来事に関して，またある種異なった形式で記憶を形成している。たとえば今日1日のことを考えてみても，朝起きて学校に行き，友人と会い，授業に出席して，……というような記憶が存在する。より長いスパンで考えれば，大学入学時のこと，高校の文化祭のこと，小学校の授業のこと，家族で出かけた温泉旅行のことなど，膨大な量の記憶が浮かんでくるはずである。このような記憶は，「自伝的記憶（autobiographical memory）」とよばれており，一般には，人生のなかで体験したさまざまな出来事に関する記憶の総体のこととされている（Brewer, 1986）。

　では，われわれが体験した出来事はどのくらいの期間にわたり，どのような形で記憶されているのであろうか。この点について初めて実験的な検討を行なったのは，リントン（Linton, 1982）である。彼女は，自分自身の体験した出来事を用いて日誌的な研究を行なった。まず彼女は，6年間にわたって，毎日その日に起きた出来事を少なくとも2つずつカードに書いて記録した。そして，ある程度のカードがたまってきた段階から，毎月1回それらのカードの何枚かをランダムに引き出して，その内容を想起できるか，また，その出来事が発生した日時を思い出せるか，といったテストを行なった。

　このような方法により明らかになってきたのは，まず第一に，われわれの自

伝的記憶はけっして個々のエピソードが徐々に蓄積されていくような形式で記憶されるのではなく，もっと能動的な構造化がなされているということであった。たとえば，くり返して二度三度と生起するような出来事はしだいに統合されていき，一般的な知識になっていくのである。

　リントンによる実例をあげよう。実験期間中に彼女は，カーネギー財団の委員会の手伝いをすることになり，飛行機に乗って会場に行き，初めて会う25人のメンバーと会話するという体験をした。この初めての経験はたいへん印象的で，長期間にわたって記憶していたが，その会合も2回目，3回目，と数を重ねていくに従い，個々の会合の記憶を他の会合の記憶から区別することが難しくなっていったという。そのかわりに，会議場への行き方や会議の手順などについての知識はしだいに明確になったのである。

　実際，似たような体験や反復して生起する事象をすべて記憶しておくのは，非常に冗長である。共通部分を統合していくことで記憶効率は向上するであろう。また同時に，何度も経験する出来事は一般的な知識として統合しておいたほうが有用である場合が多い。なぜなら，個々の経験を「レストランに行ったときの行動」であるとか，「歯医者に行ったときの行動」などとして一般化しておけば，未知の新奇な場面に遭遇した際にもそうした知識を活用することで，とまどわずにすむ可能性が高いからである。こうした類似体験が構造化される現象は，一般に「スクリプト化」とよばれている。

　では，反復されない事象の記憶はどうなるであろうか。このような記憶の一部は，いつまでも残りつづける。たとえば，前節で述べたような衝撃的な体験の記憶や，入学式・卒業式など人生の節目にあたるような経験の記憶は，20年，30年経っても忘却されない場合が多い。しかし，それ以外の記憶はしだいに記憶から失われていく。リントンのデータを見ると，記録した出来事の30％が6年間の実験期間の間に思い出せなくなったという。

　ところで，忘却について非常によく知られている現象として，エビングハウスの忘却曲線がある。これは，実験室で無意味綴り（nonsense syllable）を学習する場面において，以前行なったのと同じ学習を一定期間後に再び行ない，再学習にかかる時間（あるいは試行数）がどの程度少なくてすんだかという節約率を求め，その値が再学習までの経過時間とどのような関係にあるかをグラ

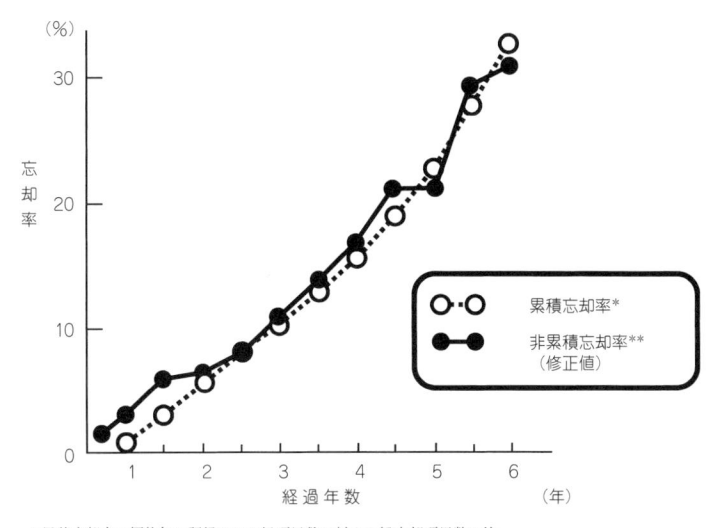

```
(%)
忘却率
30
20
10
 0
    1    2    3    4    5    6
        経過年数          (年)

○‥○ 累積忘却率*
●—● 非累積忘却率**
     （修正値）
```

＊累積忘却率：標的年に記録された総項目数に対する総忘却項目数の比．
＊＊非累積忘却率：標的年に関してテストされた項目数に対する忘却項目数の比．

◆図7-2　6年間に忘却された項目の比率(Linton, 1982)

フ化したものである．ところが，リントンの日誌的研究から得られた自伝的記憶に関する忘却曲線は，エビングハウスのものとはかなり異なった形状である（図7-2）．リントンは忘却率を求めるのにいくつかの尺度を用いているが，いずれの場合においても，自伝的記憶はきわめて長期にわたり保持されること，そして忘却が一定の割合で進むことがみてとれる．こうした点は，われわれの自伝的記憶が，従来の実験室的な研究で見いだされてきた現象とは異なった特性をもつことを示唆しているものと思われる．

（2）　自伝的記憶の構造化

　リントンの研究においては，もうひとつ興味深い現象が観察されている．それは，比較的最近の事象に関しては時系列に沿った想起が容易であるのに，2年以上前の事象に関してはそうした時系列的な想起は困難となり，むしろカテゴリー別（たとえば「パーティ」や「スポーツ」など）に想起するほうが容易になるという現象である．これは，比較的最近の事象の記憶においては時系列軸による構造化が，そして比較的昔の記憶においては内容による構造化が，そ

れぞれ主要なメカニズムであることを示している。

　こうした現象は，われわれの自伝的記憶がどのような形で構造化されて記憶されているかを明らかにする手がかりになる。そこでワーゲナー（Wagenaar, 1986）は，同じく日誌的方法ではあるが，より改良した手続きで研究を行なった。彼は，後に想起手がかりの有効性を調べることができるように，出来事を記録する際，はじめから「誰が（who）」「何を（what）」「どこで（where）」「いつ（when）」というように，情報を分類して記録していったのである。そして，想起テストの際には，これら手がかりのなかのひとつだけ（たとえば「いつ」）を用いて，記録した内容を想起できるかどうかチェックし，もし想起できなかった場合には第二，第三の手がかりを使う，という方法で想起実験を行なった。

　こうした実験（6年間）の結果，①「何」，②「どこ」，③「誰」，④「いつ」の順で，手がかりとしての有効性が高いことが明らかとなった。たとえば，「1983年9月10日ベス・ロフタスと一緒にミラノの教会へダビンチの最後の晩餐を見に行く」という自伝的記憶の想起に関しては，「最後の晩餐を見に行く」という手がかりが最も有効であり，それに次いで「ミラノの教会へ」が有効，そして「1983年9月10日」という手がかりは最も有効ではなかった。以上の結果は，やはり自伝的記憶が時系列的に構造化されている可能性は低く，内容のカテゴリーによって構造化されている可能性が高いことを示すものといえる。

　では，この内容のカテゴリーとは具体的にはどのようなものなのであろうか。この点を検討したのが，レイザーらのグループである（Reiser et al., 1985）。彼らは，この「内容」を2つのレベルに分けた。ひとつは「活動（activity）レベル」であり，これは具体的には「学校に行く」とか「散髪に行く」といった概念からなる。もうひとつは「一般的行動（general action）レベル」であり，こちらは「椅子にかける」とか「勘定を払う」といった概念からなるものである。この2つの概念レベルのうち，われわれにとってどちらが基本的なレベルなのかを調べることができれば，われわれが自伝的記憶を構造化する際の基準としている「内容」がより詳しく特定できるであろうと考えたわけである。

　実験の具体的な方法としては次のとおりである。被験者には，なんらかの自伝的記憶（たとえば「散髪に行き，そこで散髪代を払った経験」）を想起させ

るのであるが，その手順が2通り用意されていた。①まず「活動レベル」の手がかり（散髪に行く）を呈示し，その一定時間後に「一般的行動レベル」の手がかり（勘定を払う）を呈示したうえで，その両者に一致する自伝的記憶を検索させる方法と，②まず「一般的行動レベル」の手がかり（勘定を払う）を呈示した後に，「活動レベル」の手がかり（散髪に行く）を呈示し，両者に一致する自伝的記憶を検索させる方法の2種類である。被験者は最終的にはどちらの手順でも同じ自伝的記憶を検索することになるが，検索手がかりの呈示される順序が異なるわけである。もしどちらかの手順が被験者の認知過程に合致するならば，その際の記憶検索にかかる時間は短くてすむはずである。

実験の結果，①の手順のほうが記憶検索にかかる時間が短いことが判明した（表7-2）。レイザーらによれば，こうした結果が得られたのは，①の手順が被験者の認知過程に適合していたためであり，それは同時に，自伝的記憶を検索する際には「活動レベル」の概念が，他のどの概念よりも優先されなければならない基本的な概念であることを意味するのだという。

しかし，この「活動優位仮説」については，その後多くの反論がなされた。たとえば，コンウェイとベカリアン（Conway & Bekerian, 1987）はレイザーらと同様の方法で自伝的記憶の想起実験を行なったが，その際，第一の手がかりとして，「大学時代」や「高校時代」といった時系列的な手がかりを用いた。すると，これらの手がかりも自伝的記憶想起には有効であるという結果になった。これは，リントンやワーゲナーなどの主張（「自伝的記憶は時系列的には構造化されていない」という主張）に反したものである。また，バーサロー（Barsalou, 1988）は，レイザーらの実験をさらに拡張し，「活動」手がかり

◆表7-2　自伝的記憶の想起に要した時間の平均
（Reiser et al., 1985）

想起手がかりの呈示順序	
①「活動」→「一般行動」	②「一般行動」→「活動」
4.16	6.38

（単位は秒）

◆表 7-3　自伝的記憶の想起に要した時間の平均
　　　　　（Barsalou, 1988）

		想起手がかりの呈示順序	
手がかり1	手がかり2	手がかり1 → 手がかり2	手がかり2 → 手がかり1
「活動」	「人物」	3.17	2.98
「活動」	「場所」	2.58	2.88
「活動」	「時期」	2.92	2.63
「人物」	「場所」	3.52	2.89
「人物」	「時期」	3.26	3.95
「場所」	「時期」	2.58	3.16

（単位は秒）

のほかに「場所」や「時期」や「人物」の手がかりも加えて同様の実験を行なったところ，レイザーらの結果を追試できなかったばかりか，これら4種類の手がかりが等しい有効性をもっているという結果になってしまった（表7-3）。この結果からバーサローは，われわれの自伝的記憶が「活動」レベルのみによって一元的に構造化されているのではなく，さまざまな手がかりのもとに並列的に構造化されているのではないかと述べている。

　自伝的記憶がどのような形で構造化されているかについては，今日現在，明快な結論は出ていない。しかし，われわれが生活していくさまざまな局面で適切に過去経験を呼び出し，それを参考にして行動を決定するためには，バーサローが主張するように，さまざまな水準によって構造化されているほうが有用であることはたしかである。

④　日常記憶研究の今後の展望

　以上，日常記憶についていくつかの研究トピックをあげてみた。このほかにも冒頭であげたような疑問はそのまま日常記憶の研究テーマとなり得る場合が

多く，われわれの身近にあるさまざまな問題に即した研究が現在進行中である。

このような研究は一見とりつきやすいので，最近では多くの研究者が参入し，研究数も増加しているようである。しかしそこには重要な問題点が取り残され，解決されずに残っているように思われる。

その最たるものは，理論的な進展がないまま，日常的な設定をそのまま用いただけの研究が粗製濫造される傾向にあるということである。日常場面の研究はわれわれの素朴な疑問から発しているだけに，十分な事前調査や理論的な検討がなされないまま，とりあえず実験をしてみる，ということが簡単にできてしまう。そこから生まれるのは，理論的な裏づけのない，あまり意味があるとも思えない研究の山である。こうした研究はわれわれの知見を増やさないだけでなく，研究を混乱させたり，限られた研究資源をむだに使ってしまうことにもつながる。したがってこの分野の研究者は，みずからの実験が記憶研究の発展にどのような貢献ができるのかを，常に念頭におきながら検討をすすめていくことが求められるのである。

日常記憶研究が今後めざしていくとすれば，2つの方向性が考えられる。ひとつは，研究成果の現実世界への応用という方向である。従来の基礎的な実験室研究における知見を現実の記憶現象に応用し，実際の課題遂行の効率化を図っていくのである。マーケティング等の調査における記憶資源利用の問題，認知工学等におけるインタフェースの研究，臨床心理学との接点などの研究がこれに該当する。

もうひとつは，基礎研究に対する新たな視点の呈示という方向性である。日常記憶研究は，従来の基礎研究が見逃しているような現象を具体的に呈示することによって，従来の記憶理論の精緻化に貢献できる可能性が高いのである。本章で紹介した研究のなかでは，フラッシュバルブメモリーに関する研究がこれに該当するであろう。

いずれにせよ，心理学の研究領域のなかでは，日常記憶研究の分野は最も新しい領域のひとつである。しかもそれはわれわれの問題意識と密接に関係しているだけあって，人々の興味をひく。これは心理学が一般の人々に対して力量を示すチャンスでもあると考えられよう。今後も研究のさらなる進展が期待されるところである。

【引 用 文 献】

Barsalou, L. W. 1988 The content and organization of autobiographical memories. In U. Neisser & E. Winograd (Eds.) *Remembering reconsidered : Ecological and traditional approaches to the study of memory.* Cambridge : Cambridge University Press.

Bartlett, F. C. 1932 *Remembering : A study in experimental and social psychology.* Cambridge : Cambridge University Press. 宇津木 保・辻 正三 (訳) 1983 想起の心理学　誠信書房

Brewer, W. F. 1986 What is autobiographical memory. In D. C. Rubin (Ed.) *Autobiographical Memory.* Cambridge : Cambridge University Press.

Brewer, W. F. & Treyens, J. C. 1981 Role of schemata in memory for places. *Cognitive Psychology*, **13**, 207-230.

Brown, R. & Kulik, J. 1977 Flashbulb Memories. *Cognition*, **5**, 73-99.

Christianson, S.-Å. 1989 Flashbulb memory : Special but not so special. *Memory and Cognition*, **17**, 435-443.

Christianson, S.-Å. 1992 Emotional stress and eyewitness memory : A critical review. *Psychological Bulletin*, **112**, 284-309.

Conway, M. R. 1990 *Autobiographical Memory.* Buckingham : Open University Press.

Conway, M. A. & Bekerian, D. A. 1987 Organization in autobiographical memory. *Memory and Cognition*, **15**, 119-132.

Easterbrook, J. A. 1959 The effect of emotion on cue utilization and the organization of behavior. *Psychological Review*, **66**, 183-201.

Heuer, F. & Reisberg, D. 1990 Vivid memories of emotional events : The accuracy of remembered minutiae. *Memory and Cognition*, **18**, 495-506.

Horowitz, M. J., Wilner, N., Kaltreider, N. & Alverez, W. 1979 Signs and Symptoms of posttraumatic stress disorder. *Archives of General Psychiatry*, **37**, 85-92.

Linton, M. 1982 Transformations of memory in everyday life. In U. Neisser (Ed.) *Memory observed : Remembering in natural contexts.* San Francisco : Freeman. 富田達彦 (訳) 1988 観察された記憶 (上)　誠信書房　Pp. 94-111.

Loftus, E. F. & Burns, T. E. 1982 Mental shock can produce retrograde amnesia. *Memory and Cognition*, **10**, 318-323.

Neisser, U. 1982 *Memory observed : Remembering in natural contexts.* San Francisco : Freeman. 富田達彦 (訳) 1988 観察された記憶 (上・下)　誠信書房

Neisser, U. & Harsch, N. 1992 Phantom Flashbulbs : False recollections of hearing the news about Challenger. In E. Winograd and U. Neisser (Eds.) *Affect and Accuracy in recall : Studies of 'Flashbulb' memories.* Cambridge : Cambridge University press.

Nickerson, R. S. & Adams, M. J. 1979 Long-term memory for a common object.

Cognitive Psychology, 11, 287-307.
越智啓太　1997　目撃者によるストレスフルイベントの記憶：仮説の統合をめざして　犯罪心理学研究, **35**, 49-65.
越智啓太・太田　誠　1995　北海道南西沖地震のフラッシュバルブメモリ　日本心理学会第58回大会発表論文集.
越智啓太・相良陽一郎　1996　エモーショナルストレスが目撃証言に及ぼす効果(1)　日本心理学会第60回大会発表論文集.
Pillemer, D. B.　1984　Flashbulb memories of the assassination attempt on President Regan. *Cognition*, **16**, 63-80.
Reiser, B. J., Black, J. B. & Abelson, R. P.　1985　Knowledge structures in the organization and retrieval of autobiographical memories. *Cognitive Psychology*, **17**, 89-137.
Rubin, D. C. & Kozin, M.　1984　Vivid memories. *Cognition*, **16**, 81-95.
Wagenaar, W. A.　1986　My memory : a study of autobiographical memory over six years. *Cognitive Psychology*, **18**, 225-252.

8章

目撃証言

　目撃証言の研究は，古くは，知能テストの開発で知られるビネーや性格研究のシュテルン，応用心理学研究の父ともいえるミュンスターバーグなどそうそうたる心理学者によって今世紀初頭に研究されていた。その後，長い低迷期を迎えるが，1970年代には法心理学の領域が確立され，目撃証言はその中心的研究テーマとなり，目撃証言の信用性に関するさまざまな要因が発見され，応用認知・記憶研究における最も成功した研究領域となった。また基礎研究との関連も深く，現実生活において記憶がどのように機能するのかの解答を与えつつある。ここでは，まず目撃証言の研究領域，研究方法を具体的に解説し，次に最近研究の発展が著しい事後情報効果の研究の発展と，新しい研究方法であるフィールド実験の具体例を紹介した。最後に目撃証言研究のこれからについても示唆した。

はじめに

　目撃証言とは，事件や事故などの出来事を目撃した人物が，その後いずれかの時点で，記憶に基づいてその目撃した出来事の内容を報告したり，目撃した人物を同定する課題を含むものである。過去，目撃証言によって誤って司法に裁かれ，無実の者が有罪とされる悲劇がくり返されてきた。誤った目撃証言によって，そして誤った目撃証言が事実の証拠と判断されたために，そのような悲劇が起こるのである。そういう意味で目撃証言は最も信用性が問われるべき危険な証拠といえる（渡部，1992）。

　目撃証言の研究は，人間が記憶に基づいて行なう供述を研究するという意味において，まさに記憶の心理学がその中心になるような領域である。またその信用性が司法において判断されるという意味において，法律のかかわる領域でもある。ただ記憶に関する問題は，心理学が古くから解明のために努力してきたテーマであり，記憶に関連する目撃証言の信用性に関する研究に最も精力的に取り組んできたのも心理学である。記憶の心理学はこの100年間に記憶のはたらきを解明するような多くの事実を蓄積し，それらを説明する理論を提出してきた。しかしながら，基礎的研究の多くは日常の記憶のはたらきを解明するというよりも実験室実験に基づく記憶の解明であり，現実世界で起こる出来事の記憶の解明よりも，むしろ記憶の基本的原理を追及してきた観がある（本書の各章を参照のこと。特に1章）。

　目撃証言はそもそも私たちの日常生活における記憶に依存しており，そのような記憶の性質が明らかにされなければ目撃証言の信用性は判断できない。目撃証言研究にとって幸いなことには，1970年代後半から日常記憶の研究の必要性と重要性が指摘され（7章参照），目撃証言研究も盛んに行なわれるようになった。本章では，まず目撃証言の信用性に影響する諸要因，それら要因の分類法について説明し，次に目撃証言研究の方法について考察する。研究方法についての考察では，目撃証言の信用性に影響する代表的要因を取り上げ，それぞれの研究方法によって解明された事実，それら研究方法を使用する長所と短所についても触れる。最後に目撃証言研究の展望を行なう。

❶ 目撃証言研究の領域

　目撃証言の研究を理解するためには，その研究領域でどのような研究が行なわれ，どのような事実が解明されているのかを理解する必要がある。

(1) 検討されてきた要因

　目撃証言の正確さを規定する要因として，次頁の表8-1に示すようなさまざまな要因が検討されてきた。表8-1は，カシンら（Kassin et al., 1989）が目撃証言の専門家119名に行なったアンケートの内容で（63名が回答を送付），そこには21の目撃にかかわるトピックが含まれていた。調査はそれらのトピックの信用性の評価を求めたものであるが，視点をかえてみれば，それらのトピックは現在の目撃証言研究における主要な関心事であるともいえる。もちろん，これらのトピックにも研究の量に多い少ないはある。「ラインナップの構成」や「事後情報」は精力的に研究されているテーマであるのに対して，「性差」，「訓練」などのテーマはそれほどでもない。また発達的研究も多く行なわれているが，このリストにはあげられていない。そういう制限はあるものの，現在の目撃証言研究がどのようなトピックを扱っているのかの理解には役立つ。

　以上のトピックのなかには，専門家たちの間でも意見の一致が難しいものもある。たとえば1980年代半ばに事後情報効果の信用性をめぐって論争が行なわれたように，100％の信頼がおけるような効果は存在しない。しかしながら，多くの研究で確認された効果も存在する（たとえば，事後情報効果のように論争経過後にさらなる検討が加えられて，その効果がいっそう明らかになったケースもある）。そして人間の記憶の理論的説明に大きく貢献している研究領域となっている。

(2) 要因の分類

　目撃証言の研究にはさまざまなトピック（要因や変数）が扱われているが，これらのトピックスを系統的に区分する分類法が提案されてきた。推定変数と

◆表 8-1　目撃証言で研究されてきた諸要因
(Kassin et al., 1989)

ストレス	高い水準のストレスは目撃証言の正確さを損なう
凶器注目	武器が介在すると，目撃者が犯人の顔を正しく識別する能力が損なわれる
ショーアップ	ラインナップによらない単独面通しは誤識別の危険性を高める
ラインナップの公平さ	ラインナップの構成員が容疑者に似ていれば似ているほど，容疑者の識別が正確である確率は高まる
ラインナップの教示	警察官の教示で目撃者の識別の意志に影響が出る
知覚時間	目撃者が出来事を見る時間が短くなればなるほど，出来事は想起できなくなる
忘却曲線	出来事の直後で記憶の忘却が最も大きく，それからは時間の経過とともに徐々に忘却が進む
正確さ―確信度	目撃者が識別に自信をもっていても，自信は目撃者の識別の正確さを予測しない
異人種／白人	白人の目撃者は，黒人を識別するより白人を識別するほうが正確である
異人種／黒人	黒人の目撃者は，白人を識別するより黒人を識別するほうが正確である
事後情報	出来事についての目撃証言はしばしば実際に見たことだけではなく，その後に得た情報を反映する
色彩知覚	単色の光のもとで行なった色彩の判断は信用できない
質問の語法	出来事についての目撃証言は，証人に与えられる質問の語法によって影響を受ける
無意識的転移	時に，目撃者は別の機会に会った人物を，容疑者として識別することがある
訓練	警察官や他の訓練された観察者は，目撃者として，一般の平均的な人物よりも正確であるということはない
催眠を用いた検索	催眠は出来事の目撃者の記憶検索を促進させない
被暗示性	催眠は誘導や誤導質問への被暗示性を高める
時間推定	目撃者は出来事の時間を過大評価する傾向にある
態度・期待	目撃者の出来事の知覚や記憶は，目撃者の態度や期待によって影響を受けるかもしれない
性差	女性のほうが男性よりも顔の認識に優れている
出来事の凶暴性	目撃者は非暴力的出来事よりも，暴力的な出来事を想起するのが困難である

システム変数，記憶の段階による区分，出来事要因や目撃者と被目撃者要因による区分などである。

① 推定変数とシステム変数

推定変数とシステム変数は，応用を考慮した目撃証言研究の定義を明確化すること——司法に応用されることを考慮して，無実の者を誤って有罪とし，罪ある者を誤って無罪とする機会を最小限にするための科学的知識を生みだすこと——を目的として，ウエルズ (Wells, 1978) によって提案された分類方法である。推定変数 (estimator variables) とは，目撃証言の正確さにかかわ

る要因ではあるが，司法が直接コントロールできない要因で，実際の事件や出来事では事後にその要因の関与を推定するほかはない変数のことである。この変数には，犯罪の特徴（犯罪の重篤度，知覚時間，複雑さ，熟知度），被告の特徴（人種，性別，年齢），目撃者の特徴（知覚的構え）などが含まれる。これらの変数による研究は，もちろん証言の信用性に関する知識を豊かにしてくれるが，個別の事件についての直接的な示唆を与えてくれない点が指摘されている。

システム変数（system variables）とは，司法の側で直接コントロールできる変数（たとえばラインナップの構成法など）として定義される。この変数には，保持時間，暗示的な尋問，似顔絵，顔写真，質問の構造，ラインナップの教示などが含まれる。これらの変数は，司法が直接的にコントロールできるという意味で，その研究成果が司法に還元されれば目撃証言の信用性を正確に判断するための知識や方法を提供できることになる。目撃から識別までの時間を短縮すべきこと，暗示的な尋問は避けられるべきこと，似顔絵の構成方法，顔写真の選び方や使用方法，記憶を歪めない質問方法などを司法にアドバイスすることが可能になる。しかし，これらの変数を用いた研究結果を実際に応用する場合にも問題がないわけではない。たとえば変数間の交互作用の問題がある。ただウエルズに従えば，この問題は推定変数がそれほど問題とはならないという。推定変数ではすべての変数の交互作用が意味をもつのに対して，システム変数の場合は他の変数が特定の変数に対してその変数の力を相殺するような形で影響すると仮定され，推定変数ほどの影響力はないと考えられている。

② 記憶段階による区分

記憶段階による区分は，ロフタスら（Loftus et al., 1989）が記憶の段階に基づいて行なった目撃証言に関与する要因の分類である。記憶を情報の獲得（符号化）段階，保持（貯蔵）段階，検索段階に分類し，それぞれの段階に影響する要因を整理したものである。符号化段階では大きく二つの要因のカテゴリーに分類されている。それが目撃者要因と出来事要因である。

符号化段階での出来事要因としては，照明条件（暗順応，明順応），出来事の時間的長さ，事実のタイプ（速度・距離，色彩知覚），出来事の凶暴性があげられている。目撃者要因としては，ストレスや恐怖（凶器注目），慢性的なストレ

出来事要因

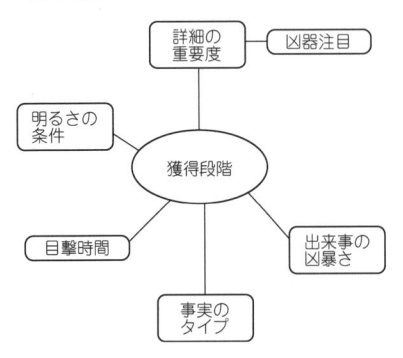

◆図 8-1　情報の獲得段階に影響する出来事要因

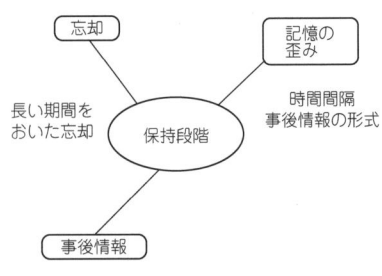

獲得段階: 詳細の重要度、凶器注目、出来事の凶暴さ、事実のタイプ、目撃時間、明るさの条件

◆図 8-3　情報の保持段階に影響する要因

保持段階: 忘却、長い期間をおいた忘却、事後情報、記憶の歪み、時間間隔、事後情報の形式

目撃者要因

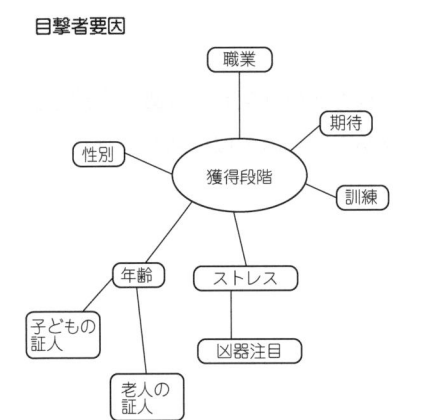

◆図 8-2　情報の獲得段階に影響する目撃者要因

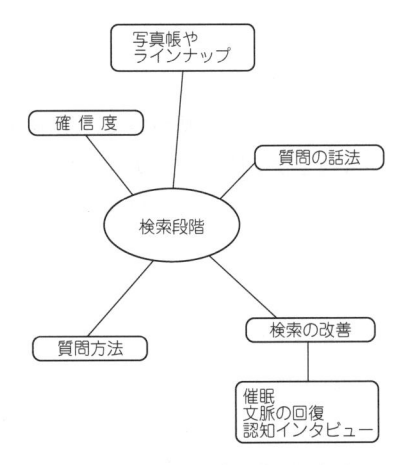

獲得段階: 職業、期待、訓練、ストレス、凶器注目、老人の証人、子どもの証人、年齢、性別

◆図 8-4　情報の検索段階に影響する要因

検索段階: 写真帳やラインナップ、確信度、質問の話法、検索の改善、催眠・文脈の回復・認知インタビュー、質問方法

ス，期待，年齢(子ども，老人)，性差，訓練があげられている。貯蔵の段階では，忘却(長期の保持後の忘却)，事後情報，記憶の歪みに影響する要因(時間間隔，事後情報の形式，警告，現実の記憶・非現実的な記憶)があげられている。検索の段階では，質問方法，質問の語法，確信度，検索方略の改善があげられている。

　以上の分類を著者なりに整理したものを図8-1から図8-4に紹介したので，そ

れらを参照してほしい。

③ カットラーとペンロッドの区分

ロフタスらの区分に比較して，カットラーとペンロッド（Cutler & Penrod, 1995）はさらに詳細な分類を行なっている。大きなカテゴリーとしては，証人要因，犯人・出来事・事後情報の要因，識別の正確さへの暗示的な識別手続要因が用意されている（こちらの下位分類はロフタスらのものをさらに詳細にしたもので，詳しくは彼らの専門書を参照してほしい）。

これらの分類は，それぞれの要因が実際の目撃証言研究で検討されるようになってから生まれてきた分類であるが，証言研究が今後も盛んに行なわれていくなかでさらに系統的で詳細な分類が行なわれるであろう。証言の正確さに影響する新しい要因が発見されるであろうし，また検討される要因も増えていくであろう。たとえば，原ら（Hara et al., 1999）は，目撃後の再認（識別）テスト時（目撃から4か月後）に被験者とともにサクラを同席させて，目撃した人物の顔の記憶に基づいて，呈示された顔写真の類似度判断を求める実験を行なった。その際に同調条件では，常にサクラから写真の類似性判断を行なった。この条件の被験者は，単独で類似性判断を行なった被験者（同調なし条件）の結果に比較して，サクラの与えた判断に強く同調する結果を示した。さらに一週間に同調あり群もなし群も，もう一度サクラなしで類似性判断を行なうと，ここでも同調条件の結果に同調の効果が認められた。これは，同調の結果が記憶に残っていて，一週間にも同調の情報が保たれていると解釈される。このように，顔の記憶における同調効果も発見されており，他者の存在，他者が所有する情報の種類，他者の地位などが当事者の記憶判断にどのように影響するのかも，今後検討されるべき重要な要因になろう。

そして，そのような要因のなかでも特に識別に対して影響力の強い要因が同定されるであろう。また一つの要因からさらなる要因が分化していく可能性もある。以上の要因の多くは，メタ分析による数量的処理によってその効果の相対的な大きさが検討されるようになってきている。今後は各要因間の関係も明確にされるであろう。

② 研究方法の分類

　心理学の一般的な研究方法の区分と同様に，目撃証言の研究方法は非実験的研究と実験的研究に区分できる。

(1) 非実験的研究

　非実験的研究にはアーカイブ研究と調査研究がある。前者は公の記録やドキュメントなどの資料——たとえば裁判記録や警察ファイル——に基づく研究を指している。これらの研究の利点は実験的方法では得られないような生々しい，現実のデータ（実際の犯罪経験者の意識や行動）を提供してくれるというところにある。ただこのようなアプローチでは研究者の望むデータが存在していなかったり，探しあてるのが困難であったり，分析可能なデータに変換するために多くの労力が必要な場合もある。一般的には，アーカイブデータから興味の対象となる諸変数間（たとえば，目撃者のストレス水準と識別の正確さ）の因果関係について知ることは難しい。

① アーカイブ研究

　アーカイブ研究とは，ここでは，過去に起こった実際の事件の捜査記録や公判調書などの記録から，目撃証言にかかわる要因についての検討を行なうものである。キューン（Kuehn, 1974）の研究はその代表であろう。

　キューンは1967年のシアトルで起こった犯罪事件からの標本を用いて，2件の殺人（被害者は供述してから死亡），22件の性的犯罪，15件の暴行，61件の強盗に遭遇した被害者の供述を検討した。被害者のほとんどが加害者のほぼ完全な記述ができた。加害者の9個の特徴に関して，平均7.2個の特徴が報告され，85％以上の被害者が6個以上の特徴を記述できた。報告された特徴には記述しやすいものとそうでないものがあり，加害者の性別に関しては93％が報告したが，目の色については23％の報告であった。分析によれば，次のような分類で統計的に有意な差が認められた。

　1）犯罪のタイプ——強盗の被害者は，性的犯罪および暴行の被害者よりも

多くの記述を提供する
2）犯罪が行われた時間——黄昏時の犯罪よりも昼および夜の犯罪で記述が少ない
3）被害者の傷害——傷害を受けなかった被害者は傷害を受けた被害者よりも記述が多い
4）被害者の性別——男性は女性よりも多くの記述を提供する
5）被害者と容疑者の人種——白人の被害者で黒人もしくは白人の容疑者を含む犯罪は，黒人の容疑者で黒人の被害者の犯罪よりも多く記述される

しかしながら，これらの報告が正確であるかどうかは不明であり，あくまで報告数による分類であることに注意しなくてはならない。

② **供述分析による研究**

なんらかの犯罪が起こると容疑者が逮捕されることが多い。逮捕された人物は拘留され，供述調書が録取される。そこでは虚偽の供述が行なわれることがある。つまり，自分がやっていない犯行をやったと自白するのである。自分が不利な立場に追い込まれるという客観的事実があっても，そのような虚偽自白が行なわれる。過去，それらの虚偽の自白によって無実の人物が有罪との判決を受け，獄につながれるという悲劇がくり返されてきた。供述の内容から嘘と真実は分類可能なのであろうか。

これを明らかにする方法が供述分析の手法である。供述分析は，ウンドイッチ（Undeutsh, 1967）やトランケル（Trankell, 1976）などが開発・発展させた，供述内容の本当と嘘を識別する分析方法である。供述されたデータ（ことばの集合）から事実と事実でないものを切り分けていくというものである。日本でこの研究をリードしているのは浜田（1992）であり，その後東京自白研究会（原・佐々木・森・大橋・松島らのグループ）による独創的な研究（佐々木，1996）が行なわれている。この方法はある意味で臨床心理学的な方法である。この方法の基底にある仮説は，トランケルの「証人が現実を歪曲するかまたは現実を誤解させるように描写したときでも，このような歪曲や誤解は，その起源を探知できるという信念である」ということばに現われている（Trankell, 1976）。

また最近では，「基準に基づいた内容分析」（CBCA：criteria-based content analysis）とよばれる内容分析の手法がコーンケンなど（たとえば Steller & Kohnken, 1989）を中心としたヨーロッパの研究者によって開発されている。この方法は，書かれたドキュメントやインタビューの内容の信用性を一定の基準のもとに分析し，その信用性を評価しようというものである。今後期待される分析手法である。

③ 調査研究

調査研究は態度や意識の評価や，行動に関する情報の収集に使用される。調査研究はアーカイブ研究と同様に，実験で利用できるような統制が欠如しているために，変数間の因果関係の解明という点に関して限界がある。

◆実際の犯罪における目撃記憶のフィールド研究（調査研究を含む）

実際に起こった犯罪に遭遇した目撃者の記憶を心理学者が追跡した研究がある。ユイーとカットシャル（Yuille & Cutshall, 1986），クリスチャンソンとヒュービネット（Christianson & Hubinette, 1993）の研究が代表的なものである。ここではクリスチャンソンとヒュービネットの研究を紹介する。

クリスチャンソンとヒュービネットの研究では，1989年1月から1990年5月までにストックホルムで起こった22件の銀行強盗の目撃者に，情動的経験と強盗の記憶についてのインタビューが行なわれた。目撃者110名のインタビュー・データが収集・分析された。

銀行強盗から4〜15か月の後に，強盗に関する記憶やその時の情動的な経験についての調査が行なわれた。結果は被害者（出納係），雇用者，客で反応が異なっていた。強盗や環境については，被害者が傍観者よりも情報をよく保持していた。また傍観者は環境よりも強盗についてよく想起する一方で，被害者は環境と強盗の両方のカテゴリーの詳細をほぼ同程度想起した。また被害者と雇用者は，客よりもいくぶん強い恐怖や脅威を感じたことが示された。さらに，生理的反応に関しては，客よりも被害者および雇用者で頻度が高かった。記憶の鮮明度はどの群も比較的鮮明という結果であったが，被害者と客の結果で有意差が認められた。目撃者が覚えていると判断した中心的で重要な詳細と周辺的で無関連な詳細については，中心的で重要な詳細に関しては群間の差が有意であった。しかしながら周辺的で無関連な詳細に関しては統計的に有意な差がなかった。

結果は強盗犯に関する記憶が比較的よく保たれていたことを示していたが，このことは強盗犯の容貌の記憶が，すべての点で正確であったことを意味しない。履き物，目の色，髪の記憶はよくなかった。この点に関しては証人の視点が影響したかもしれない（つまり，見ていなかったので処理できなかった可能性である）。これは詳細情報の反応率の低さによって説明できるかもしれないが，見ていたとしてもそのような詳細を後に再生できなかった可能性も残る。このような点は調査に依存するという方法では決定は困難である。高い情動性をもつ出来事に関しては，長期の保持の後にも比較的よく保持されること，記憶が自己評定された情動的なストレスとは強い関連性がないことも示された。
　以上のように情動的出来事（強盗の詳細）の記憶が比較的正確で，持続するという傾向が示された一方で，異なった項目間で記憶がかなり変化した。たとえば，時間，日付，その他の環境についての詳細情報は傍観者では保持がよくなかった。
　以上のように，実際に起こった事件を調査することによって，実験では操作できないような経験の記憶を調べることができる。しかしながら，その結果に関してはコントロールが可能でないために，興味の対象となる諸変数間の因果関係について知ることが難しいことは，すでに指摘したとおりである。ただ，調査研究の知識はさまざまな現象がどのようにして生じたかの，後の実験的検討についての重要な仮説を提供してくれることはまちがいない。日本でも司法当局との協力によってこのような研究が行なわれることが望まれる。

（2）　実験的研究
①　実験室実験
　実験的研究とは厳密に計画された研究で，系統的な観察とデータの収集が基本である。研究の記述的な段階では現象が系統的に観察され，その現象を特徴づけるデータが同定，収集，組織化される。現象が系統的に記述されれば，次にその現象の説明が試みられる。そして，その現象に内在する関係のパターンの発見に努力が注がれる。つまり，行動（Y）となんらかの要因（X）が同時に起これば，そこに因果的な結合を推論することができる。科学的研究の主要な目的は，観察されたパターンの原因を立証することにある。つまり，行動の

生起を説明する検証可能な理論が構築され，その理論が検証される。
　この実験室実験でのアプローチは，目撃証言の信用性にかかわる要因を取り上げて，それらの要因がどのように目撃者の記憶遂行に影響するのかを検討するもので，その研究の数は多い。それらの研究のレビューにはカットラーとペンロッド（Cutler & Penrod, 1995），厳島（1994），スポーラら（Sporer et al., 1996），ロスら（Ross et al., 1994）などがある。それらをすべてここで紹介することはできないし，それが本章の目的ではないので，以下，このアプローチで最も盛んに研究されている領域のひとつである事後情報効果の研究を例に説明しよう（詳細は，厳島，1996を参照のこと）。

◆目撃証言研究におけるホットなテーマ
　　──記憶は変更されてしまうのか？：事後情報効果の研究──

《事後情報効果》
　ロフタスと彼女の共同研究者たちによって行なわれた一連の事後情報効果研究（誤情報効果ともよばれる）は，オリジナルの出来事の後に与えられる事後情報によって，オリジナルの記憶が著しく損傷されることを見いだした。その研究方法は，3段階から構成される。まずオリジナルの出来事をスライドやビデオによって呈示する（多くの場合，交通事故や強盗のシーン）。次にオリジナルの出来事に関連する情報を言語的に呈示する。このときに事後情報を与えられる群には，オリジナルの出来事には含まれていないが，オリジナルのそれと類似した情報を挿入し，誘導する項目を忍ばせておく（たとえば，オリジナルでは停止標識を呈示して，事後情報では徐行標識について言及する）。第3段階は記憶テストの段階（再認テスト）である。被験者はオリジナルの出来事に含まれていた刺激を選ぶように求められる。ここで，第2段階の事後情報（徐行標識）に対してそれがあったと判断した被験者は，第3段階の再認テストで，停止標識と徐行標識が含まれるスライドを呈示されて，徐行標識を選んでしまうという結果が得られた。つまり，事後情報に誘導されて，見ていない刺激を「見た」と判断してしまう（Loftus et al., 1978）。これが事後情報効果である。
　その後，彼女と共同研究者は事後情報効果を規定するさまざまな要因に関する研究を行なっている。その結果，色彩でも事後情報が起こること（オリジナ

ルで緑の車を見て，事後情報で青の車と指示すると，後のテストで色票を選択させると青緑の色片を選択すること），誤った解答に被験者が躊躇せず，再認判断課題と同じような速さで判断すること，誤った反応をした被験者は，正確な反応をした被験者と同様に確信をもって回答すること，などを見いだした。

また事後情報効果が得られない条件としては，
1）事後情報があからさまに与えられる
2）注意深く事後情報を処理した場合，事後情報をゆっくり注意深く読むとその情報に気づいて干渉が少なくなる
3）特によい記憶をもつ人はそうでない人より誤情報に対する抵抗が強い

などが認められた。

《事後情報効果の説明》

以上の結果はどのように説明されるのか。置き換え仮説として知られる説明をロフタスは提唱している。この説に従えば，後の情報がオリジナルの記憶を書き換えて（記憶痕跡のある部分が置き換えられる），オリジナルの記憶はその後の出来事の記憶と弁別することが困難になる。さらに元の部分は永久に失われる（一度書き換えが起こると，それを元通りにする方法はない）と説明された。しかしながらこの説に対しては，再認テストをオリジナルの出来事と同じような配列にすると事後情報効果が小さくなるか，消失するということもあって，オリジナルの出来事と事後情報の両者の記憶が存在すると考える共存仮説も提出された。さらに強烈な批判がこのロフタスの説明にあびせられた。それはマックロスキーとザラゴザ（McCloskey & Zaragoza, 1985）の事後情報効果に対するバイアスのかかった推測説である。

マックロスキーとザラゴザによれば，ロフタスの実験方法は彼女たちの主張する書き換え仮説の正しいテストにはなっていないという。そして事後情報がオリジナルの記憶になんら効果をもたないと主張した。つまり事後情報効果は，被験者がオリジナルの出来事を覚えられず，推測を強いられて単に方略を変更するために生じると説明した。彼らはこの主張を検証するためにロフタスらの方法を修正し，修正再認テスト（modified recognition test）を考案した。これはロフタスの標準テスト（standard test）と異なり，再認テストに事後情報でない項目を呈示して被験者に再認させるという手法であった。

◆表8-2　標準テストと修正再認テストの比較
（McColoskey & Zaragoza, 1985）

条件	スライド	事後情報	標準テスト	修正再認テスト
統制	ハンマー	—	ハンマー 対 スクリュードライバ	ハンマー 対 レンチ
実験	ハンマー	スクリュードライバ	ハンマー 対 スクリュードライバ	ハンマー 対 レンチ

　具体的には，オリジナルでハンマーを呈示し，事後情報ではスクリュードライバを与え，再認テストではハンマーとレンチを呈示するというものである。表8-2に標準テストとの比較を示した。

　マックロスキーとザラゴザは，事後情報にさらされた実験群の被験者は，統制群の被験者よりもオリジナルの出来事をよく覚えなかったということはないと仮定する。実験群の被験者の50％が出来事を記憶していたとしよう。ではそれ以外の実験群の被験者はどうか。オリジナルの出来事を記憶できなくて，推測する者もいたかもしれない。それらの被験者のうちには，呈示された事後情報を記憶していた者もいたかもしれない。これらの被験者は事後情報の正確さを疑う理由がないために推論を行なって，事後情報と一致した再認項目を選ぶかもしれない。言い換えれば，実験群ではオリジナルの出来事を想起できなくて推測をせざるを得ない場合には，正しいものより誤った項目を選択する傾向が強くなると考えられる。このようなバイアスを消す方法が修正再認テストということになる。そして6つの比較実験を行なった結果，修正再認テストでは，統制群と実験群ですべて差がないという一貫した結果が得られた。

　その後，多くの実験が修正再認テストを使用してこの事後情報効果が生じないことを示したが，再認テストを変更して強制再認から yes/no の再認にすると事後情報効果が生じること，要求特性を排除する新しい方法でも事後情報効果の生起することが知られている。また，発達的な研究では年齢の低い被験者で修正テストを使用して事後情報効果が報告されている。

《事後情報効果とソースモニタリングテスト》

　近年，ソースモニタリングテストを採用してこの効果の検討も行なわれてきている。最も初期の研究は，リンゼイとジョンソン（Lindsay & Johnson, 1989）によって行なわれた。彼らは標準テストとソースモニタリングテストを

使用して事後情報効果の検討を行なった。ソースモニタリングテストとは，オリジナルの出来事に「あった」と判断された項目に対してその記憶の起源を問うもので，当該項目が「絵のなかにだけあった」，「テキストのなかにだけあった」，「絵とテキストの両方にあった」，「絵とテキストのいずれにもなかった」のいずれかを選択するというものであった。彼らは，異なった起源からの記憶の混同が目撃者の暗示効果を生むと考える。ソースモニタリングテスト条件では，被験者はテスト時に記憶を評価しなくてはならない。評価のためには特殊化した情報を使用する必要があるので，そのような処理が，再認テストに比較して，暗示の効果を小さくすると考えた。つまりソースモニタリングテストでは記憶の起源を明らかにするために，被験者はいっそう弁別的な基準〔基準そのものはソースモニタリング基準とよばれる（Lindsay, 1994）〕を採用することになるので，暗示の効果が小さいということになる。

　この仮説を検証するために，リンゼイとジョンソン（1989）は標準テストと前述のソースモニタリングテストとを実施した。結果は，標準テストでは示唆の効果が認められるものの，ソースモニタリングテストでは認められなかった。この結果は，ソースモニタリングテストが再認テストに比較して，テキストでのみ読んだ情報（事後情報）もあるという警告の役割を演じていて，被験者はしっかりしたソースモニタリングの基準を採用したものと解釈された。同様の結果はザラゴザとコシミダー（Zaragoza & Koshmider, 1989）によっても報告されている。

　しかしソースモニタリングテストを用いても事後情報効果が現われると報告する研究も現われてきている。リンゼイ（1994）によれば，彼の未発表の実験では24時間後にソースモニタリングテストを実施すると，事後情報を出来事に見たと報告する結果が得られた。またカーリスら（Carris et al., 1992）も，事後情報の視覚イメージを形成させると，ソースモニタリングテストで事後情報を出来事のなかに見たとして思い出されやすいことを見いだした。このことは，示唆された内容を視覚イメージ化することで，その結果としての記憶と現実に見た出来事の内容の記憶との類似性が高くなって，それらの間の弁別が困難になったためと考えられる。

　今後は，記憶のソースモニタリングによる検討に加え，想起の意識性，潜在

記憶テスト，分離過程手続きなどを援用して事後情報効果の検討がいっそう解明されていくであろう。事後情報効果の問題は記憶の忘却や偽記憶の現象と深くかかわるもので，記憶研究の中心的な問題であり，効果を生むメカニズムの解明とともに，効果の生起を防ぐ研究も推進されていくであろう。現在，認知インタビューの研究も行なわれるようになり，認知インタビューの技法が記憶の回復に効果があるとの報告も行なわれている。誤った記憶を植え込まれたり，修正できたりする，シュワルツェネッガーの主演した「トータル・リコール」のような世界が近づきつつあるのかもしれない。

② フィールド実験（再現実験）

これは現実の出来事に近い条件での実験的検討であり，ある種のシミュレーション実験である。実験室実験のような厳密な意味でのコントロールはなされないものの，目撃証言に影響したと推定される変数を現実場面もしくは現実場面に近い条件で検討しようという試みである。つまり，現実的なフィールドのセッティングでよくコントロールされた実験を行なうことで，実験室実験と現実の犯罪条件の検討との，両方の長所を保つように工夫されている。

◆国内の研究

このタイプの研究としては，日本では自民党本部放火事件の鑑定（一審：厳島の鑑定書，1991；二審：厳島らの鑑定書，1994），皇居迫撃砲事件における鑑定書（厳島，1995）などがそのようなアプローチを採用しているが（論文として読むことができるのは，厳島1994，1993，1992；仲，1998；Naka et al., 1996；仲ら，1997），海外にもこの領域の研究はあるが，その数は少ない（Brigham et al., 1982, Krafka & Penrod, 1985, Pigott et al., 1990, Platz & Hosch,1988 など）。ここでは仲ら（1997）を中心にどのような研究が行なわれているのかを紹介する。

仲らは，自民党本部放火事件において使用された時限式の発火装置を購入したと推定される人物を識別したT証人の識別（目撃から4か月近く経過しての識別）の正確さを検証する目的で，都内の卸売りの店舗を対象に購買実験を行ない，目撃者の供述および識別の正確さを検証した。このような日常場面における顔の識別はどの程度正確なのであろうか。問題意識はそこにある。目撃証言の正確さに影響する要因は，本章の1節に示したように数多くある。しかし

ながら，これらの要因は単独で証言の正確さに影響するわけではない。ある場合には，いくつかの要因が重層的に影響するかもしれないし，またその影響の程度もさまざまであろう。そのような場合には，関与した可能性のある要因を推定して，それらの要因を考慮したシミュレーション実験による方法が有効と考えられる。もちろんシミュレーション実験といっても，すべての条件を満たして"丸がかえ"的にシミュレーションすることは現実には不可能である。実際に取り上げるのは，T証言の正確さに影響すると推定される今までの目撃証言の研究で明らかにされてきた要因である。ここで，T証人に関与する変数を推定し，それを再現するような実験が要求される。

この研究では，購入のシナリオがT証人の供述に基づいて作成されている。つまり，客を装った実験協力者が卸売りの店舗に事前に電話をかけ，小売りができるかどうかを確認し，店舗を訪れる。品物を購入し，現金（小銭）で支払い，領収書をもらって帰るという筋書きである。この際，T証人の供述内容に合わせるように，氏名の入っていない名刺を出して，筆記用具を借りて，「小島」という名前を筆記用具を立てるように，震える動作で書いた。また店員に対する印象を強くするために，左手に包帯をして訪れた。識別はほぼ3か月後に心理学者が店舗を訪問し，店員に実験の内容を説明し，目撃者として協力してもらえるように依頼した。その結果，86名の店員からのデータを得ることができた。供述に関しては，最初に領収書や購買に使用した名刺のひな形などを呈示して，エピソードの喚起を求めた。その後，人物についての質問，出来事についての質問，写真識別（150枚の写真からの識別）を行なった。

結果は次頁の表8-3に示したが，人物に関する記憶である12問の正答率は43％，出来事に関する記憶である20問については35％であった。しかしながら，この正答率は正答数／回答数であり，表からも明らかなように，項目によって回答率に大きな差異があることから（そもそも回答しやすい性別や，店の名前の説明や名刺を押さえたかどうかについてのように回答率の低いものもある），そのことを考慮して結果をみる必要がある。

顔の識別に関しては86名中8名で約9％と低い正答率であった。顔の識別に関して正答できた者についてその要因を検討すると，いくつかの要因が重なるか，強く関与するときにのみ正しく識別できたことが明らかになった。このこ

◆表 8-3　人物，出来事に関する記憶および顔の識別結果（％）
（仲ら，1997）

人物に関する質問項目	回答率	正答率	正答数／回答数
性別	90	90	100
年齢	77	39	50
顔の輪郭	43	37	86
眼鏡の有無	60	31	51
髪形	36	32	90
身長	74	62	84
体格	75	62	83
服装	61	33	54
服装の色	41	19	47
帽子の有無	62	61	98
持ち物	61	45	73
持ち物の色	22	5	26
平均	59	43	79
出来事に関する質問項目			
客はその場でサインしたか	65	55	85
客にペンを貸したか	41	20	50
サインの特徴	32	18	57
名刺を押さえたか	26	15	56
客の店の名前はどうして得たか	58	27	48
店の名前の説明はどのようなものか	19	3	17
支払いは現金か否か	36	13	38
釣り銭の有無	33	20	62
電話の有無	80	60	75
電話はいつ	33	22	65
来店時刻	67	37	55
購入者の数	84	83	98
挨拶の有無	38	27	72
来店時どこにいたか	67	54	81
その時の店員数	58	22	38
その時の客数	52	38	73
応対した店員は誰か	70	51	72
品物は誰が持ってきたか	66	54	82
品物はどこから持ってきたか	66	46	70
包装について	61	44	71
平均	52	35	63
顔の写真識別	66	9	14

とを明らかにするために，研究では店員の個人的特性（性別，年齢，地位など），店舗の条件（職種，来客数など），客から受けた印象，写真識別の自信度，記憶の諸側面などと写真識別の正誤との関連を調べた。重回帰分析の結果から，客から受けた印象（購入者の特異性，購入理由の特異性，販売への店員の関心），記憶の諸側面との関連（店員の包帯の想起），識別の自信度，人物に関する質問項目の正答率と識別の正確さに強い関連のあることがわかった。また，正しい識別ができた者はリハーサルをしたり，特異な印象を覚えた者にかぎられていた。

　分析ではさらに，数量化Ⅱ類によるT証人の写真識別結果の推定が行なわれた。この分析には10の予測変数が使用され，T証人もそれらの変数について得点化された。その結果，T証人の証言から得られるような特徴からでは，顔の識別ができることはないという推定が可能であった。

◆海外の研究

　目撃証言でフィールド実験を最初期に報告したものにブライハムら（Brigham et al., 1982）の研究があげられる。実験では，2人の被目撃者役の男性がフロリダ州のコンビニ店に5分間の間隔をあけて入っていった。両名ともやや奇妙な方法で店員と会話を交わした。一人は一箱のたばこを買うのに1ペニー硬貨で支払い，客も店員も一緒にそれを数えなくてはならなかった（価格は70セントから90セントであった）。次に客は，空港，バス停，病院，ショッピングモール等の方角を尋ねた。もう一人の客はあたかも商品を買うかのようにしてそれをカウンターまで持っていって，それを買う金を持っていないことに気づいて店から出て行こうとするのだが，その道すがらお金があることに気づき，カウンターに戻ってその商品を買うというストーリーであった。それから，前のシナリオと同じように方角を店員に尋ねた。客と店員とのやりとりは3分から4分間であった。店員はその後，それらの客を写真帳から識別した。

　この実験のパイロット研究では，客との遭遇から24時間後に識別テストが行なわれたが正しい識別はたったの7.8%であったために（偶然確率のレベル），目撃から2時間後という短い保持時間での検討に変更された。結局，2時間後では，34.2%の正しい識別率であった。この実験では犯人のいない写真帳が使用されなかったために，誤った識別の割合は推定されなかった。

またブライハムらとほとんど同じストーリーで，プラッツとホッシ（Platz & Hosch, 1988）が，また同様の検討がクラフカとペンロッド（Krafka & Penrod, 1985）によっても行なわれた。クラフカとペンロッドでは，識別は43名に対して行なわれた。識別までの時間間隔は2時間後と24時間後であった。この研究では記憶回復の文脈情報を呈示する場合としない場合が条件として研究に組み込まれていたが，記憶回復の文脈が呈示された条件では，2時間後の正しい識別率は60％，24時間後で50％であった。また文脈を呈示しない条件では2時間後の正しい識別率は27.3％，24時間後で30.8％であった。いずれにしても2時間後でも識別率が低いことが認められた。さらに，この実験では写真ラインナップにターゲットを入れていない条件での識別を行なっているが，誤って識別する確率は記憶回復の文脈が呈示された条件では，2時間後で20％，24時間後で50％であった。また文脈を呈示しない条件では，2時間後で10％，24時間後で54.5％であった。このように，時間の経過は正しい識別を減少させるだけではなく，誤った識別を増加させることが示された。

以上のように，日常文脈でのフィールド実験では，仲らの研究では保持時間が長いために，顔の正しい識別率は他の研究よりも低いものの，基本的には他の多くの研究と同様に正しい識別が困難であること，また時間の経過とともに誤識別も増加する危険性が示されたことになる。

今後，実験室実験で得られた結果をシミュレーション実験によって検討し，生態学的妥当性の次元でも検討するような試みが必要となるだろう。

③ 目撃証言研究の今後の展望

目撃証言の研究はその守備範囲が広く，その研究領域は心理学のほとんどの領域とかかわり，研究方法も多様である。人間の精神生活にかかわるすべての問題が目撃証言にもかかわるから，それも当然である。紙面の都合でその多くを割愛せざるを得なかったが，1節に示したトピックのほかにも，耳撃証言

（earwitness）の研究が最近盛んになっている。人の声を識別するという問題である。また認知インタビュー（cognitive interview）といった，記憶回復のインタビューテクニックの研究も海外では盛んに行なわれるようになってきている。記憶の正確さと確信度の問題も無視できない。ここに取り上げなかったシステム変数の研究も，誤った識別を回避するためには重要な問題であり，今後いっそうの検討が要求されよう。

　実験室から日常へと視点を変換することで人間の記憶に影響するような新しい要因の発見がなされるであろうし，日常の文脈における記憶のはたらき，記憶に関連するさまざまな認知機能との関連が解明されていくであろう。また目撃証言の研究にふさわしい研究方法が創造されるであろうし，それは記憶の基礎研究からも，応用研究の文脈からもなされるであろう。

　また最近の目撃証言の心理学研究のレビュー論文では，多くの実験室実験が蓄積されてきたために，目撃証言研究で扱われる変数の研究をレビューする場合には，メタ分析を使用する傾向にある。効果サイズでそれぞれの要因の効果がどの程度であるのかを数量的に把握できるために，今後のレビューはこの方法を使用したものが増えていくであろう。

　目撃証言の研究は研究者の知的好奇心を満足させるにとどまるだけではなく，その結果が生かされれば，誤判を防止するための有効な手段となり得る。それは目撃証言が司法とかかわるという性質をもつためである。そういう意味で，目撃証言の研究はロフタスの研究のように記憶の根本問題を問うような基礎研究にも，また司法に貢献する応用研究にもなり得る。10年後の目撃証言研究を予測することはなかなか困難なことではあるが，われわれ心理学者が司法や社会におおいに貢献できる領域であることはまちがいないし，それはひとえに心理学者の自覚にかかわっている。

　最近，日本の心理学者，法学者，法律の実務家が集まって，「法と心理学者」（仮称）の設立の準備が進められている。これは目撃証言の心理学研究にとどまらず，法行動の諸相（インタビューの方法，虚偽検出，拘置の心理，陪審員の意思決定，法廷における説得など）を心理学的に研究することの重要性が日本でも認められてきた事実による。諸外国ではすでにそのような認識が深まっていて，アメリカ心理学会では1981年に第41部会として「心理学と法」が設立

され，法行動の科学的研究が推進されている。さらにアメリカでは心理—法学で博士の学位を取得できる大学もできてきた。イギリスではイギリス心理学会に心理学と法のセクションが用意され，現在300人以上の心理学者がこのセクションに参加しているという（ポーツマス大学刑事司法研究所の Ian McKenzie 博士からの私信による）。さらにイギリスでは刑事事件における目撃証言の取り扱いに関する実務規範が作成され（この規範を作るもとになった王立委員会にも心理学者が参加），実際にその法律に基づく実務が公平に行なわれている。今後日本でも，法行動に関する科学的研究が積極的に展開されるであろうし，心理学者の活躍がますます期待される領域となるであろう。そのような発展のためにも，法学者や法の実務家，心理学者，心理学の領域で活躍する専門家などの協力が必要であり，若手の心理学者の育成が急務となるであろう。

【引 用 文 献】

Brigham, J. C., Maas, A., Snyderm, L. D. & Spaulding, K. 1982 Accuracy of eyewitness identification in a field setting. *Journal of Personality and Social Psychology*, **42**, 673-680.

Carris, M., Zaragoza, M. & Lane, S. 1992 *The role of Visual imagery in source misattribution errors*. Paper presented at the annual meeting of the Midwestern Psychological Society, Chicago, IL.

Christianson, S.-Å & Hubinette, B. 1993 Hands up！ A study of eyewitnesses' emotional reaction and memories associated with bank robberies. *Applied Cognitive Psychology*, **7**, 365-379.

Cutler, B. L. & Penrod, S. D. 1995 *Mistake Identification : The Eyewitness, Psychology and the Law*. Canbridge : Cambridge University Press.

浜田寿美男 1992 自白の研究 三一書房

Hara, S., Itsukushima, Y., Nara, M., Itoh, Y., Hanyu, K. & Okabe, Y. 1999 *Response conformity in face Memory*. The first international Conference on Psychology and Law. Trinity College, Dublin, July 6-9.

厳島行雄 1991 目撃証人Yの目撃供述の信用性に関する研究 東京地方裁判所

厳島行雄 1992 目撃者証言の心理学的考察Ⅰ：自民党放火事件におけるY証言の信用性をめぐって：内容分析の試み 日本大学人文科学研究所研究紀要, **44**, 93-127.

厳島行雄 1993 目撃者証言の心理学的考察Ⅱ：自民党放火事件におけるY証言の信用性をめぐって：フィールド実験からのアプローチ 日本大学人文科学研究所研究紀要, **45**, 251-287.

厳島行雄 1994 目撃者証言の心理学的考察Ⅲ:目撃者証言に影響する諸要因について 日本大学人文科学研究所研究紀要, **48**, 199-224.
厳島行雄 1995 皇居迫撃砲事件における目撃証人鑑定書 東京高等裁判所
厳島行雄 1996 事後情報効果の展望:Lotus paradigm 以降の発展 認知科学, **3**, 5-18.
厳島行雄・伊東裕司・仲 真紀子・浜田寿美男 1994 目撃証言の信用性に関する鑑定書:フィールド実験を中心に 東京高等裁判所
Kassin, S. M., Elthworth, P. C. & Smith, V. L. 1989 The "general acceptance" of psychological research on eyewitness testimony : A survey of the experts. *American Psychologist*, **44**, 1089-1098.
Krafka, C. & Penrod, S. 1985 Reinstatement of context in a field experiment on eyewitness identification. *Journal of Personality and Social Psychology*, **49**, 58-69.
Kuehn, L. L. 1974 Looking down a gun barrel : Person perception and violent crime. *Perceptual and Motor Skills*, **39**, 1159-1164.
Lindsay, D. S. 1994 Memory source monitoring and eyewitness testimony. In D. F. Ross, J. D. Read & M. P. Toglia (Eds.) *Adult Eyewitness Testimony : Current Trends and Developments*. Cambridge : Cambridge University Press.
Lindsay, D. S. & Johnson, M. K. 1989 The eyewitness suggestibility effect and memory for sources. *Memory & Cognition*, **17**, 349-358.
Loftus, E. F., Greene, E. L. & Doyle, J. M. 1989 Psychological Methods in Criminal Investigation and Evidence. In D. C. Raskin (Ed.) *The Psychology of Eyewitness Testimony*. New York : Springer.
Loftus, E. F., Miller, D. G. & Burns, H. J. 1978 Semantic integration of verbal information into a visual memory. *Journal of Experimental Psychlogy : Human Learning and Memory*, **4**, 19-31.
McCloskey, M. & Zaragoza, M. 1985 Misleading postevent information and memory for events : Arguments and evidence against memory impairment hypothesis. *Journal of Experimental Pychology : General*, **114**, 1-16.
仲 真紀子 1998 目撃証言の信用性に関わる要因:シミュレーション実験によるアプローチ 基礎心理学研究, **16**, 101-106.
Naka, M., Itsukushima, Y. & Itoh, Y. 1996 Eyewitness testimony after three months : A field study on memory for an incident in everyday life. *Japanese Psychological Research*, **38**, 14-24.
仲 真紀子・伊東裕司・厳島行雄 1997 裁判と心理学:シミュレーション実験によるアプローチ 季刊刑事弁護, 1997. No. **11**, Autumn, 55-64.
Pigott, M. A. Brigham, J. C. & Bothwell, R. K. 1990 A field study of the relationship between quality of eyewitnesses' descriptions and identification accuracy. *Journal of Police Science and Administration*, **17**, 84-88.
Platz, S. J. & Hosch, H. M. 1998 Cross racial/ethnic eyewitness identification : A field study. *Journal of Applied Social Psychology*, **18**, 972-984.
Ross, D. F., Read, J. D. & Toglia, M. P. 1994 *Adult Eyewitness Testimony*.

Cambridge University Press.
佐々木正人　1996　想起のフィールド　新曜社
Sporer, S. L., Malpass, R. S. & Koehnken, G. 1996 *Psychological Issues in Eyewitness Identification.* L. E. A.
Steller, M. & Kohnken, G. 1989 Criteria-Based Content Analysis. In D. C. Raskin (Ed.) *Psychological Methods in Criminal Investigation and Evidence.* New York : Springer-Verlag.
Trankell, A. 1976 *Reliability of Evidence.* Stockholm : Beckmans.　上村秀三（訳）　1976　証言の中の真実　金剛出版
Undeutsh, U. 1967 *Forensische Psychologie.* Gottingen : Verlag fur Psychlogie. 植村秀三（訳）　1973　証言の心理　東京大学出版会
渡部保夫　1992　無罪の発見　勁草書房
Wells, G. L. 1978 Applied eyewitness-testimony research : System variables and estimator variables. *Journal of Personality and Social Psychology*, **36**, 1546-1557.
Yuille, J. C. & Cutshall, J. L. 1986 A case study of eyewitness memory of a crime. *Journal of Applied Psychology*, **71**, 291-301.
Zaragoza, M. & Koshmider, J. W. III. 1989 Misled subjects may know more than their performance implies. *Journal of Experimental Psychology : Learning, Memory & Cognition*, **15**, 246-255.

コラム ⑤

記憶・認知の研究
——神経生理学からのメッセージ

泰羅 雅登（たいらまさと）

（専門分野）

神経生理学

1954年生まれ。現在，日本大学医学部第Ⅰ生理助教授
《主要著書・論文》
- The parietal association cortex in depth perception and risual control of hand action. Trend Neurosci, 20. 1997
- A PET study of axis orientation discrimination. Neuroreport, 9. 1998

　"近年は「脳の時代」です。神経生理学の脳研究で，記憶についてもそのメカニズムが「徐々」に明らかになってきています"。最近あちこちでよく聞く話である。でも，ホントにそうだろうか？　次の研究テーマは心理系の記憶の研究会から抜き出したものである。「実際よりも昔・最近に感じる出来事の特徴」，「人名の言いまちがいの要因に関する研究」，「対人記憶の及ぼす対人感情の影響」，「作動記憶における時間情報の処理」，「顔の記憶における記憶方略の問題」。いったいこのなかに，神経生理学がその神経メカニズムを解き明かしたものがあるだろうか？
　神経生理学の基本的なスタンスは，与えた刺激に対する神経細胞の活動（反応）を観察することである。神経や神経細胞を直接電気刺激してシナプスやチャネルの性質を調べることもあれば，複雑な視覚刺激をみせて視覚関連領域の神経細胞の反応を調べ，視覚情報処理の神経メカニズムを調べることもある。記憶との関連で例をあげれば，前者では海馬の神経細胞における「長期増強」とそのメカニズムの解明，後者では側頭葉での図形の記憶に関連した神経活動の発見がよく知られている。これらの研究は動物で行なわれるわけだが，とりわけ，脳の高次機能はヒトに近いサルを使って調べられることが多い。サルを

使った日本の脳の高次機能の研究は世界でもトップレベルにあることはまちがいない。なのに，どうして「記憶」のメカニズムはわかってこないのだろうか。

初めにあげたようなテーマがサルで研究できるだろうか？　残念ながら最後の「顔・・」以外のテーマはどうも難しそうである。なぜ？　このようなテーマは複雑で実験するにもパラメータが多く，神経細胞の活動からそのメカニズムを解明するには膨大なコントロール実験が必要である。サルに「次はこうしてください」「はい」とはいかない。では，神経生理学者に記憶を研究する手だてはもうないのだろうか。

脳のある領域の神経細胞が活動するとその領域の血流量が増えることが知られている。これを利用して，放射能を使ったり（PET, Positron Emission Tomography），強い磁場をかけて測定する（fMRI, functional Magnetic Resonance Imaging）ことで，ヒトの脳の活動領域を可視化できるようになった。これらの方法は，現在，神経生理学での記憶，認知のメインの研究方法で，毎月数多くの興味ある論文が発表されている。しかし，悲しいことに日本からの研究の成果は数えるほどしかない。また，なぜ？　である。

日本国内に研究に使える装置が少なかったという根本的な事情はさておき（この点はここ数年で改善されてきた），日本では心理学と神経生理学との交流が海外と比較してあまりにも少ないように思う。「脳の世紀」と標榜され，計算理論と神経生理は共同の特定研究をもったが，脳機能を研究している心理学と神経生理学には共同の研究の場がまだない。この分野での海外の優れた研究は心理学者の積極的な参加によるところが大きいのは明白である。

日本の心理学の先生方のなかにも，脳をブラックボックスとして扱うのではなく，中を覗いてみたいと思われる方は大勢いらっしゃるでしょう。日本の記憶，認知の研究の発展のためには，ぜひとも共同の研究の場が必要であり，お互いに声をかけ，スクラムを組むことがこれからは重要である。ちなみに平成11年3月からわれわれの研究室で研究専用の fMRI が動き出しました。共同で研究しませんか？

9章 展望的記憶

　人と待ち合わせたり決まった時間に薬を飲む場合のように，未来において自分がしなければならないこと，しようと思ったことの実現を可能にする心のはたらきを展望的記憶という。展望的記憶は，人が主体的・計画的に日常生活を送るうえで欠かすことのできない記憶であり，私たちにとってはきわめて身近な現象であろう。しかし，その本格的な研究はまだ始まったばかりである。

　本章では，展望的記憶の研究を大きく，活動の記憶としてアプローチした研究と行為の記憶としてアプローチした研究の2つに分ける。そして，それぞれの典型的な発想や研究パラダイムを最近の研究に基づいて紹介し，両者が展望的記憶をどのように描き出すのか，またそこにどのような困難を抱えているのかを明らかにする。最後に，現在の研究が抱える困難を乗り越えるためのひとつの指針を今後のあり得べき展開として示す。

1 展望的記憶

私たちの日常生活は，しなければならないこと（課題）であふれている。

- 友人と駅で待ち合わせる。
- 会社で使う書類を忘れずに持って家を出る。
- 恋人の誕生日にプレゼントを贈る。
- 食後30分以内に薬を服用する。
- 学校に行く途中，郵便ポストに手紙を投函する。
- 出かけるときに玄関に鍵をかける。
- 3月15日までに所得税の確定申告に行く。

　それをし忘れてもたいして問題にならないささいなことから，それをし忘れると重大な結果をもたらすことまでさまざまある。「し忘れる」ということばに表わされているように，これらの事態にはすべて，しなければならないことを適当なタイミングで思い出したり思い出せなかったりするという記憶のはたらきが関与している。この記憶のはたらきを展望的記憶という。言い換えるなら，展望的記憶とは，将来の特定の時点に（までに）実行すべき行為や活動の記憶のことである。

　記憶研究の歴史は古いが，展望的記憶に対する記憶研究者の本格的な取り組みが始まったのはここ20年ぐらいのことにすぎない。しかし，上で触れたように，私たちの日常生活が展望的記憶に支えられた行為や活動であふれていることを考えると，展望的記憶を抜きにした日常の記憶現象の理解はあり得ない。また，その失敗が時に重大な結果をもたらすということは，日常生活をより快適に送るうえで，展望的記憶のメカニズムやプロセスを理解しその問題に対する支援を考えることが必要不可欠であることを意味する。さらに，展望的記憶という現象には，これまでの記憶理論ではうまく説明できない点，他の記憶研究の知見と矛盾する点があり，記憶一般に関する理解を深めるうえでも注目されている。これらの理由から，展望的記憶研究は，近年，増加の一途をたどっ

ており，記憶研究の重要な一領域になりつつある。

　展望的記憶研究では，現在，次のような問題の解明が主要なテーマになっている〔詳しくは，ブランディモンテら（Brandimonte et al., 1996），古川と川崎（1996, 1998），小林（1996），梅田と小谷津（1998）を参照〕。展望的記憶のメカニズムやプロセスは，これまでの記憶研究が明らかにしたさまざまな記憶のメカニズムやプロセスと，どのような側面で共通していて，どのような側面で違っているのか？　展望的記憶は脳のどの部位の機能と関係しているのか？　展望的記憶能力は加齢にともなって変化するのか？　変化するとしたら，どう変化し，またその原因はどこにあるのか？　脳損傷患者や高齢者など展望的記憶能力に問題を抱えている人に対して，薬の服用やスケジュール管理などパフォーマンスが問題になりやすい事態に対して，どのような支援が可能なのか？　こうしたさまざまなテーマのなかにあって，ほとんど明示化されないが，今後の研究のあり方を考えるうえで重要なテーマがある。以下では，そのテーマに沿って，展望的記憶研究の現在と未来を考えていくことにしよう。

2　展望的記憶研究の現在：2つの展望的記憶

　本論の最初に，展望的記憶とは，将来の特定の時点に（までに）実行すべき「行為」や「活動」の記憶であると述べたが，展望的記憶研究のなかで，「行為」と「活動」が区別して語られることはほとんどない。その理由のひとつとして，現実の展望的記憶事態では両者の境界が必ずしも明確でないという点があげられよう。しかし，展望的記憶研究のなかには明らかに「行為」を志向した研究と「活動」を志向した研究とがあり，そのアプローチの違いから両者を明確に区別することができる。後で述べるように，両者をそれぞれどう評価するかについてさまざまな見方があり得るが，展望的記憶研究の未来に対してもつ含みが相互に大きく異なることはまちがいない。本節では，2つが実際にどのように違うのか，展望的記憶研究の未来に対してそれぞれどのような可能性

を開くのか，具体的な研究に照らしてみていくことにする。なお，以下に示す研究は，本論に沿った紹介をするため，用語の一部を変えたり，方法と結果の一部を省略している。

(1) 活動の記憶としての展望的記憶

活動を志向した展望的記憶研究として，小林と丸野（1992）を取り上げる[†1]。この研究は，日常の展望的記憶課題のパフォーマンスに影響すると考えられるにもかかわらず，以前の研究では十分に考慮されてこなかったさまざまな要因（後述）の効果を明らかにすることを目的のひとつとして実施された。それを明らかにすることで，日常生活のなかでみられる展望的記憶過程を理解するための手がかりを得ようというわけである。

[†1]：たとえば，以下のような課題を実験課題として用いた研究は，展望的記憶を「活動」の記憶ととらえ検討の対象にした研究といえるだろう。渡された質問紙に指示されたとおりの内容を記入して実験者のもとへ持ってくる（Dobbs & Rule, 1987など）。特定の日時に実験者宛にハガキや（記入した）質問紙を郵送する（Maylor, 1990；Meacham & Leinman, 1982など）。特定の日時に実験室に電話をかけ，あらかじめ指示されていた伝言を言う（Maylor, 1990；Moscovitch, 1982など）。

実験は次のようにして行なわれた（図9-1参照）。ある講義の最中，その講義に出席した大学生80名に，講義の担当者が，2週間後の講義のとき，次の4つの物を持ってくるよう指示した。4つの物とは，前学期（4か月以上前）の講義中に配布した資料（前期資料），その日に配布しその日の講義のなかで使用した資料（当日資料），その日の講義中に配布した方眼紙，そして三角定規である。このうち，前二者については，2週間後の講義中に行なうテストで使用するという説明を，後二者については，テストのあとで（講義中に）使用するという説明を行なった。また，当日資料と方眼紙はその日に配布された物をそのまま持ってくればよいが，前期資料と三角定規は講義の後にみずから探し出し準備しなければならない。つまり，4つの物は，2（使用目的：テスト，授業）×2（準備の手間：大小）によって特徴づけられる。2週間後，被験者が指示された物

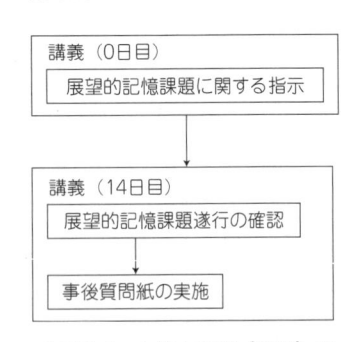

◆図9-1 小林と丸野（1992）の実験の流れ

講義（0日目）
展望的記憶課題に関する指示
↓
講義（14日目）
展望的記憶課題遂行の確認
↓
事後質問紙の実施

を持ってきたかどうか確認し，そのパフォーマンスに影響すると考えられた次の5つの要因を事後質問紙で調べた。なお，「記憶手段」を除いて，すべて5段階評定（評定値が大きいほど，程度が高い）をしてもらっている。

a．重要性認知：4つの物それぞれについて，それらを持ってくることをどの程度重要と考えたか。
b．記憶手段：4つの物それぞれに対して，外的な記憶手段（手帳に書く，特定の場所に置いておくなど）や内的な記憶手段（頭のなかで何度もくり返すなど）を利用したかどうか。
c．会話：2週間の間に4つの物について誰かとどの程度話をしたか。
d．多忙度：2週間の間どの程度多忙であったか。
e．想起頻度：2週間の間に4つの物をそれぞれどの程度思い出したか。

結果をみてみよう。各被験者を，指示された4つの物ごとに，それぞれを持ってきたかどうかで2群に分け，それを従属変数，事後質問紙の評定結果を独立変数として判別分析（ステップワイズ法）を行なった。分析結果を表9-1に示す。表9-1は次のようにみてほしい。たとえば，前期資料の場合，重要性認知，記憶手段，会話という3つの変数が，前期資料を忘れずに持ってきた被験者とそうでない被験者を判別するのに貢献している。これは，前期資料を持ってくることを重要と考え，記憶手段を積極的に利用し，誰かと前期資料についてよく話をした被験者のほうが，前期資料を忘れずに持ってきた場合が多かったということである。

◆表9-1　判別分析の結果（小林・丸野，1992を一部改変）

	前期資料	当日資料	三角定規	方眼紙
重要性認知	.64[a]	.71	.29	.41
記憶手段[b]	.39	.66		.77
会話	.45		.74	
多忙度			−.48	
想起頻度			.34	.26
正診率	94%	86%	86%	81%

[a] 数字は標準化判別係数
[b] 「記憶手段」：利用した＝1点，利用しなかった＝0点。

同じ「指示された物を持ってくる」という課題であっても，持ってくる物の種類によって，パフォーマンスに影響する要因が違うという結果は興味深い。これは，各被験者がそれぞれの物を持ってくることをどのように意味づけたかという認知や動機づけの問題だけでなく，それぞれを持ってくるまでに必要な行為（準備の手間）が違っていたことにも原因があろう。たとえば，当日資料については，講義のなかで与えられた物をそのまま持ってくればよいのに対して，前期資料の場合には，それを探し出し準備しなければならない。後者のパフォーマンスに対してのみ会話が影響したのは，前期資料を探したり準備する過程で被験者が相互に情報を交換しあったり助けあったりする機会が生まれ，それが前期資料を持ってくることにつながったのだろう。逆に，当日資料の場合，持っていくべき物が自分の手元にすでにあるのだから，重要なことはそれを忘れないようにするための記憶手段を利用するかどうかであり，会話したかどうかはパフォーマンスにほとんど影響しなかったと考えられる。同じ「指示された物を持ってくる」という課題であっても，当日資料を持ってくるということと前期資料を持ってくるということでは，それらを構成する行為の集合が違う。その違いが，それぞれのパフォーマンスに影響する要因の違いを産み出したのであろう。

　本論で小林と丸野の研究が活動を志向しているとみなすのは，以上の理由による。つまり，「指示された物を持ってくる」課題といっても，それは，「指示された物を講義が行なわれる教室まで運んでくる」という行為だけを指しているわけではない。むしろ，「指示された物を持ってくる」という記述は，被験者が遂行すべき活動のタイプや目標を指している。実験者が被験者に求めたのは，特定の行為を遂行することではなく，特定の活動を遂行することだったのである。

（2）　行為の記憶としての展望的記憶

　これまで，少なからぬ研究が，活動の記憶として展望的記憶をとらえ検討の対象にしてきた。しかし，被験者が遂行しているであろう活動の中身の複雑さや多様さを考えると，それを実験者の十分な管理下におくのは不可能に近い。したがって，（1）のようなアプローチは，ある要因の影響がみられたとして，

なぜその要因がパフォーマンスに影響したのか，そもそもどのような心的処理が行なわれた結果そうなったのか，という問題に取り組むうえで非常な困難をもたらす（梅田・小谷津，1998）。この困難を回避するためにとられた（意図的あるいは無意図的な）方策が，行為の記憶として展望的記憶をとらえ直すことであった。以下では，そうしたアプローチに基づく研究例として，マクダニエルとアインシュタイン（McDaniel & Einstein, 1993）の実験2をみていくことにする[†2]。マクダニエルとアインシュタインの実験2は，検索手がかりの性質（熟知性と示差性）が展望的記憶課題のパフォーマンスに及ぼす影響を調べることを目的として行なわれたものである。後で述べるように，熟知性と示差性の影響を明らかにすることは，頭のなかに仮定される展望的記憶のメカニズムやプロセスの解明につながることであり，マクダニエルとアインシュタインがそれを明確に意図していたことに注意してほしい。

  [†2]：マクダニエルらの実験パラダイムは，アインシュタインら（Einstein & McDaniel, 1990）に由来し，近年，展望的記憶研究のなかで広く利用されるようになってきている（Brandimonte & Passolunghi, 1994 ; Einstein et al., 1992 ; Marsh & Hicks, 1998 ; McDaniel et al., 1998 ; 森田，1998など）。また，それ以外にも，「行為」を志向した実験パラダイムがいくつかある（Goschke & Kuhl, 1993 ; Mäntylä, 1993など）。

実験は，大学生48名を被験者にして行なわれた。実験のおおまかな流れを次頁の図9-2に示す。被験者にはまずコンピュータのモニターの前に座ってもらい，短期記憶課題に関する教示を与えた。短期記憶課題は，モニターに現われる指示に従って，次のように進行する。①試行の始まりを告げるメッセージが1.5秒間モニターに現われる。②モニター上に単語が0.75秒間隔で次つぎに呈示される（1試行あたり26語）。③単語を呈示された順番どおりに口頭で再生することが求められる（1単語あたり1.5秒以内）。展望的記憶課題はこの短期記憶課題のなかに埋め込まれていた。その課題とは，あらかじめ指示された単語（＝検索手がかり）がモニター上に現われたらキーボードのF20キーを押す（単一行為を遂行する）というものである。検索手がかりは，全試行中3回，すなわち，1，4，6ブロックないしは2，5，7ブロックの3試行目か4試行目に現われた。検索手がかりの性質のうち，熟知性については，一般に熟知性が高いとされる単語（FUSE, MOVIE）と低いとされる単語（SONE, YOLIF）をそれぞれ用意し，どれか1つを検索手がかりとして被験者に教示することで

操作した。示差性については、熟知性の高い単語21個と熟知性の低い単語5個の組み合わせ、熟知性の低い単語21個と熟知性の高い単語5個の組み合わせを作り、それぞれのなかに検索手がかりとなる単語を配置することで操作した。つまり、前者の組み合わせのなかに熟知性の高い検索手がかりを配置すると、その示差性は低くなり、逆に熟知性の低い検索手がかりを配置すると、その示差性は高くなる。以上の操作によって、2（熟知性の高低）×2（示差性の高低）の4条件が作られ、被験者はその1つに割り振られた。なお、展望的記憶課題に関する教示をした後に、自由再生・再認テスト課題を挿入しているが、これにはディストラクタ課題的な意味がある。

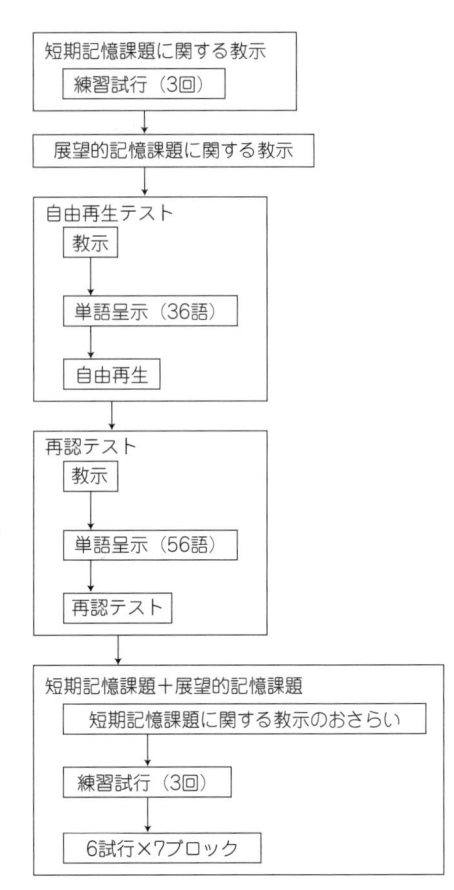

展望的記憶課題は、あるブロックに検索手がかりが現われてからそのブロックが終了するまでの間に、被験者が指定されたキーを押した場合、正反応と判定した。正反応数を従属変数にして、2（熟知性の高低）×2（示差性の高低）の分散分析を行なったところ、図9-3からも理解できるように、熟知性の主効果、示差性の主効果、熟知性と示差性の交互作用がそれぞれ有意となった。つまり、検索手がかりの熟知性が低いほうが、そして示差性が高いほうが、展望的記憶課題の成績はよい。熟知性と示差性の交互作用は、熟知性低・示差性高の条件における天井効果が原因であろう。

以上の結果は、展望的記憶のメカニズムやプロセスに関していくつかの示唆

◆図9-2　マクダニエルとアインシュタイン（1993）の実験2の流れ

を与える。たとえば，検索手がかりの熟知性がパフォーマンスに影響するという結果から，展望的記憶過程には無意識的な処理過程が存在する可能性がある。マクダニエルとアインシュタインによると，それを説明し得るモデルとして次の2つが考えられるという。

① 気づき＋探索モデル

検索手がかりとして呈示された単語は，ふだん見慣れていない熟知性の低い単語ほど，モニター上でその単語を目にしたときに，意識下の処理過程によって「どこかで見た（聞いた）ことがある」という感じが引き起こされやすい。その感じが気づきとなって，「何だっけ？　あっそういえば何かするように言われてたなあ，何をするんだっけ？」といった意識的な探索過程が駆動され，課題を思い出しやすくなる。

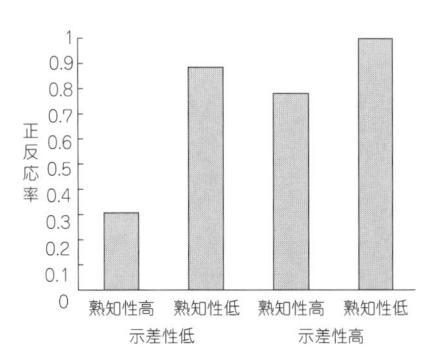

◆図9-3　展望的記憶課題の正反応率
（McDaniel & Einstein, 1993 をもとに作成）

② 単純活性化モデル

経験や知識は頭のなかでネットワーク構造をなしている。実験者の教示は，検索手がかりになる単語とキーを押すという行為を結びつけ，被験者の頭のなかにそれぞれをノードとするひとつのネットワークを産み出す。実験中の検索手がかりの呈示は，そのネットワーク中の対応するノードを活性化させ，その活性化がネットワーク上を伝播することで，キーを押すという行為に対応するノードも活性化する。この時，ネットワークが大きいほど伝播する活性化の程度は弱くなる，熟知性の低い単語を検索手がかりにするとネットワークが小さくなると仮定されていることに注意してほしい。したがって，検索手がかりの熟知性が低い条件のネットワークのほうが，そうでない条件よりも，強い活性化が伝播しやすく，結果的に，キーを押すことを思い出しやすくなる。

(3)　展望的記憶研究の困難

頭のなかに仮定される展望的記憶のメカニズムやプロセスを理解するうえで，(2)のアプローチは(1)のアプローチよりも優れているようにみえる。被験者

に求める課題をひとつの行為にしてしまうことで，被験者の課題遂行過程をかなり管理できるようになる．それを管理できれば，ある要因を操作したときに，その要因が課題遂行過程のどこにどのように影響したのかを特定しやすくなる．そうなれば，マクダニエルとアインシュタインのように，展望的記憶のメカニズムやプロセスに関してより焦点を絞ったモデルを描き，次の研究のための仮説を得ることができるようになる．このようなメリットから，近年，(2)のアプローチに基づく研究が増えてきている．

　しかし，(2)のアプローチを積み重ねることで，はたして，私たちは，私たちが日常経験している展望的記憶に近づくことができるのだろうか？　まず単純に，行為の記憶と活動の記憶は違うという問題がある．たとえば，前者は動作的側面が強く，後者は言語的側面が強い．動作的な展望的記憶と言語的な展望的記憶とでは，両者のプロセスやメカニズムが異なるかもしれない．少なくとも，両者の同一性が実証的・理論的に示されないかぎり，行為に関する知見をいくら積み重ねたところで，日常の展望的記憶に対する私たちの理解は偏ったままである．それなら，活動も研究対象にすればよいということになるかもしれないが，活動から行為へと研究対象が移行した事情を思い出してほしい．活動を研究対象にしたとたん，研究者は再び，対象の複雑さと方法論の間のジレンマに直面することになる．

　ただし，真の問題は，(2)のアプローチが，日常の展望的記憶の重要な特徴，つまり，展望的記憶過程が多様な可能性に開かれたプロセスであるという事実を隠してしまう点にある．展望的記憶過程が多様な可能性に開かれているとは，次のようなことを指す．たとえば，宿題を忘れないように学校でノートに書いておき，家に帰ってからそれを見て宿題に気づく．ノートを見ずに，頭のなかで宿題を思い出す．宿題をすっかり忘れていたのに，友だちの「あの宿題やった？」という電話で宿題を思い出す．結果としてみられる展望的記憶過程は，こうしたさまざまな可能性のひとつの現われにすぎない．ところが，マクダニエルとアインシュタインの研究では，検索手がかりがモニターに現われたときに誰かがそのことを教えてくれたり，メモを参照してどの単語が検索手がかりであったかを思い出すなどの可能性が，実験者によって最初から排除されていることに注意してほしい．被験者には，頭のなかで思い出すという可能性しか

残されていなかった。行為であれ活動であれ，プロセスが多様な可能性に開かれている点で違いはないと考えられるが，(2)のアプローチのもとではその事実が隠されてしまう。

逆に，(1)のアプローチは，展望的記憶過程が多様な可能性に開かれているという事実をみえやすくする。たとえば，展望的記憶研究では，高齢者のほうが若年者よりもパフォーマンスがよい（差がない）という結果が数多く報告されており，その理由のひとつとして，高齢者のほうが外的な記憶手段を積極的に利用するからということが言われている（Cavanaugh et al., 1983 ; Patton & Meit, 1993など）。それを最初に指摘したのはモスコヴィッチ（Moscovitch, 1982）であるが，その「発見」は，彼が(1)のアプローチを採っていたために，被験者が外的な記憶手段を使って課題を思い出すという思わぬ（？）結果が生じることでもたらされた。頭のなかで思い出す以外の可能性を含んだ展望的記憶事態を研究することによって，研究者がそれらの可能性に気づくチャンスも生まれてくるのである。ただし，(1)のアプローチに基づく研究の多くは，展望的記憶過程に多様な可能性があることに気づくだけで，そこから先に進むことができていない。それどころか，その気づきは，(1)のアプローチの問題点を示すものとして使われてしまうことさえある。

３　展望的記憶研究の今後の展望

日常の展望的記憶過程が多様な可能性に開かれていることに気づいても先に進むことができないのは，そのために必要な問いが展望的記憶研究のなかに欠けているからだろう。頭のなかに仮定されるメカニズムやプロセスをもっぱら問題にし，絶えずそこに回帰していく問いのもとでは，たとえ展望的記憶過程の多様な可能性を目にしても，それは研究の障害としてしか映らない。研究対象としてのリアリティを感じることができないのである。多様な可能性にリアリティを感じることができるようになるためには，何をどのように問うていけ

ばよいのか？

　多様な可能性といっても，可能性が無限にあるわけではない。また，すべての展望的記憶事態，すべての人に同じ可能性が同じように開かれているわけでもない。これらのことが問いの前提となる。たとえば，あるタイプの人々とそうでない人々とでは，可能性の幅やその種類にどのような違いがあるのか？一方には，頭のなかで課題を思い出す可能性，メモを使って思い出す可能性があるのに対して，他方には，誰か他の人に思い出させてもらう可能性しかないかもしれない。両者にそのような違いがあるのはなぜか？　後者の場合，脳機能に障害を受け，そのために頭のなかで課題を思い出すという可能性が閉ざされているのかもしれない。逆に，前者の場合，「一人前の健康な大人なら，自分がすべきことは自分の力で思い出さなければならない」という規範がある社会のなかで生きているために，他の人に思い出させてもらう可能性がないのかもしれない。問いをもう少し一般化してみよう。

- ある事態や人，文化，社会に，展望的記憶過程のどのような可能性があり，各可能性の実現しやすさ（しにくさ）はどの程度あるのか？
- 人はそうした可能性をどう認識し，どう利用しているのか？
- さまざまな事態や人，文化，社会の間で可能性の数やそれぞれの実現しやすさに違いがあるとしたら，その違いは何に由来するのか？

こうした問いに答えることは，日常の展望的記憶に対する私たちの理解を豊かにしてくれるというだけにとどまらない。それは，展望的記憶能力に問題を抱える人に対する支援を考えたり，ある展望的記憶事態のパフォーマンスを向上させようとするうえで，より実践的で有益な示唆を与えてくれると考えられる。

　日常の展望的記憶事態では，外的な記憶手段や他者からの助けなしに，頭のなかで課題を思い出すという可能性がある以上，その可能性を明らかにしようとする研究には積極的な意義がある。ただし，頭のなかで思い出す可能性が日常の展望的記憶事態における唯一の可能性ではない（小林，1998）。そのことを忘れ，頭のなかで思い出すというひとつの可能性だけに固執し問題にする研究は，単なる「記憶研究」としては十分であっても，「日常記憶研究」としては不十分であろう。

展望的記憶研究は日常記憶研究の申し子であり，その発展は日常記憶研究の発展とともにあった。日常記憶研究とは，私たちが日常体験している記憶現象に常に寄り添い，その理解を深めていくことに価値を見いだした研究を指す。日常とは何かを絶えず問いながら，日常に根ざした展望的記憶研究をめざすこと，そのことを，展望的記憶に関する研究を行なおうとするたびごとに思い出しつづけること，展望的記憶研究とは，本来，そうした「展望的記憶課題」を適切に遂行しようとして始まった実践なのである。みずからの「展望的記憶課題」を忘れてしまっている展望的記憶研究ほど皮肉なものはない。展望的記憶研究の未来は，みずからの「展望的記憶課題」を思い出し，今もなおそれを実行する価値があるかどうか吟味すること，そしておそらく実行することのなかにある。

【引 用 文 献】

Brandimonte, M., Einstein, G. O. & McDaniel, M. A. (Eds.)　1996　*Prospective memory : Theory and applications.*　New Jersey : LEA.

Brandimonte, M. A. & Passolunghi, M. C.　1994　The effect of cue-familiarity, cue-distinctiveness, and retention interval on prospective remembering.　*The Quarterly Journal of Experimental Psychology,* **47A**, 565-587.

Cavanaugh, J. C., Grady, J. E. & Perlmutter, M.　1983　Forgetting and use of memory aids in 20 to 70 year olds everyday life. *International Journal of Aging and Human Development,* **17**, 113-122.

Dobbs, A. R. & Rule, B. G.　1987　Prospective memory and self-reports of memory abilities in older adults.　*Canadian Journal of Psychology,* **41**, 209-222.

Einstein, G. O., Holland, L. J. & McDaniel, M. A.　1992　Age-related deficits in prospective memory : The influence of task complexity.　*Psychology and Aging,* **7**, 471-478.

Einstein, G. O. & McDaniel, M. A.　1990　Normal aging and prospective memory. *Journal of Experimental Psychology : Learning, Memory, and Cognition,* **16**, 717-726.

古川 聡・川崎勝義　1996　展望的記憶に関する認知老年学的研究の動向　星薬科大学一般教育論集，**14**, 9-28.

Goschke, T. & Kuhl, J.　1993　Representation of intentions : Persisting activation in memory.　*Journal of Experimental Psychology : Learning, Memory, and Cognition,* **19**, 1211-1226.

小林敬一・丸野俊一　1992　展望的記憶に影響する要因としてのメタ記憶知識の内容とその過程分析　教育心理学研究，**40**, 377-385.

小林敬一 1996 展望的記憶にいかにアプローチするか？：研究の現状と課題 心理学評論, **39**, 205-223.
小林敬一 1998 展望的記憶システムの構造 風間書房
Mäntylä, T. 1993 Priming effects in prospective memory. *Memory,* **1**, 203-218.
Marsh, R. L. & Hicks, J. L. 1998 Event-based prospective memory and executive control of working memory. *Journal of Experimental Psychology : Learning, Memory and Cognition,* **24**, 336-349.
Maylor, E. A. 1990 Age and prospective memory. *The Quarterly Journal of Experimental Psychology,* **42A**, 471-493.
McDaniel, M. A. & Einstein, G. O. 1993 The importance of cue familiarity and cue distinctiveness in prospective memory. *Memory,* **1**, 23-41.
McDaniel, M. A., Robinson-Riegler, B. & Einstein, G. O. 1998 Prospective remembering : Perceptually driven or conceptually driven processes ? *Memory & Cognition,* **26**, 121-134.
Meacham, J. A. & Leiman, B. 1982 Remembering to perform future actions. In U.Neisser (Ed.) *Memory observed : Remembering in natural contexts.* San Francisco : Freeman. 富田達彦（訳）1989 観察された記憶：自然文脈での想起 誠信書房 Pp. 383-399.
森田泰介 1998 展望的記憶課題におけるタイムモニタリングの規定因 心理学研究, **69**, 137-142.
Moscovitch, M. 1982 A neuropsychological approach to memory and perception in normal and pathological aging. In F. I. M. Craik & S. Treub (Eds.) *Aging and cognitive processes.* New York : Plenum Press. Pp. 145-154.
Patton, G. W. R. & Meit, M. 1993 Effects of aging on prospective and incidental memory. *Experimental Aging Research,* **19**, 165-176.
梅田 聡・小谷津孝明 1998 展望的記憶研究の理論的考察 心理学研究, **69**, 317-333.

10章 記憶と感情

　人の記憶は，きちんと体系づけて整理された図書館の本棚のようなものではない。覚えたり思い出したりする内容は，その人が何に注意を向けているかや，何が求められているかなどによって変わる。それだけではなく，そのときの感情状態や，文化的あるいは状況的制約によっても変化する。理論上ではなく，現実での重要な意志決定や記憶活動や思考は，必ず感情的な色彩を帯びているといっても過言ではないだろう。それは，記憶とは独立した感情が，外側から記憶に影響を与えているということではない。むしろ，記憶のなかに感情が含まれていること，感情と記憶を一体的にとらえる必要があることを意味している。本章では，感情と記憶についての研究がなぜ始まったのか，どのように展開されたのかについて簡単に触れた後，諸研究の問題点と限界を指摘する。そのうえで，感情も記憶も別個のシステムとしてではなく，より大きな視点から考えることを提唱する。

1 「記憶」と「感情」

(1) 感情をめぐる記憶研究の困難

　人間の記憶は，図書館の本棚のようなものなのか。あるいは，コンピュータのメモリとハードディスクのようなものなのか。たしかに，内部のプロセスを抜きにして記憶の外側だけを見ていれば，そのようなモデルがあてはまるように思える場合もあるし，そう信じている人もいるかもしれない。しかし，ことはそう単純ではない。そもそも記憶とは，単に知識を保管するといった静的なシステムではなく，情報を選択的に取り入れ，必要に応じてそれらを再構成して利用する動的なシステムである。

　近年，記憶研究では，従来の認知処理の枠組みを広げ，記憶活動に対する感情や動機づけなどの影響についても積極的に取り上げるようになってきた。また，目撃証言や日常記憶といった，実験室以外での現実世界における記憶のあり方についての研究も注目をあびている。その一方で，記憶に関する基礎的な研究では，依然として純粋な知的情報処理にのみ焦点をあてて，いっそう緻密なモデル化が試みられている。このような，一見相反する記憶研究の世界であるが，それは人間の記憶に対するアプローチの方向が少々異なっているためである。とはいえ，その違いは思いのほか大きい。ここでは話をわかりやすくするために，記憶研究に「感情」を取り入れるという点だけに絞って考えてみよう。

　記憶のあり方が感情状態によって左右されるという発想自体は，たとえば，フロイト（Freud）の抑圧や，ベック（Beck）の認知療法においてもみられる。また，認知研究における感情の必要性については，ノーマン（図10-1：Norman, 1980），プルティック（Plutchik, 1980），戸田（1980）らが時を同じくして提案している。もちろん，これらの高名な研究者による主張を待つまでもなく，自分の感情状態によって，記憶のしかたが異なることは誰しも経験していることだろう。たとえば，初めてのデートのときの出来事を詳細に覚えていたり，試験前に緊張して教科書の内容を全然覚えられなかったり，

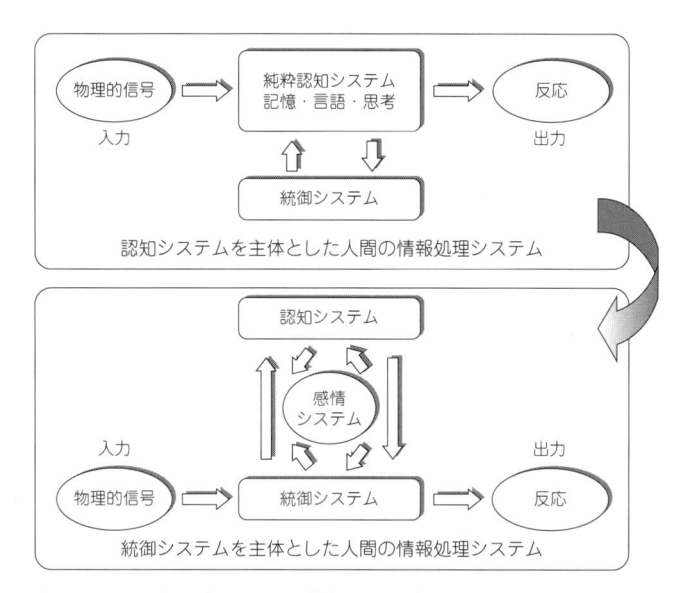

◆図10-1 認知研究における感情の位置づけの変化（Norman, 1980より作成）

　ところが，実際にこれらのことを科学的な実験にのせようとすると，これが意外に難しい（現実の現象を科学的に再現することの困難は，心理学の多くの分野に共通することではあるが）。記憶研究者の多くは，感情の影響を過小評価していたためか，感情を取り入れることの困難さのためか，あるいは純粋に知的な枠組みで記憶を説明するモデルの簡潔な美しさに心を奪われたためか，長い間記憶研究から感情を排してしまっていた。

　感情を実験の俎上にのせる際に最も困難なのが，被験者の感情状態の統制である。記憶実験の多くの条件操作は，たとえば英単語に含まれる子音のまちがえやすさを変えるとか，文字数を数えさせるか意味を考えさせるかで処理水準を変えるとか，あるいはうまく記憶できないように妨害課題を与えるといった，比較的シンプルで統制しやすいものである。あらかじめ学習材料を準備しておくか，その場で被験者に適切な教示を行なえばすむ。しかし，感情は単独で存在するのではなく，そのときの状況，対人関係，あるいは恐怖や悲嘆の対象があって初めて生まれるものであるし，その程度も人によって違う。実験室に入って照明をつけるように，「じゃあ，喜んで」とか「悲しんで」と言われて，

「はいそうですか」となれるものではない。

　感情状態の統制の困難は，この分野で多くの研究が行なわれている現在でも，けっして解消したわけではない。しかし，多くの研究を通じて，比較的有効な感情操作の方法が発展してきた。催眠を利用するもの，文章を読ませるもの，音楽を聴かせるもの，ゲームの成績を偽ってフィードバックするもの，感情イメージを想起させるもの，などである。また，そのような感情操作をいっさい行なわず，実験時の被験者の感情状態をスクリーニングする方法も，臨床分野を中心にしばしば採用されている。これらの方法は，いずれも一長一短あり，多くの問題点も指摘されており（谷口，1998；高橋，1996），実験目的や課題の性質に応じて，いずれかを選択して用いるしかないというのが実状である。

（2）　感情は「ノード」か「スキーマ」か

　バウアー（Bower）が共同研究者とともに感情と記憶の相互作用についての研究を始めたのは，ちょうどノーマンらが新しい認知の枠組みを提唱した頃である。バウアーらは，実験室において催眠下にある被験者を一定の感情状態に導いた。そして，そのときの記憶のあり方が，導かれた感情の種類によって異なることを示したのである（図10-2：Bower, 1981）。それまでの記憶研究の方法，つまり独立変数の操作により従属変数に変化がみられるかどうかを検証するという方法を採用しながら，感情を操作可能なひとつの独立変数として取り入れることで，新たな研究の方向を示したのである。この方法は認知心理学のなかで大きな抵抗もなく受け入れられた。その後約20年，記憶と感情に関す

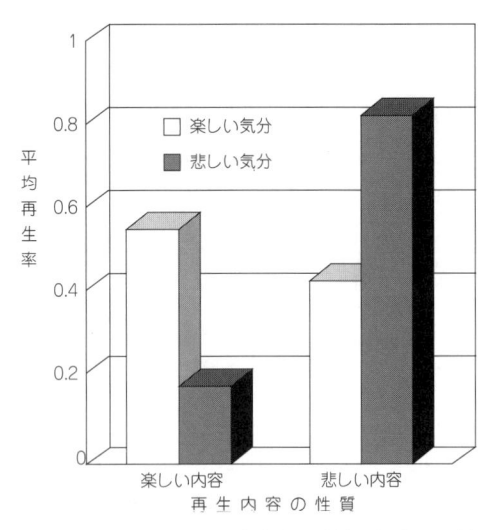

◆図10-2　催眠によって被験者の感情を操作して物語を学習させた結果，学習時の感情状態と質的に同じ感情的性質をもつ内容の再生が促進された（Bower, 1981より作成）。

る実験心理学的研究では，感情誘導の方法や記憶材料の違いはあっても，基本的にはバウアーの実験方法を踏襲している。

さて，バウアーをはじめとする記憶と感情の研究では，感情をどのように位置づけているか。それは，バウアーの提唱する「感情ネットワーク仮説」に体現されている。感情ネットワーク仮説は，もともと意味記憶のモデルとしてコリンズとロフタス（Collins & Loftus, 1975）が唱えた「意味ネットワーク活性化拡散仮説」が下敷きになっている。バウアーは初め，意味記憶のネットワークのなかに「感情ノード」を導入することで，感情状態が意味記憶に影響を及ぼすことを説明しようと試みた。彼はその後，さらに「評価ノード」を導入することで（図10-3），このモデルの現象に対する説明力を高めた（Bower, 1991）。感情ネットワーク仮説は，感情を認知の枠組みのなかに「組み込む」ことで，記憶研究としての整合性を保ったのである。実際，説明モデルとしても，感情のネットワーク仮説は，これまで登場したどのモデルよりもうまく記憶と感情の相互作用現象を説明する。

これに対して，社会的認知や対人認知研究，あるいはうつ病の臨床的研究では，感情のはたらきを，情報処理の枠組み（スキーマ），もしくは処理方略を

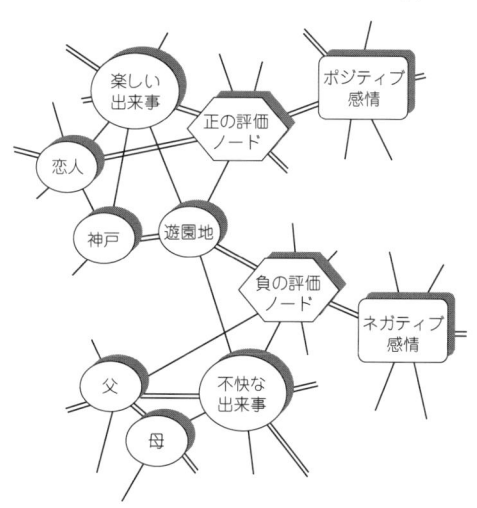

◆図10-3 記憶と感情のネットワークに「評価ノード」を導入することで，さらに説明力を高めた（Bower, 1991を参考に作成）。

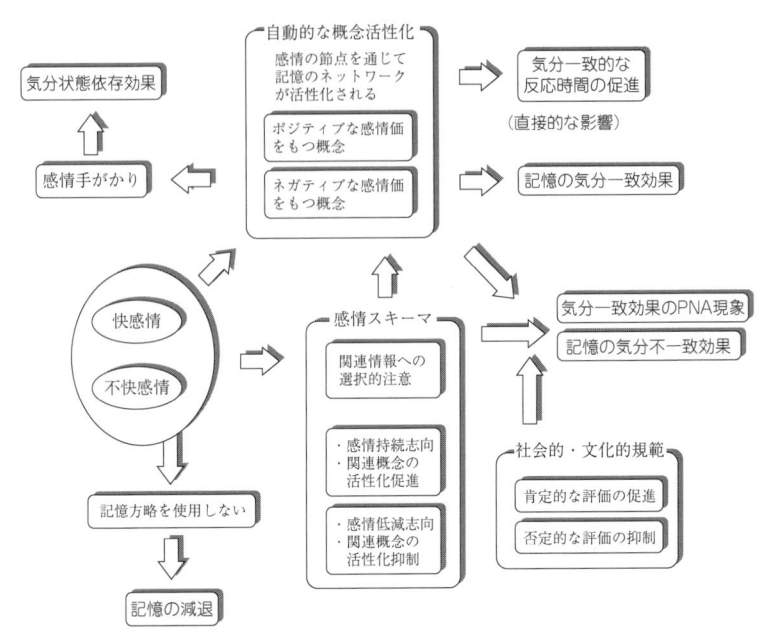

◆図 10-4　ほぼ自動的な概念の活性化とスキーマのはたらきによる処理が組み合わさって，さまざまな認知と感情の相互作用が生じる（谷口，1997より作成）。

方向づけるものとしてとらえることが多い。記憶だけを考えれば，たしかに感情ネットワーク仮説はかなり有効な説明ではあるが，思考や判断における感情との相互作用は，必ずしもうまく説明することはできないからである。逆に，スキーマとしての感情のはたらきだけでは，自動的な処理の結果とみなせるような微少な反応時間の差（たとえば肯定的なことばに対しては高揚気分の被験者のほうが抑うつ気分の被験者よりも反応時間が短い）については，うまく説明できない。そこで，池上（1998）や谷口（1997，1998）では，ほぼ自動的になされる概念の活性化に基づく反応と，スキーマのはたらきによる処理の結果が組み合わさって，さまざまな認知—感情の相互作用的行動が生じるようなモデルを考えている（図10-4：谷口，1997）。

（3）　現実および臨床場面での記憶と感情

さて，うつ病患者の臨床的研究や，うつ傾向のある健常者の研究からは，ま

ず，うつ状態の際の記憶の低下という問題が提起された。それは単に臨床分野内の問題にとどまらず，記憶研究者らも注目し，研究が進められた。その結果，うつ病患者以外でも一般的にうつ状態では記憶をはじめ多くのパフォーマンスの低下がみられること，単純にうつが記憶を低下させるのではなく特定の内容の記憶のみが抑制されること，記憶力そのものが損なわれるのではなく記憶するための努力や記憶方略の選択に問題があることなど，多くの知見が得られたのである（図10-5：Ellis, 1995）。

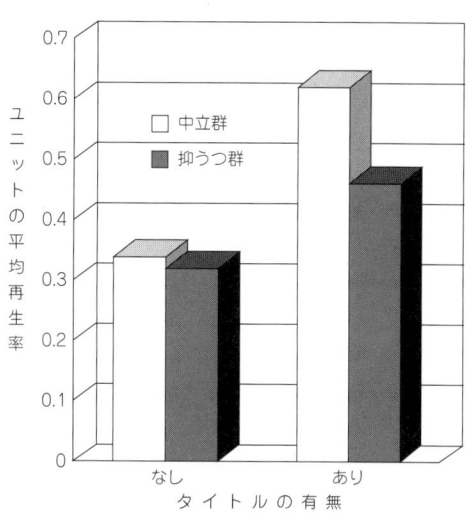

◆図10-5 あらかじめ文章のタイトルが示されているとき，抑うつを誘導された被験者の再生成績は中立的感情の被験者よりも劣る（Ellis et al., 1995より作成）

また，1節であげたベックの認知療法では，うつに特有の認知スキーマを仮定し，その認知的枠組みによる情報処理がうつ状態を悪化させると考えている。それは，自分を取り巻く状況を悲観的にとらえ，また，自己の否定的な面に対して注意を向けがちになる，というものである。そして，いつも失敗はすべて自分のせいだ，という原因帰属を行ないがちである。そのようなスキーマは，必ずしもうつ病患者に特有の固定的なものではなく，誰でも多かれ少なかれもっているだろう。しかし，われわれは通常，このような認知の枠組みをゆがめることで（たとえば，失敗を他人に転嫁したり，運が悪かったといって逃げるなど），うつの悪循環を断ち切り，うつ的な気分から脱しようとする。いくつかの調査から，うつ病の経験者では対照群に比べて，うつ的な気分になったときに否定的なスキーマが現われやすく，否定的な自己関連語の想起が多いこと，また，うつ的な気分の持続時間が長いことなどがわかっている（たとえばTeasdale & Dent, 1987；Miranda & Persons, 1988）。

❷ 現在の技術的な課題

すでにいろいろな文献で指摘されていることだが，認知と感情の相互作用研究には，克服すべき問題が山積している。たとえば，谷口（1998）では，認知－感情研究の方法と検討課題として7つの大項目への分類を行なっているが，その7つ目が「今後の検討課題」である。そのなかには生態学的妥当性，要求特性，感情状態の測定方法，気分と情動の違いなど，14項目があげられている。また，同書では，気分誘導研究のより具体的な方法論の問題点の指摘も行なっている。ここではまず，谷口（1998）に基づいて方法論的な課題を指摘し，次に今後の研究のあり方について考えていきたい。

さて，記憶と感情について研究していくうえでの重要な技術的な問題が，感情操作，測定の影響，特性と状態との分離・尺度の妥当性，実験環境の4つに存在している。はじめに，これらのどこに問題があるのかを指摘する。

（1） 感情操作の妥当性と有効性

バウアーらの催眠法を除けば，一般的な感情誘導を用いた研究で最も多く利用されているのが，ヴェルテン法およびその変形である（Velten, 1968 ; Seibert & Ellis, 1991など）。これらは，被験者に，肯定的，否定的，あるいは中性的感情を引き出すような記述文を，25文ないし60文程度読ませるというものである。このほかにも，感情イメージを想起させたり，直接的な感情喚起の教示を与えるなど，言語による感情誘導は多い。これらの言語的感情誘導に対する最大の疑問は，はたして誘導された感情が本物なのかどうかという点にある。そして，感情を誘導されたことがあまりにも明白なために，感情状態の測定や実験課題の遂行において要求特性が生じる可能性が高い。このような疑問に対する反論はいくつか行なわれているが，いずれも被験者の反応が疑似感情によるものであるという疑念を完全に晴らすにはいたっていない。

一方，非言語的感情誘導としてしばしば用いられるのが，音楽を利用したものである（図10-6：谷口，1991）。モダリティの違いを生かして，特に言語記

憶課題を行なう際に，課題との意味的な干渉を起こすことなく連続聴取させることが可能である（つまり感情状態を一定に保つことが可能である）点が長所といえる。また，ヴェルテン法に比べて，感情誘導をかなり生活場面に近い状況で行なうことができる。しかし，音楽聴取によって生じる感情は自我関与が少ないために微弱であること，また，実験設定によっては，なぜ音楽を聴きながら課題を行なわなければならないのかという疑念を被験者がもつ可能性があ

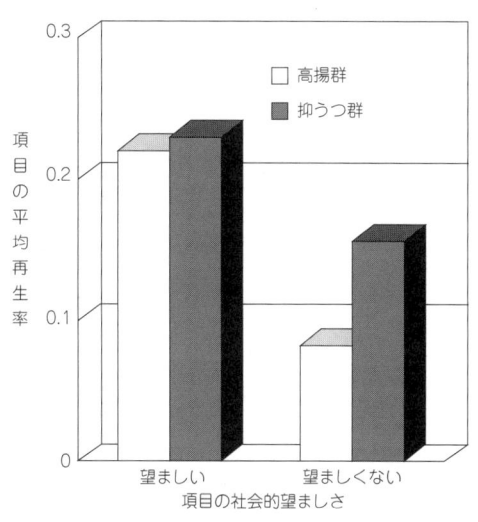

◆図10-6 高揚的な音楽を聴取した被験者よりも抑うつ的な音楽を聴取した被験者のほうが，社会的に望ましくない単語の偶発再生率が高い（谷口，1991より作成）

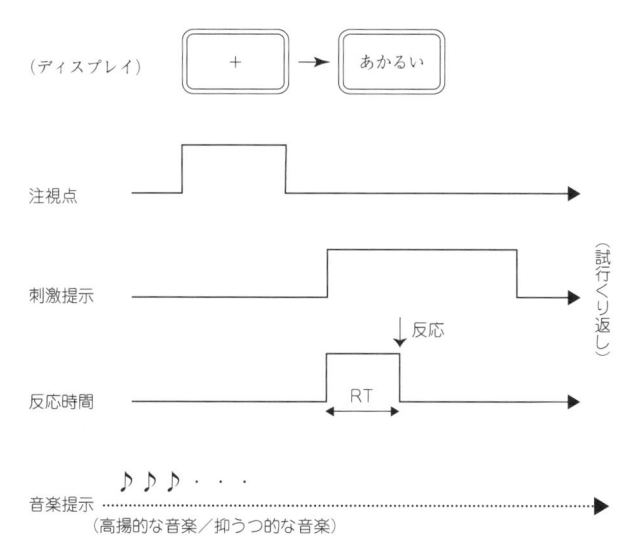

◆図10-7 音楽の連続聴取は課題との意味的干渉がなく一定の感情状態を持続することができるが，二重課題状態となり成績全体が低下するおそれがある．

ること，さらに，課題遂行時の連続聴取は意味的干渉はなくても，二重課題状態となり，課題成績全体が低下するおそれがあるなどの問題点がある（前頁の図10-7）。

（2） 感情状態の測定が被験者に及ぼす影響

　感情誘導実験では誘導の成否チェックを，そうでない場合には実験時の感情状態による被験者のスクリーニングを行なうのが一般的である。感情状態の測定にかかわる問題点は，測定自体が被験者に影響を及ぼすことである。ひとつは，実験のどの時点で測定を行なうか，つまり測定のタイミングに関係する。感情誘導そのものも実験に対する要求特性を高める可能性があるが，感情状態を測定することは，被験者の注意を自身の内的な状態に向け，それを自覚させるはたらきがあるために，いっそう要求特性を高めるからである。もうひとつは，尺度によっては，回答することによって感情誘導的なはたらきをもたらすものがあることが指摘されていることである。

　いずれも，感情状態の測定自体が被験者の内的状態になんらかの影響を与えてしまうということである（観察が状態を変化させるというのは，この分野にかぎらず，多くの自然科学研究のジレンマである）。この問題を回避するひとつの手段として，感情を誘導して感情状態をチェックすることと，本来のねらいである課題の遂行とが，あたかも別の実験事態であるかのように被験者に信じさせるという方法がある。もっともこの方法にも，実験室を移動したり，実験者が交代したりすることによって，また，被験者が気持ちを切り替えることによって感情状態が変化しないかどうかが確認できないという欠点がある。また，別の手段として，感情誘導によって各被験者は一定の感情状態になったと操作的に定義し，課題のあとにのみ感情状態の測定を行なうということも考えられる。しかし，そのような操作的定義を行なうには感情誘導の成否は現状ではまだ不安定であり，しかも課題遂行時と終了後の感情状態が同一であるという仮定に基づいた結果しか得られないため，実験そのものの説得力は弱いと考えざるを得ない。

（3） 性格特性と感情状態との分離・尺度の妥当性

　感情状態チェックやスクリーニングに用いる測定尺度は，本当に被験者の感情状態を測定しているのか，それとも日頃の態度や性格傾向を測定しているのか。これまでの研究で用いられてきた測定尺度にはさまざまなものがあるが，そのなかには感情状態を測定するものと，性格特性を測定するものとが混在している。「現在の気分」を独立変数としているのに性格特性尺度でスクリーニングをするなど，実験目的から考えて不適当な使い方をしているものも見受けられる。たとえば，抑うつ傾向の高さは，必ずしも現在抑うつ状態にあること，あるいは抑うつの程度が強いことを保証するものではない。別の言い方をすれば，うつ的な認知的処理をしがちであるということと，現在うつ的な認知的処理を行なっているかどうかとは，似ているようだが異なっているのである。

　また，実験で必要とされる感情状態が，用いた尺度によって適切に測定されているかどうかにも注意しなければならない。

（4） 実験環境（実験室および実験者）

　記憶と感情の研究でしばしば見落とされがちなのが，実験環境である。これまでの多くの記憶研究では，一般的にいって主要な実験変数以外が異ならなければ（あるいはその差異が相殺されていれば），実験環境そのものにはあまり注意が払われていなかったように思われる。その流れを受けて，感情を変数とした研究でも，実験環境そのものは比較的軽視されている（少なくとも，論文にはほとんど記されていない）。しかし，環境や文脈の影響を受けやすい感情を扱う以上，これからは実験環境にももっと敏感になるべきであろう。実験室の内装，壁の色，照明光度，（パソコンやスライドプロジェクターなどが発する）室内の雑音，防音，室温・湿度，実験者と被験者の位置関係，椅子の座りごこちなどは，いずれもこの分野でおもに扱っている「気分」に大きく影響する可能性があるものだ。さらに，実験者の態度，特に実験者によるピグマリオン効果，指示・説明のしかた，あるいは複数の実験者がいる場合の実験者間の違いなども見すごすことができない。

❸ 記憶と感情の研究の今後の展望

(1) 研究のあり方への疑問

　長い間，記憶における感情やその他の状況文脈的な要素が無視されてきた背景には，伝統的な記憶研究は，法則定立的で確率的検定を主体とした研究が主流であったことも関係する。つまり，感情の影響は微少な個人差であり，それは被験者内の誤差変動として扱うという方法論をとったということである。

　たしかに多くの被験者からデータを集め，感情による影響を誤差として処理してしまえば，残るのはすべての被験者に共通した記憶のはたらきであるかもしれない。しかし，そのようにして得られた記憶のモデルは，本当の人間の記憶といえるのか。もちろん，それが虚構であるというのではない。人々に共通する基礎的な記憶のしくみを明らかにしようとする試みは，いわば「ニュートンの法則」を見つけようとするようなもので，大切なことである。だが，現実世界では空気抵抗や摩擦などのために，ニュートンの法則そのままでは現象の予測に用いることができないように，感情や動機づけや文化といった状況的な文脈を排除した記憶のモデルもまた，雑多な状況のなかで生きている個々の人間にそのまま適用することはできない。

　では，個性記述的な研究でこの悩みが解決されたかといえば，それは否である。臨床分野における事例研究や，病跡学的研究は，その領域においては意義のある成果をもたらしているのかもしれない。しかし，法則定立的研究と個性記述的研究は相補的であると多くの教科書に書いてあるにもかかわらず，20世紀が終わろうとしている現在，心理学全体としてなお両者は相補的な関係にはない。ならば，感情をめぐる記憶研究の課題のひとつは，いかにして法則定立と個性記述を融合するかにあるのではないか。

　また，2節でみたように，現在行なわれている感情と記憶の研究では，感情を誤差項ではなくひとつの要因として取り入れている。これは伝統的な記憶研究の枠組みのなかでは画期的なことである。だが，逆にみれば，閉じた記憶系という枠組みから抜け出すことができていないということでもある。本来の人

間の記憶系はけっして閉じた世界のものではない。記憶される内容，記憶する人の内的状態，それらが置かれている状況，さまざまな記憶方略や外部の記憶手段の利用などが相互に作用しあうものだ。さらに，覚えた内容を必要に応じて再構成して利用したり，経験として生かして行動する。科学的な表現ではないが，記憶はまさに人生そのものであり，生きるということは記憶をあやなしていくことである。

　なぜ記憶というものが存在しているのか。それは生きるのに必要だからだ。今の記憶研究は，生きるのに必要な記憶の研究になっているだろうか。正解など得られないかもしれない。だが，今一度，記憶の意味ということを考えるべきではないか。感情は，そのための足がかりになり得る。多少なりとも感情によって左右される記憶というものを考えるとき，それは閉じた記憶系への揺さぶりをかけることになる。そのためには，感情を従来の認知システムのなかに「組み込む」のではなく，認知と感情とを，ともに生きるための情報処理システムの異なる相としてとらえていく必要がある。相というのは，つまり，認知や感情がそれぞれ別個の処理系ということではなく，われわれの観察のしかたによって感情というはたらきがみえたり認知というはたらきがみえたりしているにすぎない，ということである。ある瞬間には脳のAという部分がはたらいて「怖れ」感情が起こっており，別の瞬間にはBという部分がはたらいてそれが記憶活動に結びついているとしよう（同時でもかまわない）。それらは，感情と記憶がそれぞれ機能している，とみることもできる。しかし，現象全体を総合的にとらえれば，怖い対象を記憶することは，個体の保存にとって非常に重要なはたらきであり，両者を切り離すことはできない。

　今はまだ，両者を別個のものととらえ，まずそれぞれの機能を調べ，それらの相互的関係を記述しようとしている段階である。しかし，それだけでは行き詰まってしまう。現に，最近の記憶と感情の研究には，かつての，1980年代にみられたような勢いが感じられない。以上のことから，21世紀に向けての「記憶と感情」研究の大きな課題が浮かび上がってくる。

(2) 21世紀に向けて

　まず第一に，実験室のなかで記憶と感情の相互作用を確認するだけの研究は

終わりにすべきである。すでに，多様な条件のもとでの気分一致効果や，気分一致効果におけるPNA（positive-negative asymmetry）現象，さらには気分不一致効果などが確認されている。しかも，その多くは同じような性格形容語を記憶材料とし，ポジティブ／ネガティブといった単純な感情の分類のもとで行なわれている。基本的なデザインは80年代前半から変わっていない。もちろん，実験そのものはより洗練されたものとなり，条件統制も精密化されている。だが，世界中で無計画に異なる状況のもとで小さな変数の操作による緻密な実験が重ねられた結果，多くの結果を有機的に関連づけて統合的に解釈することが，逆に困難になってしまった。ゲシュタルトではないが，部分の寄せ集めからは全体像は生まれない。

　それでもなお，矛盾するようだが，記憶と感情との相互作用の研究をさらに深めていくひとつのアプローチは，あまりに大雑把であった実験変数を，より綿密にしていくことである。たとえば，独立変数である感情の種類を考えてみよう。感情誘導を行なう場合，おもに用いられてきたのは，positive–negative, happy–sad, elated–depressed, pleasant–unpleasant といった二極的な対比（これにneutralが加わる場合もある）である。そこには，基本的に感情の状態は「よい」か「悪い」かのいずれかであるという感情観が前提として存在しているように思われる。たしかに，肯定的か否定的かという感情の二分法が採用されたことで，感情と記憶（あるいは認知）に対するアプローチに多くの研究者が惹かれたという面は否めない。しかし，感情心理学のどの教科書にも載っているように，感情は質や強度によってもっと細かなカテゴリーに分かれてもいる。同じ否定的感情でも，悲しみ，怒り，憎しみ，不安などは，それぞれはたらきが違う。単に肯定的か否定的かではなく，どの質の感情がどの強さで生じるときに，どの認知過程にどのような影響が観察されるかを追求する必要があるだろう。

　第二に，より広い視点から現象をとらえ，先行研究を評価していくことが必要である。これまで記憶（認知）と感情の研究は，両者の相互作用現象を観察することに熱中するあまり，先行研究の批判的検討がないがしろにされてきた感がある。もちろん，方法論的な問題点の指摘や，結果のレビューなどは行なわれている。しかし，それらはもっぱら認知心理学の視点でのみなされており，

現実場面での実際の行動における評価や，臨床的あるいは発達的な観点からの分析はほとんど行なわれていない。基礎研究は現実場面への直接的応用を前提とはしないとはいえ，心理学が人間の行動を科学の対象としている以上，実験室環境以外での現象にも目を向けていく必要はあるだろう。この点について，たとえば松井（1997）は，実験室的な感情操作による研究の重要性は認めながらも，現実場面における悲嘆の過程についても積極的に研究すべきであるという提案を行なっている。

記憶と感情の研究で多く扱われてきた感情は，抑うつと不安であろう。それは，ひとつには実験室内で軽い抑うつ感情の誘導が比較的容易であること，もうひとつには抑うつや不安状態で記憶のパフォーマンスが低下することが注意を惹いたためであろう。認知と感情の相互作用研究の専門誌である「*Cognition and Emotion*」誌でも，"depression"がキーワードになっている研究は多い。同誌では，1997年度は抑うつの認知心理学が，1998年度は感情障害と不安障害の神経心理学的視点が特集として組まれてもいる。ただし，ここで気をつけなければならないのは，だから抑うつを誘導する実験だけを行なっていればよいわけではない，ということである。

たとえば，実際のわれわれの感情は，しばしば複合的である。同じ相手に対して愛と憎しみが同時に起こるのは，なにも文学作品のなかだけではない。臨床心理学あるいは精神分析学においても，感情は両価的（アンビバレント）なものとしてとらえられることが多い。われわれは抑うつから立ち直ろうとして高揚的な思考を行なうことがある（PNA 現象のひとつの説明となっている）。その際，一時的に抑うつ感情と高揚感情が同居することがあるのではないか。また，不安は期待と表裏一体であることも多い。これらのことから，実験室において誘導される単一の感情状態のみを研究対象とすることが，いかに偏ったことであるかが分かるだろう。その意味で，記憶研究の比較的新しい流れ，たとえば，目撃記憶の研究や日常記憶の研究，フォールスメモリ（虚偽の記憶）研究など，感情的な側面を切り離すことのできない研究領域との連携が必要になっていくだろう。

認知と感情のはたらきについて統合的にとらえようとする試みは，もちろん，皆無というわけではない。たとえば，フォーガス（Forgas, 1995）は，社会的

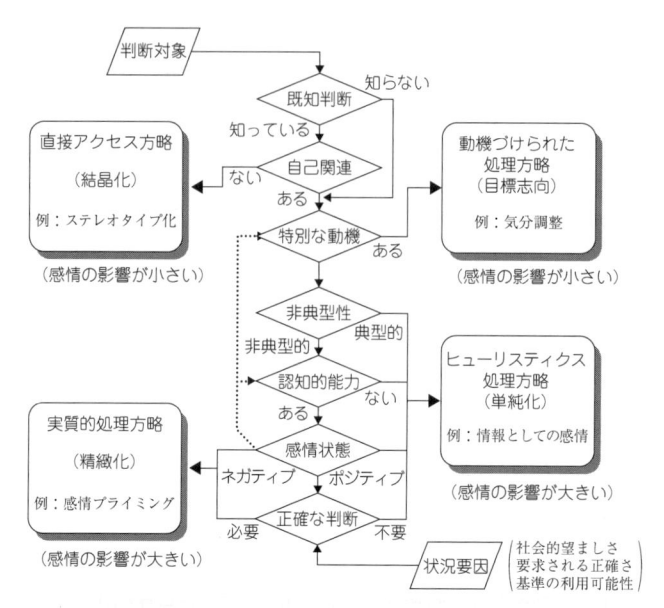

◆図10-8　感情混入モデル AIM：社会的判断では，用いられる処理方略によって感情のはたらきが異なるとされる（Forgas, 1995を参考に作成）

判断においては，4つの処理方略のいずれが用いられるかによって感情のはたらきが異なるという，感情混入モデルAIM（affect infusion model）を提唱している（図10-8）。また，ティースデールとバーナード（Teasdale & Barnard, 1993）は，認知心理学的研究の成果に抑うつに関する臨床的な視点を取り入れて，統合的な認知サブシステム ICS（interacting cognitive subsystems）を提唱している（図10-9）。ICSは，視覚・聴覚情報の入力から，その処理過程，生体の状態や反応との間の相互作用を，9つのサブシステムを使って表現したものである。今後は，さらに免疫系や神経系の知見も交えて，現実場面での適用を念頭においたうえで，感情や記憶・認知のはたらきの全体をとらえていく必要があるだろう。

　現時点で提案されているモデルの多くは，冒頭にあげたノーマンの図が示すような，感情と認知を別個のシステムとして対立的に位置づけるという視点にとらわれている。そのような視点がまちがいだというのではない。そうではなくて，本当にその視点だけでよいのか，別の視点がないのかを検討するべきで

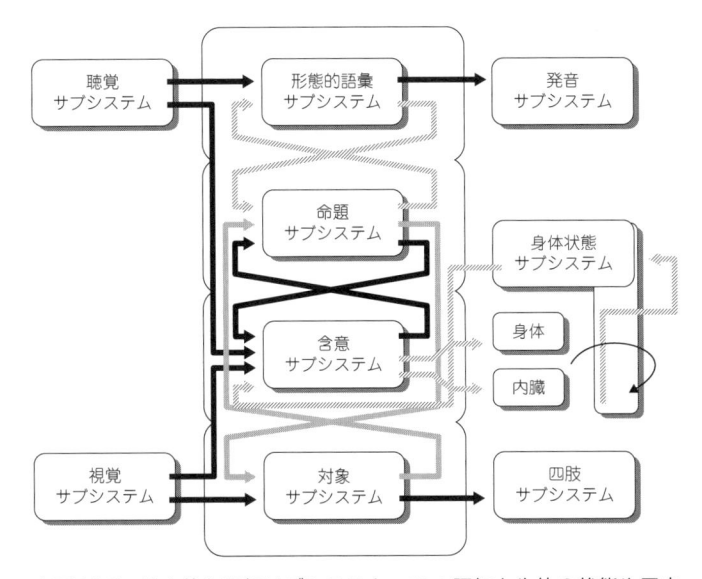

◆図10-9 統合的な認知サブシステム ICS：認知と生体の状態や反応を統合的に説明しようとする試み（Teasdale & Barnard, 1993を参考に作成）

ある。われわれはデータを収集し，そこからなんらかの法則性を見いだしていると思っている。しかし，意識している，いないにかかわらず，データの収集自体がすでに研究者が想定するモデルに規定されている。そして，そのモデルもまた，暗に前提としている人間観（心理観）に規定される。モデルを構成する試みはすばらしいことであるが，その前にそれらの理論の前提となっている思想を明らかにしておくことが，これからの研究では大切ではないだろうか。

【引 用 文 献】

Bower, G. H. 1981 Mood and memory. *American Psychologist*, **36**, 129-148.
Bower, G. H. 1991 Mood congruity of social judgments. In J. P. Forgas(Ed.) *Emotion and social judments.* Oxford : Pergamon Press. Pp. 31-53.
Collins, A. M. & Loftus, E. F. 1975 A spreading-activation theory of semantic processing. *Psychological Review*, **82**, 407-428.
Ellis, H. C., Varner, L. J., Becker, A. S. & Ottaway, S. A. 1995 Emotion and prior knowledge in memory and judged comprehension of ambigous stories. *Cognition and Emotion*, **9**, 363-382.
Forgas, J. P. 1995 Mood and judgment : The affect infusion model(AIM). *Psychological Bulletin*, **117**, 39-66.
池上知子 1998 感情 池上知子・遠藤由美 グラフィック社会心理学 サイエンス社 Pp. 77-96.
松井 豊 (編) 1997 悲嘆の心理 サイエンス社
Miranda, J. & Persons, J. B. 1988 Dysfunctional attitude are mood-state dependent. *Journal of Abnormal Psychology*, **97**, 76-79.
Norman, D. A. 1980 Twelve issues of cognitive science. *Cognitive Science*, **4**, 1-32.
Plutchik, R. 1980 A general psychoevolutionary theory of emotion. In R. Plutchik & H. Kellerman(Eds.) *Emotion : Theory, research, and experience.* Academic Press. Pp. 3-33.
Seibert, P. S. & Ellis, H. C. 1991 A convenient self-referencing mood induction procedure. *Bulletin of the Psychonomic Society*, **29**, 121-124.
高橋雅延 1996 記憶と感情の実験的研究の問題点 聖心女子大学論叢, **86**, 63-102.
谷口高士 1991 言語課題遂行時の音楽による気分一致効果について 心理学研究, **62**, 88-95.
谷口高士 1997 記憶・学習と感情 海保博之 (編) 「温かい認知」の心理学 金子書房 Pp. 53-75.
谷口高士 1998 音楽と感情 北大路書房
Teasdale, J. D. & Barnard, P. J. 1993 *Affect, cognition, and change.* Hove : Lawrece Erlbaum Association.
Teasdale, J. D. & Dent, J. 1987 Cognitove vulnerability to persistent depression : an investigation of two hypotheses. *Buritish Journal of Clinical Psychology*, **26**, 113-126.
戸田正直 1980 感情のアージ理論にもとづく一解釈 心理学評論, **23**, 262-268.
Velten,E . 1968 A laboratory task for induction of mood states. *Behavior Research and Therapy*, **6**, 473-482.

11章

記憶と自己

　われわれは，日々刻々と新たな経験を積み重ねている。あらためて考えてみるならば，今の自分の姿と過去のそれとは同じものではない。にもかかわらず，われわれは，物心ついてからの自分が同じ自分であるという自己の同一性を感じることができる。これは，個人の過去の出来事や経験にかかわる記憶，すなわち自伝的記憶が保持されているからである。この側からもわかるように，自伝的記憶は自己と密接な関連性をもっている。ここでは，これまでに行なわれた自伝的記憶の研究のなかから，特に，再構成的想起による記憶のダイナミックな変動性を扱った研究について述べる。そして，自伝的記憶の想起の際に行なわれる語りの役割と再構成的想起の関係を明らかにしたうえで，最後に，自伝的記憶における自己の機能について考えることにした。

① 自伝的記憶の研究の現状

われわれはみな,数えきれないほどの思い出をもっている。修学旅行の思い出,初恋の思い出,幼い頃に父親に遊んでもらった思い出など,人によって思い出す内容は違っているだろうが,それらの思い出は,どれもみな,個人の人生を色づける大切なものである。しかし,このような個人の過去に起こった出来事や経験にかかわる記憶が自伝的記憶(autobiographical memory)とよばれるようになり,記憶研究者の関心を集めるようになったのは,いわゆる日常記憶(everyday memory)の研究(Neisser, 1982)が盛んになって以後のことである。なぜなら,従来の厳密な実験室内の記憶実験とは異なり,日常記憶の研究では,使われる方法(自己報告法や自然実験)や扱われる記憶現象が,自伝的記憶の研究に適合していたからである(Cohen, 1989, 1996;高木, 1996 a)。

自伝的記憶の研究では,たとえば,被験者に「自分の過去の印象的な出来事」を自由に想起させたり(神谷, 1997;Pillemer et al., 1988;Rubin & Kozin, 1984;佐藤, 1997b),想起の手がかりとして単語を与えて「過去の出来事」を想起させる(Anderson & Conway, 1993;Conway & Bekerian, 1987;Crovitz & Quina-Holland, 1976;Crovitz & Shiffman, 1974;Reiser et al., 1985;Robinson, 1976;Rubin et al., 1986)。また,毎日の生活のなかで起こる出来事を日誌に記録し,一定期間後に,それらの出来事の想起を求めるということが行なわれる(Barclay & Wellman, 1986;Brewer, 1988;Linton, 1982;Thompson et al., 1996;Wagenaar, 1986)。

こうして,自伝的記憶の構造(Anderson & Conway, 1993;Conway, 1996;Conway & Bekerian, 1987;Reiser et al., 1985),時間的経過による忘却の変化(Barclay & Wellman, 1986;Brewer, 1988;Linton, 1982;Wagenaar, 1986),イメージの役割(Nigro & Neisser, 1983;Robinson & Swanson, 1993),感情との関係(神谷, 1997;Robinson, 1976),分布時期(Crovitz & Quina-Holland, 1976;Crovitz & Shiffman, 1974;Rubin et al.,

1986),自伝的記憶の発達(Fivush et al., 1996 ; Hudson, 1990)などについて,活発に研究が行なわれ,現在までに,かなりの研究成果が蓄積されつつある(Conway, 1990 ; Neisser & Fivush, 1994 ; Rubin, 1996 ; Thompson et al., 1996)。これらのなかでも,最も重要な知見は,自伝的記憶の想起時に起こる再構成的想起(reconstructive remembering)という側面である(Barclay, 1994, 1996 ; Brewer, 1986, 1988 ; Conway, 1990)。つまり,自伝的記憶が想起される際,過去の出来事のレプリカがそのままの形で機械的に再現されるわけではない(大森,1992)。そうではなく,「あのときあそこで」の過去が,想起を行なう「今ここで」再構成されるのである(Berger, 1963 ; 桜井,1995 ; 佐々木,1991, 1996)。想起時に再構成が行なわれる結果,次の節でみるように,程度の差はあるにしても,想起時の状況によって,想起される内容が選択されたり,歪み(distortion)が生じるのである(Bruner, 1994 ; 遠藤,1999 ; Reed, 1994 ; Ross, 1989 ; Ross & Buehler, 1994 ;佐藤,1998 ; 佐々木,1991, 1996)。

いうまでもないことであるが,自伝的記憶の再構成的想起には,想起する主体である自己(self)が深く関与している(遠藤,1999 ; 榎本,1998 ; Greenwald, 1980 ; 佐藤,1998)。したがって,自伝的記憶の再構成的想起について検討することは,記憶の研究だけにとどまらず,自己の機能についても考えなければならないことになるのである。

❷ 自伝的記憶における再構成的想起

(1) 反復想起による自伝的記憶の入れ替わり

自伝的記憶の想起が,もし過去のレプリカの機械的な再現であるとするならば,たとえば,「過去の印象的な出来事」の想起を求めた場合,1か月程度の時間をおいても,同じ出来事が想起されると予想される。ところが,実際には,時間をおいて想起を反復すると,おおむね50%前後の記憶が入れ替わってしま

うことが見いだされている（神谷, 1997；Meltzer, 1930；佐藤, 1997b；Turner & Barlow, 1951；Waldfogel, 1948）。このような想起時の記憶内容の入れ替わりも，自伝的記憶の想起が再構成的であるということを示していると考えられる（Berger, 1963）。

たとえば，神谷（1997）は，大学生を対象に，「これまでの人生を振り返って最も印象に残っている個人的エピソード」を3つと，「最近1か月くらいに起きた印象

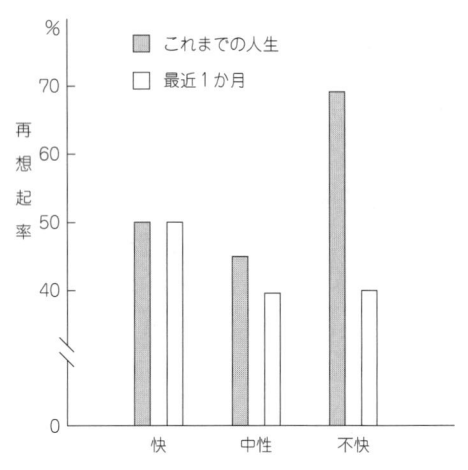

◆図11-1　想起時期条件ごとの感情カテゴリー別再想起率（神谷, 1997, 研究1）

的な出来事」を3つ，想起（記述）させた。そして，約1か月後に，この1回目に想起した出来事を再び想起するように求めた。分析では，1回目に想起された出来事のうち，2回目の想起時に再び想起された出来事の割合について調べた（実際には，想起された出来事は，快，中性，不快という3つの感情カテゴリーに分けられた）。

図11-1は，「これまでの人生」と「最近1か月」の印象に残る出来事のそれぞれについて，2回目の想起時に再想起された割合を感情カテゴリー（快，中性，不快）別に分けて示したものである。図11-1を見るとわかるように，「これまでの人生」の不快なエピソードの再想起率が70％と高くなっているが，それ以外の再想起率は，いずれも40〜50％という値である。わずか1か月で，人生における重要な出来事が忘れられてしまうとは思えないことから考えると，これらの結果は，たとえ想起がくり返されても，被験者は，想起する記憶内容の一部を選択し直し，再構成しているというように解釈できるのである。

（2）暗黙理論の利用による過去の歪み

ロスら（Ross, 1989；Ross & Buehler, 1994）は，われわれが自伝的記憶を想起する際に，その時点でもっている暗黙理論（implicit theory）を利用し

て，過去の自分の姿を再構成すると主張している。ロスのいう暗黙理論とは，素人理論（lay theory）とほぼ同じ意味であり，必ずしも明確な科学的根拠がないにもかかわらず，世間に信じられている知識や概念のことである（Furnham, 1988）。実際，この暗黙理論による過去の再構成的想起のために，想起内容が歪んでしまう実例は，数多く認められている（Conway & Ross, 1984；Lewinsohn & Rosenbaum, 1987；McFarland et al., 1989；McFarland et al., 1992）。

たとえば，レビンソンとローゼンバウム（Lewinsohn & Rosenbaum, 1987）は，「子どもの頃の親の養育態度が抑うつ（depression）の原因である」という暗黙理論が想起内容に及ぼす影響について検討している。彼らは，まず，対象者を，抑うつ者，非抑うつ者（健常者），回復者（過去に抑うつであったが現在は回復した者），の3群に分けた。次に，対象者全員に，自分の両親の過去の養育態度を想起させた。具体的には，親の養育態度を調べる質問紙を与え，自分の記憶をもとに3段階で評定させたのである。この質問紙は，親の拒否的態度（たとえば「私の悩みを理解してくれなかった」など），否定的支配（たとえば「私におかまいなしに支配しようとした」など），厳格なしつけ（たとえば「行きたいところに行かせてもらえなかった」など）という3つの側面を調べることができるものであった。

図11-2は，想起された両親の養育態度（拒否的態度，否定的支配，厳格なしつけ）の平均評定値について，抑うつ者，非抑うつ者，回復者ごとに，示したものである（実際には対象者の性別ごとに調べられているが，ここでは性別を込みにして示してある）。図11-2の拒否的態度に注目すると，抑うつ者は，非抑うつ者や回復者よりも，想起された評定値が高く，自分の親が拒否的態度をとっていた

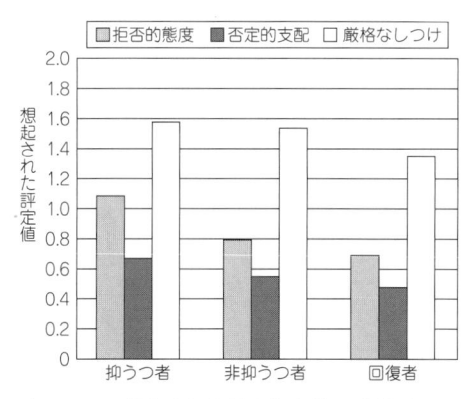

◆図11-2 想起された養育態度（拒否的態度，否定的支配，厳格なしつけ）の群別の平均評定値（Lewinsohn & Rosenbaum, 1987のデータをもとに作図）

というように，想起していることがわかる（否定的支配と厳格なしつけに関しては，このような違いは認められなかった）。ここで重要なことは，もし抑うつという病気が親の拒否的態度と本当に関連があるのならば，現在は抑うつから回復した回復者も，過去の親の養育態度について，抑うつ者と同じように，拒否的であると想起するはずなのに，そうなってはいないということである。したがって，このような結果は，抑うつ者が想起の際に「親の拒否的な養育態度が抑うつの原因である」という暗黙理論を利用して，自分の親の養育態度を再構成してしまったために得られた結果であると解釈することができるのである。

(3) 想起の反復による虚偽の記憶の出現

　自伝的記憶の想起が機械的な再現ではなく再構成的なものであるという別の証拠は，起こっていない出来事を体験したという虚偽の記憶（false memory）が作り出されてしまうという事実である。現在，欧米では，幼児期の性的虐待（child sexual abuse）の記憶が，何年もの長い間，抑圧（repression）によって忘れられていた後に，心理療法（psychotherapy）によって回復されるかどうかという点について，激しい論争が続いている（Loftus, 1993；高橋, 1999；Williams & Banyard, 1999）。記憶研究者たちは，幼児期の自伝的記憶が，心理療法における想起の過程によって，虚偽の記憶として作り出されてしまう危険性をくり返し指摘している（Conway, 1997；Lindsay & Read, 1994；高橋, 1997b）。そして，実際に，虚偽の記憶が再構成的想起によって生み出されることを実験的にも証明している（Hyman & Pentland, 1996；Hyman et al., 1995）。

　たとえば，ハイマンとペントランド（Hyman & Pentland, 1996）は，想起を反復したり，出来事のイメージを想起中に思い浮かべることによって，実際には起こっていない幼児期の出来事の記憶が作り出されてしまうことを明らかにしている。まず彼らは，被験者の親の協力を得て，被験者が6歳以下の時期に実際に起こった出来事を調べておいた。そして，被験者には「幼い頃の思い出をどれだけ正確に思い出せるのか」を調べる実験であると教示した後，実際の出来事だけではなく，実際には起こっていない偽りの出来事（「5歳の時に，

結婚式の受付のパンチボウルをひっくり返して，中身を花嫁の両親にかけてしまった」）も親から聞いた出来事であると偽って，想起を求めた。その際，イメージ条件の被験者には，想起する出来事のイメージを心のなかに思い浮かべるように教示を与えた。こうして，実際の出来事と偽りの出来事の想起を，日をおいて3回くり返したのである。

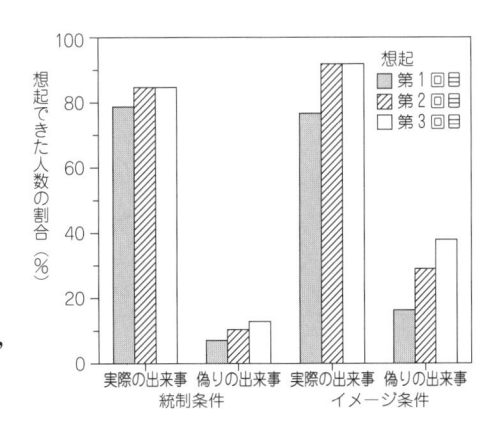

◆図11-3　3回の想起において実際の出来事と偽りの出来事を想起した人数の比率（Hyman & Pentland, 1996）

　図11-3は，3回の想起において，実際の出来事と偽りの出来事を想起できた人数の割合を，統制条件とイメージ条件別に示したものである。図11-3の偽りの出来事に注目すると，想起の回数が多くなるにつれて，実際に起こっていなかったにもかかわらず，偽りの出来事を想起してしまった人数の割合が増えていることがわかる。また，何も教示していない統制条件よりも，出来事のイメージを何度も思い浮かべさせたイメージ条件のほうが，虚偽の記憶を想起してしまう人数の割合が多かったのである。

　このように，実際には起こっていない自伝的記憶さえも作り出せるという結果は，自伝的記憶の再構成的想起を端的に示している結果であると思われる。つまり，実験者から実際にあった出来事であると思い込まされ，そのような出来事を何度も努力して想起しようとする（とりわけイメージを思い描く）と，虚偽の記憶が再構成されてしまうことが起こるのである。したがって，このような実験結果や，先に述べたロスの暗黙理論の考え方に従うならば，幼児期の性的虐待の記憶を回復したという者たちのなかには，「現在の自分の問題の根は幼児期にあるにちがいない」という暗黙理論に基づいて，虚偽の記憶を想起してしまった者たちが，多く含まれていると考えられる。

3 想起における語りの変動性と自己

(1) 再構成的想起における語り

　この章で述べてきた研究は，自伝的記憶の再構成的想起を明らかにした研究のごく一部である。これら以外にも，出来事の起こった日付や時間（Brown et al., 1985；Thompson et al., 1996），その時の感情（Christianson & Safer, 1996；Robinson, 1996）が，想起時に再構成されることを示した研究も認められる。このように，自伝的記憶の想起は，けっして過去の出来事のレプリカの再現ではなく，さまざまな形の歪みをともなう再構成的想起が行なわれるといえるのである。

　しかし，想起の再構成的側面そのものは，けっして目新しい知見ではない。これまでも，バートレット（Bartlett, 1932）以来，さまざまな研究者がくり返し強調してきたことである。実際，材料に単語や文章を使った従来の記憶研究においても，想起の際に，再構成が行なわれることが明らかにされている。たとえば，被験者のもっている既有知識の一種であるスキーマ（schema）やスクリプト（script）に基づく記憶の再構成や（Bartlett, 1932；Bower et al., 1979），想起時に呈示される誘導情報ないし誤情報（misleading information）による記憶の再構成（Loftus, 1979；Loftus & Palmer, 1974；Loftus, et al., 1978）などが，その例である。したがって，ここで明らかにすべきことは，自伝的記憶における再構成的想起が，従来の記憶研究のそれと，どのような点で異なっているかということである。

　自伝的記憶の想起に認められる最も大きな特徴は，想起の際に，一定の形式（時間的，因果的な系列など）に従った語り（narrative）や物語（story）として想起されるという点にある（Barclay, 1996；Bruner & Feldman, 1996；Fivush et al., 1996；Hirst & Manicr, 1996）。想起時に語りを行なうためには，出来事の始まりや終わりの明確化，出来事の時間的な順序づけ，その出来事に関連した別の出来事の選択，それらの因果的な関連づけなどが，必要になってくる（Gergen & Gergen, 1988）。当然のことであるが，同じ出来事であ

っても，その語り口は，一通りではない。どのような語り口を使って想起を行なうかは状況次第であり，そのような意味で，語り口が変われば，想起内容は変動するのである（佐々木, 1991, 1996）。

このことは，ちょうど歴史というものが，状況（時代や立場）によって異なって描かれることと同じことである。つまり，描かれる状況にふさわしいように，過去の多くの出来事のなかから，特定の部分が選択的に取り上げられたり，順序が並べ替えられたり，強調点が変えられたりして，歴史は描かれる。同じ出来事が起こっているはずなのに，状況（時代や立場）によって，語られる歴史は異なるのである（Kammen, 1995 ; Ross & Buehler, 1994 ; Schudson, 1995）。

このように，想起を語りとしてとらえることによって，先に述べた研究結果は，いずれもうまく解釈することができる。すなわち，語りの時が変われば，人生における重要な出来事であっても，その一部は入れ替わる。あらかじめもっている暗黙理論という立場に合うように，過去の出来事は歪められる。ある出来事が起こったという立場に立って語りをくり返せば，つじつまが合うような出来事が作り出されてしまうのである。

さらにまた，自伝的記憶の想起を語りとして見なすことの最も重要な点は，従来の記憶研究では十分に明らかにされてこなかった想起内容のダイナミックな変動性が浮き彫りにされることである。つまり，スキーマ，スクリプト，誘導情報といった概念は，どちらかといえばスタティックなものであり，これらによって再構成される想起内容は，状況にかかわらずほぼ一定である。これに対して，自伝的記憶の想起では，状況が変われば語り口が変わり，想起内容はいくらでも変動していくのである。

（2） 想起における自己の役割

それでは想起の主体である自己は，どのような役割を果たすのであろうか。その答えは，自己と状況との関係をどのようにとらえるかによって変わる。たとえば，ひとつの極端な考え方においては，自己は状況を反映するシステムにすぎないと考えられる。つまり，語り手である自己は，時間的・空間的な場において，常に変動するというのである。ここでいう時間的な場とは，われわれ

が時間軸上を常に未来に向かって生きていることと関係している。時間的にみれば，一刻たりとも同じ自己はあり得ない。時間が経過するなかで起こる新たな経験，他者との交流，考え方の変化などによって，自己は少しずつ変わる。したがって，時間の経過のなかで，自己が変わることによって，同じ出来事の自伝的記憶であっても，その想起内容は変動するのである（Reed, 1994）。一方，空間的な場というのは，主として，自己をとりまく対人的な状況のことである。たとえば，一人でいる場合，親しい友人といる場合，見知らぬ人間といる場合といった，それぞれの場において自己は異なる。実際，社会学や人類学においては，語り手と聞き手との関係（親密度など）によって，語られる想起内容の異なることが知られている（小林, 1992, 1995；桜井, 1995；佐藤, 1998）。したがって，想起時の自己は，時間的・空間的な場を反映する反響システムのようなものでしかなく，自伝的記憶の想起を決めるのは状況によると考えられるのである。

たしかに，時間的・空間的な場の変化に応じて自己は変動し，そしてまた，自伝的記憶の想起内容も変動することがある。しかしながら，ある特定の個人だけに注目して，さまざまな状況で想起される自伝的記憶について考えてみると，それが常に異なったり，歪んでしまうなどということは，それほど多いわけではない。かつてジェームス（James, 1890）が主張したように，われわれがどれほど自分が変わったと感じても，自己の同一性を感じることができるのは，いつも変わらない共通の自伝的記憶が想起できるからなのである。このような共通の自伝的記憶を想起できるということは，状況を越えて，個人ごとに特有の語り口が維持されていると考えることができる。このことは，いわゆる個性として知られているように（小浜, 1997），同じ出来事を経験しても，人によって，想起される自伝的記憶に一定の傾向のみられることからも裏づけられる。たとえば，抑うつ者は，非抑うつ者とは異なり，ネガティブな自伝的記憶ばかりを想起する傾向にあるというのがその一例である（高橋, 1997a）。この考え方に基づけば，自己とは時間的・空間的な場に影響を受けつつも，それとは独立した一定の語り口を有するシステムであると考えることができる。

ここで述べた2つの考え方は，想起における自己の役割をどのように考えるかというほんの一例である。実のところ，想起における自己の役割は，まだほ

とんど何もわかっていない。その理由は，この問題が，結局のところ，自己をどのようにとらえるのかということと深くかかわっているからである（榎本, 1998）。そのような意味で，この章の初めに述べたように，今後の自伝的記憶の研究においては，記憶との関係のなかで自己の機能について，さらに詳細に考えていかなければならないのである（遠藤, 1999；榎本, 1998；佐藤, 1998）。

④ 記憶と自己の研究の今後の展望

　上に述べたように，想起における自己の役割はよくわかっていない。このことを検討するためのひとつの切り口として，自伝的記憶の特徴である語りに基づく再構成的想起の機能を明確にすることがあげられる。これまでにも，自伝的記憶の機能として，自己の同一性の維持機能（Cohen, 1989, 1996；James, 1890；Robinson, 1992），将来の類似の事態に備えたレシピとしての参照機能（Cohen, 1989, 1996；Pillemer, 1992；Pillemer et al., 1988），行動の動機づけ機能（速水・陳, 1993；Markus & Nurius, 1986；Pillemer et al., 1996；佐藤, 1997a），自我の確認や強化機能（Butler, 1963；長田・長田, 1994）などが，不十分ながらも明らかにされてきている（佐藤, 1998）。

　しかしながら，語りに基づく再構成的想起の機能については，何ひとつわかっていない。おそらく，このような再構成的想起の機能を考える際に有用なのが，精神分析学の考え方であろう。よく知られているように，精神分析学においては，適応的な機能をもつものとして自伝的記憶の想起をみなしてきた（Freud, 1915）。つまり，自己にとって不都合な記憶や不快な記憶は，抑圧されたり，歪んで想起されるというのである。この精神分析学における適応的な想起と語りとの関係を考えることで，再構成的想起の機能を明らかにする糸口が見いだせるかもしれない。実際，心理療法においては，自伝的記憶の語りによる再構成的想起が積極的に利用されている（森岡, 1994；森本・前田, 1989）。たとえば，森岡（1994）は，クライエントに自伝的記憶をくり返し語

らせながら，過去の意味づけを再構成させる作業を語り直し（re-telling）とよんで，重視している。つまり，心理療法家の立場は，自伝的記憶の再構成的想起により自己の適応がはかられるというものである。現在のところ，自己の適応という立場から行なわれた自伝的記憶の想起研究としては，断酒会での語りの機能や（松島，1996），苦痛な出来事の語りによる解毒作用（高木，1996b）についての研究が見いだされるだけである。

さらにまた，自伝的記憶の想起を語りとしてとらえるのならば，対人的な機能についても明らかにしなければならないと思われる。それは，自伝的記憶を語るためには，当然，聞き手が必要になってくるからである。人は何のために自分の自伝的記憶を他人に語るのであろうか。ひとつには，記憶の共有による人間関係の維持機能（Robinson, 1992 ; Wegner, 1987 ; Wegner et al., 1991 ; Wegner et al., 1985 ; 矢野，1988）が考えられる。しかし，なぜそこに再構成的想起が必要なのであろうか。おそらく，自己の適応と関係しているとは思われるが，明確なことは何ひとつ明らかではない。

このように，語りという側面から自伝的記憶の機能について調べていくことにより，想起における自己の役割が少しずつ明確になると思われる。もちろん，記憶と自己の問題を従来の記憶研究という枠組みのなかだけで解明することは，とうてい不可能である。そのような意味で，今後，この問題に対して，分野や学問の違いを越えた学際的なアプローチが展開されることは確実であると思われる。

【引 用 文 献】

Anderson, S. J. & Conway, M. A. 1993 Investigating the structure of autobiographical memories. *Journal of Experimental Psychology : Learning, Memory, & Cognition,* **19**, 1178-1196.

Barclay, C. R. 1994 Composing protoselves through improvisation. In U. Neisser & R. Fivush (Eds.) *The remembering self : Construction and accuracy in the self-narrative.* New York : Cambridge University Press. Pp. 55-77.

Barclay, C. R. 1996 Autobiographical remembering : Narrative constraints on objectified selves. In D. C. Rubin (Ed.) *Remembering our past : Studies in autobiographical memory.* Cambridge : Cambridge University Press. Pp. 94-125.

Barclay, C. R. & Wellman, H. M. 1986 Accuracies and inaccuracies in autobiographical memories. *Journal of Memory and Language,* **25**, 93-103.

Bartlett, F. C. 1932 *Remembering : A study in experimental and social psychology.* London : Cambridge University Press. 宇津木 保・辻 正三（訳）1983 想起の心理学　誠信書房

Berger, P. L. 1963 *Invitation to sociology : A humanistic perspectives.* New York : Doubleday Anchor Books. 水野節夫・村山研一（訳）1979 社会学への招待　思索社

Bower, G. H., Black, J. B. & Turner, T. J. 1979 Scripts in memory for text. *Cognitive Psychology,* **11**, 177-220.

Brewer, W. F. 1986 What is autobiographical memory? In D. C. Rubin(Ed.) *Autobiographical Memory.* Cambridge : Cambridge University Press. Pp. 25-49.

Brewer, W. F. 1988 Memory for randomly sampled autobiographical events. In U. Neisser & E. Winograd (Eds.) *Remembering reconsidered : Ecological and traditional approaches to the study of memory.* New York : Cambridge University Press. Pp. 21-90.

Brown, N. R., Rips, L. J. & Shevell, S. K. 1985 The subjective dates of natural events in very long-term memory. *Cognitive Psychology,* **17**, 139-177.

Bruner, J. 1994 The "remembered" self. In U. Neisser & R. Fivush (Eds.) *The remembering self : Construction and accuracy in the self-narrative.* New York : Cambridge University Press. Pp. 41-54.

Bruner, J. & Feldman, C. F. 1996 Group narrative as a cultural context of autobiography. In D. C. Rubin (Ed.) *Remembering our past : Studies in autobiographical memory.* Cambridge : Cambridge University Press. Pp. 291-317.

Butler, R. N. 1963 The life review : An interpretation of reminiscence in the aged. *Psychiatry,* **26**, 65-76.

Christianson, S.-Å. & Safer, M. A. 1996 Emotional events and emotions in autobiographical memories. In D. C. Rubin (Ed.) *Remembering our past : Studies in autobiographical memory.* Cambridge : Cambridge University Press. Pp. 218-243.

Cohen, G. 1989 *Memory in the real world.* Hillsdale, N. J. : Lawrence Erlbaum Associates. 川口 潤・浮田 潤・井上 毅・清水寛之・山 祐嗣（訳） 1992 日常記憶の心理学 サイエンス社

Cohen, G. 1996 *Memory in the real world. 2nd. edition.* East Sussex : Psychology Press.

Conway, M. & Ross, M. 1984 Getting what you want by revising what you had. *Journal of Personality and Social Psychology,* **47**, 738-748.

Conway, M. A. 1990 *Autobiographical memory : An introduction.* Milton Keynes, Open University Press.

Conway, M. A. 1996 Autobiographical knowledge and autobiographical memories. In D. C. Rubin (Ed.) *Remembering our past : Studies in autobiographical memory.* Cambridge : Cambridge University Press. Pp. 67-93.

Conway, M. A. (Ed.) 1997 *Recovered memories and false memories.* Oxford : Oxford University Press.

Conway, M. A. & Bekerian, D. A. 1987 Organization in autobiographical memory. *Memory & Cognition,* **15**, 119-132.

Crovitz, H. F. & Quina-Holland, K. 1976 Proportion of episodic memories from early childhood by years of age. *Bulletin of the Psychonomic Society,* **7**, 61-62.

Crovitz, H. F. & Shiffman, H. 1974 Frequency of episodic memories as a function of their age. *Bulletin of the Psychonomic Society,* **4**, 517-518.

遠藤由美 1999 自己と記憶 梅本堯夫（監修）川口 潤（編）現代の認知研究—21世紀へ向けて 培風館 Pp. 146-158.

榎本博明 1998 「自己」の心理学—自分探しへの誘い サイエンス社

Fivush, R., Haden, C. & Reese, E. 1996 Remembering, recounting, and reminiscing : The development of autobiographical memory in social context. In D. C. Rubin (Ed.) *Remembering our past : Studies in autobiographical memory.* Cambridge : Cambridge University Press. Pp. 341-359.

Freud, S. 1915 *Verdrängung.* In Sigmund Freud Gesammelte Werke. Bd. XIV. Frankfurt am Mein : S. Fischer Verlag GmbH. 井村恒郎・小此木啓吾他（訳） 1970 フロイト著作集第6巻 自我論・不安本能論 人文書院 Pp. 78-86.

Furnham, A. F. 1988 *Lay theories : Everyday understanding of problems in the social sciences.* Pergamon Press. 細江達郎（監修）田名場 忍・田名場美雪（訳） 1992 しろうと理論 北大路書房

Gergen, K. J. & Gergen, M. M. 1988 Narrative and the self as relationship. In L. Berkowitz (Ed.) *Advances in Experimental Social Psychology. Vol. 21.* San Diego : Academic Press. Pp. 17-56.

Greenwald, A. G. 1980 The totalitarian ego : Fabrication and revision of personal history. *American Psychologist,* **35**, 603-618.

速水敏彦・陳 恵貞 1993 動機づけ機能としての自伝的記憶—感動体験の分析から 名古屋大学教育学部紀要（教育心理学科），**40**, 89-98.

Hirst, W. & Manier, D. 1996 Remembering as communicaiton : A family recounts its past. In D. C. Rubin (Ed.) *Remembering our past : Studies in autobiographical memory.* Cambridge : Cambridge University Press. Pp. 271-290.

Hudson, J. A. 1990 The emergence of autobiographical memory in mother-child conversation. In. R. Fivush & J. A. Hudson (Eds.) *Knowing and remembering in young children.* New York : Cambridge University Press. Pp. 166-196.

Hyman, I. E. Jr. & Pentland, J. 1996 The role of mental imagery in the creation of false childhood memories. *Journal of Memory and Language,* **35**, 101-117.

Hyman, I. E. Jr., Husband, T. H. & Billings, F. J. 1995 False memories of childhood experiences. *Applied Cognitive Psychology,* **9**, 181-197.

James, W. 1890 *The principles of psychology.* New York : Holt. 今田 寛（訳）1992 心理学 岩波書店

Kammen, M. 1995 Some patterns and meanings of memory distortion in American history. In. D. L. Schacter (Ed.) *Memory distortion : How minds, brains, and societies reconstruct the past.* Cambridge : Harvard University Press. Pp. 329-345.

神谷俊次 1997 自伝的記憶の感情特性と再想起可能性 アカデミア（南山大学紀要）自然科学・保健体育編, **6**, 1-11.

小林多寿子 1992 ＜親密さ＞と＜深さ＞―コミュニケーション論からみたライフヒストリー 社会学評論, **42**, 419-434.

小林多寿子 1995 インタビューからライフヒストリーへ 中野 卓・桜井厚（編）ライフヒストリーの社会学 弘文堂 Pp. 43-70.

小浜逸郎 1997 大人の条件 筑摩書房

Lewinsohn, P. M. & Rosenbaum, M. 1987 Recall of parental behavior by acute depressives, remitted depressives, and nondepressives. *Journal of Personality and Social Psychology,* **52**, 611-619.

Lindsay, D. S. & Read, J. D. 1994 Psychotherapy and memories of childhood sexual abuse : A cognitive perspective. *Applied Cognitive Psychology,* **8**, 281-338.

Linton, M. 1982 Transformations of memory in everyday life. In U. Neisser (Ed.) *Memory observed : Remembering in natural contexts.* San Francisco : W. H. Freeman. Pp. 77-91. 富田達彦（訳）1988 観察された記憶―自然文脈での想起（上）誠信書房 Pp. 94-111.

Loftus, E. F. 1979 *Eyewitness testimony.* Cambridge : Harvard University Press. 西本武彦（訳）1987 目撃者の証言 誠信書房

Loftus, E. F. 1993 The reality of repressed memories. *American Psychologist,* **48**, 518-537.

Loftus, E. F. & Palmer, J. 1974 Reconstruction of automobile destruction : An example of the interaction between language and memory. *Journal of Verbal Learning and Verbal Behavior,* **13**, 585-589.

Loftus, E. F. & Miller, D. G., & Burns, H. J. 1978 Semantic integration of verbal information into a visual memory. *Journal of Experimental Psychology : Human Learning and Memory,* **4**, 19-31.

Markus, H. & Nurius, P. 1986 Possible selves. *American Psychologist,* **41**, 954-969.
松島恵介 1996 「しない私」と「した私」—断酒的自己を巡るふたつ（あるいはひとつ）の時間について 佐々木正人（編） 想起のフィールド—現在のなかの過去 新曜社 Pp. 1-30.
McFarland, C., Ross, M. & DeCourville, N. 1989 Women's theories of menstruation and biases in recall of menstrual symptoms. *Journal of Personality and Social Psychology,* **57**, 522-531.
McFarland, C., Ross, M. & Giltrow, M. 1992 Biased recollections in older adults : The role of implicit theories of aging. *Journal of Personality and Social Psychology,* **62**, 837-850.
Meltzer, H. 1930 Individual differences in forgetting pleasant and unpleasant experiences. *Journal of Educational Psychology,* **21**, 399-409.
森岡正芳 1994 緊張と物語—聴覚的統合による出来事の変形 心理学評論, **37**, 494-521.
森本修充・前田徳子 1989 「幼い頃の思い出を語ること」の治療的意義—長期入院分裂病者の治療経験から 精神科治療学, **4**, 1541-1552.
Neisser, U. 1982 *Memory observed : Remembering in natural contexts.* San Francisco : W. H. Freeman. 富田達彦（訳） 1988 観察された記憶—自然文脈での想起 誠信書房
Neisser, U. & Fivush, R. (Eds.) 1994 *The remembering self : Construction and accuracy in the self-narrative.* New York : Cambridge University Press.
Nigro, G. & Neisser, U. 1983 Point of view in personal memories. *Cognitive Psychology,* **15**, 467-482.
大森荘蔵 1992 時間と自我 青土社
長田由紀子・長田久雄 1994 高齢者の回想と適応に関する研究 発達心理学研究, **5**, 1-10.
Pillemer, D. B. 1992 Remembering personal circumstances : A functional analysis. In E. Winograd & U. Neisser (Eds.) *Affect and accuracy in recall : Studies of " flushbulb " memories.* Cambridge : Cambridge University Press. Pp. 236-264.
Pillemer, D. B., Goldsmith, L. R., Panter, A. T. & White, S. H. 1988 Very long-term memories of the first year in college. *Journal of Experimental Psychology : Learning, Memory, and Cognition,* **14**, 709-715.
Pillemer, D. B., Picariello, M. L., Law, A. B. & Reichman, J. S. 1996 Memories of college : The importance of specific educational episodes. In D. C. Rubin (Ed.) *Remembering our past : Studies in autobiographical memory.* Cambridge : Cambridge University Press. Pp. 318-337.
Reed, E. 1994 Perception is to self as memory is to selves. In U. Neisser & R. Fivush (Eds.) *The remembering self : Construction and accuracy in the self-narrative.* New York : Cambridge University Press. Pp. 278-292.
Reiser, B. J., Black, J. B. & Abelson, R. P. 1985 Knowledge structures in the

organization and retrieval of autobiographical memories. *Cognitive Psychology,* **17**, 89-137.
Robinson, J. A. 1976 Sampling autobiographical memory. *Cognitive Psychology,* **8**, 578-595.
Robinson, J. A. 1992 Autobiographical memory. In M. M. Gruneberg, P. E. Morris & R. N. Sykes (Eds.) *Aspects of memory. Vol.* 1, *The practical aspects. 2nd edition.* London : Routledge. Pp. 223-251.
Robinson, J. A. 1996 Perspective, meaning, and remembering. In D. C. Rubin (Ed.) *Remembering our past : Studies in autobiographical memory.* Cambridge : Cambridge University Press. Pp. 199-217.
Robinson, J. A. & Swanson, K. L. 1993 Field and observer modes of remembering. *Memory,* **1**, 169-184.
Ross, M. 1989 Relation of implicit theories to the construction of personal histories. *Psychological Review,* **96**, 341-357.
Ross, M. & Buehler, R. 1994 Creative remembering. In U. Neisser & R. Fivush (Eds.) *The remembering self : Construction and accuracy in the self-narrative.* New York : Cambridge University Press. Pp. 205-235.
Rubin, D. C. (Ed.) 1996 *Remembering our past : Studies in autobiographical memory.* Cambridge : Cambridge University Press.
Rubin, D. C., Wetzler, S. E. & Nebes, R. D. 1986 Autobiographical memory across the lifespan. In D. C. Rubin (Ed.) *Autobiographical Memory.* New York : Cambridge University Press. Pp. 202-221.
桜井 厚 1995 生が語られるとき―ライフヒストリーを読み解くために 中野 卓・桜井 厚（編）ライフヒストリーの社会学 弘文堂 Pp. 219-248.
佐々木正人 1991 「現在」という記憶の時間 無藤 隆（編）言葉が誕生するとき 新曜社 Pp. 93-128.
佐々木正人（編）1996 想起のフィールド―現在のなかの過去 新曜社
佐藤浩一 1997a 思い出の中の教師―教職志望意識との関わり 日本教育心理学会第39回総会発表論文集, **50**.
佐藤浩一 1997b 自伝的記憶の反復想起における安定性と変化 日本心理学会第61回大会発表論文集, **774**.
佐藤浩一 1998 「自伝的記憶」研究に求められる視点 群馬大学教育学部紀要（人文・社会科学編）, **47**, 599-618.
Schudson, M. 1995 Dynamics of distortion in collective memory. In. D. L. Schacter (Ed.) *Memory distortion : How minds, brains, and societies reconstruct the past.* Cambridge : Harvard University Press. Pp 346-364.
高木光太郎 1996a 記憶―なぜ日常なのか？ 橋口英俊 他（編）児童心理学の進歩, **35**, 57-80.
高木光太郎 1996b 身構えの回復 佐々木正人（編）想起のフィールド―現在のなかの過去 新曜社 Pp. 219-240
高橋雅延 1997a 悲しみの認知心理学 松井 豊（編）悲嘆の心理 サイエンス社 Pp. 52-82.

高橋雅延　1997b　偽りの性的虐待の記憶をめぐって　聖心女子大学論叢, **89**, 91-114.
高橋雅延　1999　「回復された記憶・偽りの記憶」をめぐる論争の再検討　聖心女子大学論叢, **92**, 83-112.
Thompson, C. P., Skowronski, J. J., Larsen, S. F. & Betz, A.　1996　*Autobiographical memory: Remembering what and remembering when.* Mahwah, N. J.: Lawrence Erlbaum Associates.
Turner, R. H. & Barlow, J. A.　1951　Memory for pleasant and unpleasant experiences: Some methodological considerations. *Journal of Experimental Psychology,* **42**, 189-196.
Wagenaar, W. A.　1986　My memory: A study of autobiographical memory over six years. *Cognitive Psychology,* **18**, 225-252.
Waldfogel, S.　1948　The frequency and affective character of childhood memories. *Psychological Monograph,* **62**, Whole No. 291.
Wegner, D. M.　1987　Transactive memory: A contemporary analysis of the group mind. In B. Mullen & G. R. Goethals (Eds.) *Theories of group behavior.* New York: Springer-Verlag. Pp. 185-208.
Wegner, D. M., Erber, R. & Raymond, P.　1991　Transactive memory in close relationships. *Journal of Personality and Social Psychology,* **61**, 923-929.
Wegner, D. M., Giuliano, T. & Hertel, P. T.　1985　Cognitive interdependence in close relationships. In W. Ickes (Ed.) *Compatible and incompatible relationships.* New York: Springer-Verlag. Pp. 253-276.
Williams, L. M. & Banyard, V. L.　1999　*Trauma and memory.* Thousand Oaks: Sage.
矢野喜夫　1988　幼い時代の記憶　岡本夏木（編）認識とことばの発達心理学　ミネルヴァ書房 Pp. 232-262.

コラム ⑥

量子場脳理論

治部 眞里 (じぶまり)

(専門分野)
　量子脳理論と科学基礎論

1965年生まれ。現在，ノートルダム清心女子大学
情報理学研究所講師

《主要著書》
- Quantum Brain Dynamics and Consciousness. (共著) John Benjamins. 1995
- 添削形式による場の量子論 (共著) 日本評論社　1997
- 脳と心の量子論 (共著)　講談社　1998

　脳の記憶の素過程を物理学の基本である場の量子論によって記述する「量子場脳理論」は，梅澤博臣によって1967年に提唱されました。
　物理的実体である脳にいかに記憶が宿るのか，それは自然界最大の神秘です。記憶の特徴には，安定性と多様性があげられます。また非局在性の重要性もプリブラムによって1966年に示されていました。これら記憶の安定性，多様性，非局在性の特徴を何らかの物理的実体の関与として説明するためには，物理学の理論のなかでも，特に場の量子論が必要となります。「量子場脳理論」が考え出された理由は，そこにあります。
　微視的にみると物質はすべて量子からできています。量子とは，電子，陽子，光子などに代表される物質の基本構成要素であり，何らかの場の特殊な運動の形態です。これら量子が凝集したものが物質です。量子の凝集体としての物質，あるいは量子そのものの性質を追求するための理論が，場の量子論なのです。
　物質の世界で安定性をもっているものは，最低エネルギー状態にある量子凝集体のほかには考えられないことから，記憶は最低エネルギー状態に蓄えられると考えられます。
　また記憶である最低エネルギー状態が多様性をもつためには，少なくとも2

つの場が相互に作用を及ぼしあうことが必要です。1967年当時これらの場の具体的な描像は何も考えられていませんでしたが、その後1970年代にカナダのアルバータ大学のスチュアートと高橋が加わり、具体的な理論計算をする枠組みが完成し、記憶の安定性、多様性、非局在性を演繹的に証明することができました。

1990年代には、相互作用する2つの場が脳細胞内外の水の電気双極子場と電磁場であることが治部と保江によって示されました。そこでは、水の電気双極子場と電磁場の相互作用を高橋らの理論的枠組での計算により、水は50μmのオーダーで電気双極子の向きを揃えた秩序状態を作ること、また質量をもった光子であるトンネル光子が発生することが予測されています。

量子場脳理論によって記憶は脳組織の70～80％をしめる水の秩序状態であり、トンネル光子によって脳組織全体が強力な相関をもつ系を形づくっていることがわかりました。このトンネル光子を実験的に検出する研究もすでに治部と保江によって始まっています。

2000年代という新しいミレニアムには、脳や意識に対する科学的研究がますます盛んになることでしょう。その研究に対するアプローチには、脳科学をはじめとし、生命科学、生物物理学、物理学、数学、情報科学、哲学、心理学、認知科学など多方面から多くの研究者が挑んでいます。

脳の機能、さらに脳から生じるとされる意識の科学的研究に対して、今後どのように取り組むべきかという研究の方向性、方法論についてさまざまな分野の研究者が集まり議論する場をもつために、1999年5月25日から28日まで、国連大学において国際会議「Toward a Sciencen of Consciousness-Fundamental Approaches-Tokyo'99」が開催され、アメリカ、ヨーロッパをはじめ総勢21カ国、388名の参加者を迎えました。

会議の最終日には、国連大学高等研究所所長タルシシオ・デラセンタと治部眞理との連名により、科学者は、純粋に意識の科学に向かって脳を探究し、平和と福祉のみに役立てるよう努力しようという趣旨の「Tokyo'99 宣言」が行なわれました。

詳しくは、http://www.ndsu.ac.jp/~tokyo99.html をご覧ください。

12章 記憶の発生と発達

　ひとりの人間がこの世に生を受けてから死にいたるまでの間に，何十年という長さの時間が過ぎてゆく。人は，日々の暮らしのなかでさまざまな経験を通じて多くの思い出を積み重ねていく。いろいろな思い出が個人のなかに刻みこまれていくということを支える精神機能は，いつ頃からはたらきはじめ，どのような形で展開していくのだろうか。この章では，最初に，記憶発達研究の近年の動向を概観する。次に，子どもの記憶発達に関する4つの側面（基本的記憶能力，記憶方略，メタ記憶，内容的知識）について解説する。そして，最近の実験的研究のなかから，基本的記憶能力の発生・発達を取り上げた研究を紹介する。最後に，今後の展望として，記憶発達の諸側面の間の連関性を検討すること，記憶能力の個人差に注目すること，さほど発達的に変化しない記憶機能を調べること，などの研究課題をまとめる。

① 記憶発達研究とその成果

(1) 記憶発達研究の近年の動向

　人間の記憶に関する発達心理学的研究は，1980年前後を境に，それまでの伝統的な実験的アプローチに加えて，いくつかの新たな広がりをみせはじめたように思われる。そうした広がりは，ちょうど同時期の認知心理学の動向とも呼応しており，大きく次の3つの研究指向に分けて考えることができる。

　第一に，生涯発達（life-span development）の観点から，子どもや若年成人（大学生）だけでなく，より広い範囲にわたる年齢層の人たち（新生児，乳幼児，中高年齢者など）を対象にした記憶発達研究の重要性が指摘されるようになったことである（Perlmutter, 1986）。この研究の指向は，一生涯にわたる人間の発達過程の全容を理解するためには，生後数年を経たあとのせいぜい十数年間の発達的変化を調べるだけでは不十分であるという認識に立つものである。乳幼児を対象とした記憶機能の発生の問題や，高齢者を対象にした記憶機能の減退の問題などが詳細に検討されはじめた。

　第二に，健忘症患者をはじめ，さまざまな疾患や障害をもつ人たちを対象にした実証的研究が多くなされるようになったことがあげられる。以前から，特定の疾患や障害をもつ子どものグループとそうでない子どものグループの記憶課題成績を比較し，その記憶過程を特徴づけようとする発達的研究はあった（Liben & Drury, 1977）。しかしながら，近年は個々人の具体的な神経生理学的所見に照らして，特定の認知機能に対する疾患や障害の意味合いを探ろうとする研究が増えてきた（Shimamura & Squire, 1984）。脳の発生・発達・老化のメカニズムの解明をめざす神経科学的研究が急速に進展したことの影響も大きい。この研究指向は，各種の疾患や障害を手がかりに，人間の認知機能およびその発達過程における柔軟性や補償性を明らかにしようとするものであるともいえる。

　第三に，記憶の実際的側面に関連して，日常生活場面もしくはそれに近い状況でのさまざまな記憶現象に注目した研究がなされるようになった。こうした

日常記憶（everyday memory）とよばれる研究領域では，たとえば，次のような研究テーマについて発達心理学的な取り組みがなされている。①実際の場面や出来事の記憶（具体的な研究例：子どもの目撃証言における信頼性の検討；Ceci et al., 1987），②日常生活での一連の行為の記憶（例：子どものスクリプト（script）の検討；Fivush, 1984），③具体的なプランに基づく未来志向的な記憶（例：子どもの展望的記憶（prospective memory）の検討；Ceci & Bronfenbrenner, 1985），④自己の過去経験の記憶（例：自伝的記憶（autobiographical memory）や幼児期健忘（infantile amnesia）の検討；Sheingold & Tenney, 1982），⑤感情をともなった記憶（例：ストレス状況下での子どもの記憶の検討；Goodman et al., 1986），⑥生態学的妥当性の高い刺激の記憶（例：子どもにおける人物の顔の記憶の検討；Flin, 1985），⑦日常場面での子どもの記憶行動（例：親子における共同想起の検討；Edwards & Middleton, 1988），などである。

　この第三の研究指向は，単に記憶課題に用いられる刺激材料が現実の人や場所，事物，出来事などに拡張されたということだけを意味するのではない。課題場面の現実性・日常性をはじめ，個人を取り巻く他者，生活環境，社会，文化といった広い意味での状況がその個人の知識の増大や記憶技能の獲得・形成の過程に大きな役割を果たしていると考えるのである。とりわけ1990年前後から，こうした考え方に基づく研究が盛んになってくる（Lave & Wenger, 1991）。そもそも状況によってどういった知識や記憶技能が有意味・有用であるのかは異なっており，人間の認知・記憶機能は本質的に常に状況からの束縛や制約を受けているともいえる。そうすると，実験的アプローチに依拠した従来の諸概念だけでは現実場面での記銘や想起に関する行為や個人のなかでの記憶の意味づけをとらえきれないと考えられるようになってきた。

（２）　子どもの記憶発達の諸側面

　前述のように，近年の記憶発達研究は新たな展開の様相を示している。しかしながら，伝統的な実験的アプローチによる研究からも膨大な量の研究結果が蓄積され，優れた研究知見が記憶の発達理論・発達モデルの構築と修正におおいに寄与している。

現代の実験的記憶発達研究では，およそ乳幼児期から児童期・青年期にかけての個人の記憶の発達に焦点があてられている。現在のところ，「子どもから大人にかけてどのように記憶は発達するのか」という問いに対して，次の4つの側面から記憶の発達的変化が説明されることが多い。すなわち，①基本的記憶能力（basic memory capacity），②記憶方略（memory strategy），③メタ記憶（metamemory），④内容的知識（content knowledge，知識ベース（knowledge base）と同義），の4側面である（Brown & DeLoache, 1978）。

① **基本的記憶能力**

一般に「記憶が発達する」というときの「記憶」とは，課題場面においてなんらかの対象を意図的に記銘し，必要に応じて保持内容を想起する精神機能を指すことが多い。しかしながら，原初的な認識機能（たとえば，対象の識別や同定）においても，無意図的・偶発的・一時的ではあるが，情報の保持はたしかになされているのである。そうした感覚記憶や短期記憶の絶対的な容量，および処理スピードに反映される基本的な認識機能は，他の3つの側面の基礎として重要な役割を担っており，年齢が進むにつれて着実に伸びていくとされている（Dempster, 1978）。

② **記憶方略**

記憶方略とは，記憶場面（記銘場面・検索場面）において主体が意図的に行なう活動・手段のことである。言語的ラベリング（verbal labeling）やリハーサル（rehearsal），体制化（organization），精緻化（elaboration）などがこれにあたる。いずれの記憶方略も乳幼児では使用は困難であるが，年齢が進むにつれてしだいに使用できるようになり，方略の内容がより洗練され，情報保持の効率性が改善されていく。ただし，年少の幼児の場合でも，一概に記憶方略の使用が困難であるとはいいきれない。記憶方略をまったく使用することができない段階（媒介欠如 mediation deficiency の段階）の後に，記憶方略を自発的には使用できないが，適切に誘導されれば使用できるという産出欠如（production deficiency）の段階があるとされている。最近の研究では，産出欠如の段階から，成熟した記憶方略を自発的に使用できる段階へとすぐに移行するわけではないことが指摘されている（Miller, 1994）。すなわち，子どもが自発的に使用しはじめた当初の記憶方略は，さほど記憶成績の向上には役立

たないのである。こうした現象は「利用欠如（utilization deficiency）」とよばれている。つまり，利用欠如を示す子どもは有効な記憶方略の「使いこなし」がまだできない段階にあると考えられる。

③ **メタ記憶**

メタ記憶とは，個々人の記憶活動にかかわる認識や知識のことを指す。メタ記憶には，特定の記憶課題において記憶方略を使用する必要性に気づくことや，記憶課題の学習困難度に関連する変数，記憶する個人の状態や能力などに関連する変数，使用できる記憶方略の有効性に関連する変数などについての知識（メタ認知的知識 metacognitive knowledge）が含まれている。近年の記憶発達研究では，自己の記憶行動を監視したり，記憶成績を予測したりする能力（自己モニタリング self-monitoring）や自己の記憶行動の計画立案・制御・調整にかかわる能力（自己調整 self-regulation）をメタ記憶のなかに含めて考える場合も多い。これらのメタ認知的知識や自己モニタリング能力，自己調整能力は，子どもの年齢が高くなるにつれてより豊かなものへと変化していく。最近では，自己の記憶のはたらきに関する気づきや理解だけでなく，他人の行為をその人の心理状態も含めて解釈したり予測したりすることについても多くの関心が寄せられている。子ども自身がなんらかの理屈（「心の理論（theory of mind）」とよばれる）に基づいて自己および他者の心のはたらきをとらえようとする認知機能をもっていると考えられ，それがどのように発達していくのかに焦点をあてた研究が盛んに行なわれている（Wellman, 1990）。

④ **内容的知識**

記憶実験において刺激材料の連想価や熟知度が統制されることからもわかるとおり，個人がすでにもっている知識の量が記憶能力に影響を及ぼすのは当然のことである。豊かな知識をもつ者ほど新たな情報を既有の知識に関連づけて覚えることが容易となる（Chi, 1978）。あるいは，既有知識を援用して推論を行ない，求める情報の検索に役立てることもできる（Paris & Lindauer, 1976）。つまり，記銘方略や検索方略の発達は，子どもがどのような知識をどれだけ多くもっているかに依存していると考えられる。しかしながら，いくらさまざまな知識を多くもっていても，それらは必ずしも常に有効な方略の使用や記憶成績の向上につながるわけではないことが最近わかってきた（DeMarie-

Dreblow, 1991)。とりわけ，既有知識が十分に活性化されない場合にはそうした知識による促進効果は認められにくいことが明らかにされている。

❷ 記憶の発生と発達に関する最近の研究

　子どもを対象にした近年の実験的記憶発達研究のほとんどは，前述の4つの側面のいずれか（または，そのいくつかの関係）を取り上げた研究として位置づけることができる。そのうち，基本的記憶能力の発生・発達に関連してアドラーら（Adler et al., 1998）の研究を，また，記憶方略およびメタ記憶の発達に関連してジャスティスら（Justice et al., 1997）の研究を紹介する。

（1） 基本的記憶能力の発生と発達：アドラーら（1998）の研究
《研究の背景と問題》
　従来，意図的な記憶は5,6歳頃からはたらきはじめ，学齢期に大きく育つものだと考えられていた（Flavell et al., 1966）。ところが，日常生活での記憶行動を詳細に観察した研究や，記憶課題を工夫した実験的研究から，年少の幼児でも意図的に記憶活動を行なう（原初的な，あるいは「自然な」記憶方略を使用できる）ことがしだいに明らかにされてきた（Wellman, 1988）。さらに，生後12時間ほどの新生児でも自分の母親の声と別の女性の声を識別できるとされ（DeCasper & Fifer, 1980），非言語的材料についての再認記憶は誕生後まもない時期の乳児においても認められることがわかってきた。
　では，意図的な記憶活動を行なう以前の発達段階において，乳幼児の再認記憶はどのような性質をもっているのだろうか。ロヴィ・コリアはこれまでに，非言語的材料に対する乳児の再認記憶を実験的に詳しく調べてきた（Rovee-Collier, 1980）。その成果に基づいて，アドラーら（1998）は，生後3か月の乳児の再認記憶における選択的注意の効果を検討している。つまり，特定の刺激に注意を向けることによってその再認記憶は促進されるのかという問題を取

り上げている。

《実験方法》

　被験者は生後3か月の乳児24名であった。乳児は，頭上にモビールが取り付けられたベビーベッドに寝かされ，そのモビールと乳児の足首がリボンで結ばれる。乳児が足をバタバタさせる（宙を蹴る）とモビールが動くようにしかけられている（図12-1）。モビールには全部で7個の積み木が吊り下げられている。一部の実験条件を除いて，その7個の積み木のうちの1個だけに「L」という文字が書かれており，残りの6個には「＋」という記号が書かれていた。そうすると，「L」の積み木は他の「＋」の積み木よりも特にめだってみえ（ポップアウトされ），注意が向けられやすいと考えられる。この場合，「L」の積み木はターゲット刺激，「＋」の積み木は妨害刺激とよばれている。

モビールからつり下げられた積み木のなかで1個だけ「L」と書かれている。

◆図12-1　実験中の訓練のようす
　　　　（イメージカット）
　　　（Adler et al., 1998より作図）

　このような状況に乳児は15分間置かれ，足の動きとモビールの動きとの随伴関係が学習訓練された。訓練は2日間連続して行なわれ，その24時間後に別のモビールに取り替えて（または取り替えないで），足の動きとモビールの動きとの随伴関係が保持されているかどうかがテストされた。

　モビールへの乳児の選択的注意は，訓練時のモビールおよびテスト時のモビールの7個の積み木を変えることによって操作され，次の4つの条件が設定された。①訓練時のモビールは，前述のとおり「L」が1個で「＋」が6個（以下の②と③も同様）。テスト時のモビールは7個の積み木がすべて「L」（ターゲットテスト条件）。②テスト時のモビールの積み木はすべて「＋」（妨害テスト条件）。③テスト時のモビールは訓練時のモビールと同じ（変化なし条件）。④訓練時のモビールの積み木は「L」が3個（または4個），「＋」が4個（ま

たは3個)で，テスト時のモビールの積み木はすべて「L」(ポップアウトなし条件)。これらの4条件は被験者間変数として操作され，1条件につき6名の乳児がわりつけられた。

《実験結果と考察》

乳児の反応の指標は，単位時間あたりの足蹴りの回数であった。足首とモビールをつなぐ前の時点で，個々の被験児ごとに1分間に何回足を蹴るのかが測定され，それぞれの基準値とされた。その基準値に対する訓練直後の被験児の反応率が算出された。さらに，訓練直後の反応率とテスト時の反応率の比(保持比とよぶ)が求められた。保持比が1に近ければ課題場面での随伴関係がより完全に保持されていることを示し，保持比が1よりも有意に低ければ，その随伴関係が保持されていないことを示す。

おもな実験結果は図12-2のとおりである。ポップアウトなし条件以外の3つの条件では，いずれも乳児は課題場面の随伴関係を有意に保持していることが示された。しかし，これらの3条件の間で保持比の差はみられなかった。この結果から，訓練時によくめだつ刺激(ターゲット刺激)だけでなくめだたない刺激(妨害刺激)に対しても符号化がなされ，訓練の24時間後であれば，両方の刺激はいずれも再認されていることが明らかになった。

この実験に引き続いて，新たに別の乳児を対象にして，訓練からテストまでの時間間隔を操作した2つの実験が行なわれた。その結果，訓練時に7個の積み木がすべて同じである場合(訓練時に全部の積み木に等しく注意が向けられる場合)と比較して，ターゲット刺激については訓練からテストまでの時間間隔がもっと長くても再認可能であった。一方，妨害刺激については訓練ーテストの時間間隔がもっと短くなければ再認されなかった。したがって，符号化時に注意を向けられた刺激の再認記憶は比較的永続的であるのに対し

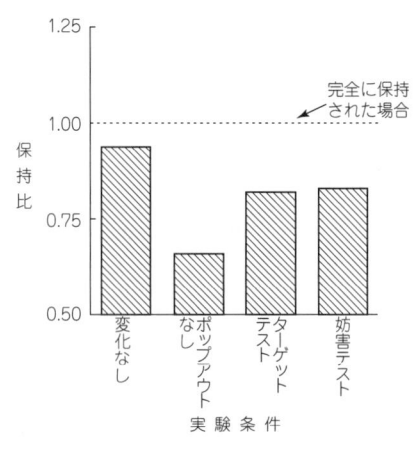

◆図12-2 実験条件別にみた保持比
(Adler et al., 1998より)

て，注意を向けられなかった刺激への再認記憶は短期間しか持続しないことが示唆される。一般成人の再生記憶について「刺激に対する処理の水準（深さ）が記憶痕跡の持続性を決定する」という説（処理水準説，Craik & Lockhart, 1972）があるが，この説は生後3か月の乳児の再認記憶においてもあてはまるのかもしれない。

(2) 記憶方略およびメタ記憶の発達：ジャスティスら（1997）の研究
《研究の背景と問題》

　3歳児にもなれば，さまざまな記憶課題に際して意図的になんらかの単純な行動（たとえば，記銘すべき刺激をじっと見つめる，さわる，動かす）をとることができる。しかし，それらの行動は記憶課題の成績を積極的に向上させるほどの有効性をもっていないことが多い。前述のように，子どもが記憶方略を自発的に使用しはじめた頃に利用欠如という現象がみられる。つまり，年長児にとっては有効な記憶方略であるのに，方略使用の経験に乏しい年少児ではその方略の使用が課題成績の向上に結びつかないのである。たとえば，言語的ラベリングを使用すると6歳児では再生成績が上がるのに，4，5歳児では上がらないことが知られている（Baker-Ward et al., 1984）。

　ジャスティスら（1997）は，この利用欠如の現象がみられる理由として，記憶方略がどのようなはたらきをもっているかを子どもが理解していないからではないかと考えた。彼らは記憶方略として言語的ラベリング（記銘すべき対象物の名前を言うこと）を取り上げ，おもに，①子どもが記憶方略の使用と再生成績との因果関係に気づいているか，②それに気づくことと子ども自身の学習行動および実際の再生成績とは関係するか，という2点について実験的に検討している。

《実験方法》

　被験者は，就学前児24名，小学1年生25名，および小学3年生25名の計74名であった。実験は被験児個人ごとに行なわれ，2つのセッションから構成された（セッション間の間隔は4～6週間）。第1セッションでは，具体物の描かれた10枚の絵カードが机の上に置かれ，被験児はそれぞれの具体物の名前を覚えるように教示された。そして次に，被験児はそれぞれの絵カードに何が描か

れているかを尋ねられた。その後90秒間にわたって被験児の学習行動が観察・記録された。そのあと具体物の名前についての再生が求められた。

　このあと，また別の10枚の絵カードを用いて同様の学習とテストが行なわれた。この第2試行では，90秒間の学習行動の観察のあと，被験児に「絵カードを覚えるために自分自身でどのようなことをしましたか」といった質問が与えられた。その後，再生が求められた。

　第2セッションでは，被験児は，一人の子どもが何かを覚えているようすを録画したビデオを見せられた。たとえば，学校の先生がクラスの生徒に「休暇中に見た物を10個家で覚えてきて，翌日クラスで話しなさい」という宿題を出した場面が設定されていた。さらに，モデルの6歳の子どもが自宅でアルバムのページをめくりながら写真に写っている事物を覚えているようすが収められていた。この課題場面においてモデルが声に出して写真の事物の名前を言う場合（ラベリング条件）と言わない場合（ラベリングなし条件），そして，そのモデルが翌日に10個話せた場合（高再生条件）と2個しか話せなかった場合（低再生条件）を組み合わせて4通りのビデオが作成されており，各被験児はそのうちの一つを見せられた。被験児は，ビデオを見せられた後に，「モデルは覚えようとしましたか？」，「モデルが覚えようとしたかどうかについてどれほど自信がありますか？」，「モデルが覚えようとしたとどうしてわかるのですか？」といった質問が与えられた。

《実験結果と考察》

　まず最初に，行動観察に基づいて第1セッションの学習期間中に声に出してラベリングを行なった被験児とそうでなかった被験児に分けられた。次に，学習期間中にどのような方略を用い，それが再生にどう役立つかという質問に対する反応（説明）をもとに，被験児は次の3つのグループに分けられた。すなわち，①ラベリングを行なったことを自分から示し，その行動が絵カードの再生を高めるのに役立ったという理由が言えた被験児（「ラベリングを行ない，内面的（mentalistic）な説明をした者」とよぶ），②ラベリング以外の方略を行なったことを自分から示し，その行動が絵カードの再生を高めるのに役立ったという理由が言えた被験児（「別の方略を行ない，内面的な説明をした者」とよぶ），③自分の学習行動を示せなかったり，学習行動を示せてもその効果

を説明できなかった被験児（「内面的な説明のできない者」とよぶ），に分類された。これらの分類に基づいて，各学年別に被験児の数とその割合を調べると，表12-1のようになった。実際に声に出してラベリングを行なった被験児の割合は，学年が進むにつれて低くなっていった。おそらく年長児になるほど声に出さずにラベリングを行なっていたと考えられる。一方，内面的な説明のでき

◆表 12-1　発声的ラベリングに関する分類および記憶方略の説明に関する分類による被験児の人数と割合

学　年	記憶方略の説明に関するグループ			計
	ラベリングを行ない内面的説明をした	別の方略を行ない内面的説明をした	内面的な説明をしなかった	
就学前児				
発声的ラベリングあり	1(4)	1(4)	20(83)	22
発声的ラベリングなし	0	1(4)	1(4)	2
小学1年生				
発声的ラベリングあり	5(20)	5(20)	5(20)	15
発声的ラベリングなし	2(8)	2(8)	6(24)	10
小学3年生				
発声的ラベリングあり	8(32)	2(8)	1(4)	11
発声的ラベリングなし	3(12)	7(28)	4(16)	14

注）　表の中の数値は被験者の人数。カッコ内の数値はパーセント。

◆表 12-2　記憶方略の説明に関するグループごとの発声的ラベリングの回数と再生成績

記憶方略の説明に関するグループ	発声的ラベリングの平均回数[a]	発声的ラベリングを行なった被験児の再生数[a]	全部の被験児の再生数[b]
ラベリングを行ない内面的説明をした	30.71 (25.96)	6.82 (1.32)	6.63 (1.19)
別の方略を行ない内面的説明をした	19.56 (15.20)	6.06 (1.21)	5.97 (1.62)
内面的な説明をしなかった	28.90 (16.94)	5.21 (1.86)	5.18 (1.93)

注）　カッコ内の数値は標準偏差。
　　a　発声的ラベリングを行なった被験者の人数は48名。
　　b　全部の被験者の人数は74名。

る者の割合は，学年が進むにつれて着実に高くなっている。

　内面的説明に関するグループの間で，学習期間中の発声的ラベリングの回数および再生成績を比較したところ，被験児の年齢に関係なく，発声的ラベリングの回数には差がなく，再生成績には差がみられた（表12-2参照）。つまり，同じように発声的なラベリングを行なっているのに，自分自身の記憶方略を説明できる被験児は，そうでない被験児に比べて再生成績はよかったのである。

　第2セッションでの一連の質問に対する反応をもとに，ビデオのモデルが用いた記憶方略と再生成績との因果関係を被験児がどの程度気づいているかが分析された。結果として，モデルが将来の再生に備えるべく準備をしていたことと，再生成績が高かった（または低かった）ことの両方を指摘した（方略使用と再生成績との因果関係に気づいていた）被験児の割合は，確実に年長児ほど高かった。また，その割合は，第1セッションで自分自身の記憶方略について内面的説明を行なった者のほうが，内面的説明のできなかった者よりも明らかに高かった。

　これらの実験結果から，記憶方略がどのようなはたらきをするかというメタ認知的理解が記憶方略の有効性にとって重要であることがわかる。したがって，年少児における利用欠如の現象は記憶方略に関するメタ認知的理解の乏しさと深く関係していると考えられる。

3　記憶発達研究の今後の展望

(1)　記憶発達研究の全体の枠組み

　最近の実験的記憶発達研究は，記憶課題や実験手続きを工夫して，子どものもつ記憶機能を従来よりも広い範囲にわたって詳細に検討しようとしている。すでに述べたように，1980年代以降，人間の記憶という精神機能をとらえるには，比較的少数の実験変数を操作した実験的研究だけでは十分ではないと考えられるようになってきた。そうした動向のなかで，自伝的記憶や目撃証言など

の日常記憶に関する研究が現在精力的に行なわれている。

 とりわけ，記憶のどのような側面がどのような形でいつ頃芽生えてくるのかという記憶機能の発生にかかわる問題については，実験室実験からだけでは実のある知見を求めることは難しい。おそらく現実世界のさまざまな場面や状況での行動観察を基礎において記憶の発生の問題を定式化することが重要であると考えられる。覚えること，忘れることに関連した個人（あるいは集団）の行動・認識の特徴や起源を社会文化的な文脈のなかでとらえ直す研究も注目されている。それらの研究は，社会学や文化人類学と密接な関係を保ちながら，記憶という精神機能の再定義を迫るほどの熱気をもっているように思われる。

 しかしながら，前節で紹介した2つの研究に代表されるように，日常生活場面での行動観察だけではなかなか見つけにくい，あるいは確かめにくい子どもの記憶能力の豊かさが，巧みな実験から明らかにされているのも事実である。たしかに，緻密な実験室実験を通して得られる知見は，記憶発達の全体像のごく一部をとらえているだけかもしれない。だが，子どもの記憶行動に関する記述をつきあわせるだけでなく，行動観察から提起された仮説を実験を通して検証する作業は，記憶発達理論の一般的体系化にとって必要不可欠であると考えられる。その意味において，すでに述べた近年の3つの研究指向は，今後の記憶発達研究においても引き続き重要な知見を提供してくれるように思われる。

（2） 実験的記憶発達研究の今後の展望

 以上のことから，今後の実験的研究は，単に厳密性や巧緻性を追求するだけではなく，他の専門領域の方法論とも連携しながら，広範なデータを包括・統合するような方向に進んでいくことが期待される。シュナイダーとプレスリー（Schneider & Pressley, 1997）は，日常記憶の研究や記憶の動機づけ要因に関する研究の重要性を指摘しつつ，今後の記憶発達研究のあり方について以下の4項目の提言を行なっている。

 第一に，前述の記憶発達における4つの側面がこれまで個別的に取り扱われがちであったのに対して，今後はいくつかの側面の連関性を検討すべきであるとしている。その際，多変量解析の手法（とくに因果関係の分析）が有効である。共分散構造分析の一種であるLISRELモデルを用いた研究では，子どもの

知能指数やメタ記憶，実際の記憶行動，特定の記憶課題における成績などの相互関係を特徴づけるのに一定の成果を収めている（図12-3；Schneider et al., 1987）。

第二に，記憶の発達に関する質的データをもっと広く活用すべきである。現在は，プロトコル分析をはじめ質的データの分析方法についてかなりよく整備されている。

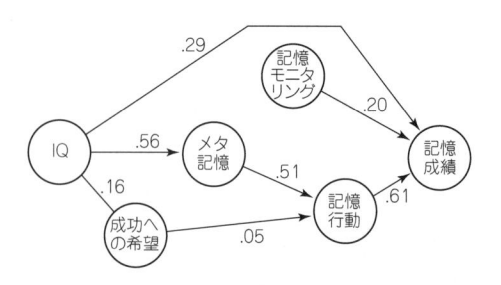

◆図 12-3　LISREL モデルによる分析から明らかにされた記憶の構成要素間の関係（小学3年生の場合）
（Schneider et al., 1987より）

民族誌・生態誌，ケーススタディ，インタビューなどを通じて得られた記録や言語的自己報告データをこれまでよりも積極的に活用し，分析することが望まれる。

　第三に，記憶発達における個人差の問題をもっと取り上げるべきである。そのひとつは，精神遅滞児や学習障害児，優秀児など，知能の面でさまざまな特徴をもつ子どもにおいて，知識や方略使用，メタ記憶がどのように異なるかを検討することが求められる。また，乳幼児期・学齢期における身体疾患と記憶行動との関連性，記憶能力における性差の問題，子どものおかれている文化や社会が記憶に及ぼす影響，といった検討課題があげられる。さらに個人間の違いだけでなく，個人内での変動の問題はこれまであまり取り上げられてこなかった。同一の個人が記憶課題によって得手・不得手がある場合や，課題状況によって自分の記憶能力を十分に発揮したり，そうでなかったりする場合がある。これらの問題についても，今後の研究の進展が望まれる。

　第四に，記憶発達の縦断的研究が期待される。従来の記憶発達研究では，年齢の異なる子どものグループを比較して記憶行動や課題成績がどう違うのかを調べる横断的研究が多かった。しかし，初期に示された記憶能力がその後どのように発達していくのかを詳しく知るには，長期間にわたって同一の個人における記憶の発達的変化を追跡する必要がある。

　これらシュナイダーとプレスリーによる提言に，ここではもうひとつの視点を付け加えたい。それは，記憶における発達的不変性（developmental invariance) に関する問題である。一般に，やがて高齢化にともなって記憶能力はしだいに減退し個人の記憶能力は低下していくと考えられている。しかし，一生を通じてほとんど変化しない記憶のはたらきがあることは，以前から知られている（Hasher & Zacks, 1979)。たとえば，刺激材料の空間的情報や頻度情報などについての自動的・無意図的処理はいったん幼児期に確立すると，それ以後は大きな発達はみられず，子どもの知能レベルともさほど関連しないとされている。比較的最近では，潜在記憶に関連した課題の成績は，顕在記憶の場合とは違って，子どもの年齢による違いがみられないことが報告されている（Naito, 1990)。記憶機能のうちで発達的変化を示さない部分への詳細な検討も，記憶発達の研究に重要な知見をもたらすと思われる。

【引用文献】

Adler, S. A., Gerhardstein, P. & Rovee-Collier, C. 1998 Levels-of-processing effects in infant memory? *Child Development*, **69**, 280-294.

Baker-Ward, L., Ornstein, P. A. & Holden, D. J. 1984 The expression of memorization in childhood. *Journal of Experimental Child Psychology*, **37**, 555-575.

Brown, A. L. & DeLoache, J. S. 1978 Skills, plan, and self-regulation. In R. S. Siegler (Ed.) *Children's thinking : What develops?* Hillsdale, NJ : Erlbaum.

Ceci, S. J. & Bronfenbrenner, U. 1985 "Don't forget to take the cupcakes out of the oven": Prospective memory, strategic time-monitoring, and context. *Child Development*, **56**, 152-164.

Ceci, S. J., Ross, D. F. & Toglia, M. P. 1987 Suggestibility of children's memory : Psychological implications. *Journal of Experimental Psychology : General*, **116**, 38-49.

Chi, M. T. H. 1978 Knowledge structures and memory development. In R. S. Siegler (Ed.) *Children's thinking* : What develops? Hillsdale, NJ : Erlbaum.

Craik, F. I. M. & Lockhart, R. S. 1972 Levels od processing : A framework for memory research. *Journal of Verbal Learning and Verbal Behavior*, **11**, 671-684.

DeCasper, A. J. & Fifer, W. P. 1980 Of human bonding : Newborns prefer their mother's voice. *Science*, **208**, 1174-1176

DeMarie-Dreblow, D. 1991 Relation between knowledge and memory : A reminder that correlation does not imply causation. *Child Development*, **62**, 484-498.

Dempster, F. N. 1978 Memory span : and short-term memory capacity : A

developmental study. *Journal of Experimental Child Psychology*, **26**, 419-431.
Edwards, D. & Middleton,D. 1988 Conversational remembering and family relationships : How children learn to remember. *Journal of Social and Personal Relationships*, **5**, 3-25.
Fivush, R. 1984 Learning about school : The development of kindergarteners' school scripts. *Child Development*, **55**, 1697-1709.
Flavell, J. H., Beach, D. H. & Chinsky, J. M. 1966 Spontaneous verbal rehearsal in a memory task as a function of age. *Child Development*, **37**, 283-299.
Flin, R. H. 1985 Development of face recognition : An encoding switch ? *British Journal of Psychology*, **76**, 123-134.
Goodman, G. S., Hepps, D. & Reed, R. S. 1986 The child victim's testimony. In A. Haralambie (Ed.) *New issues for child advocates.* Phenix : Arizona Association of Council for Children.
Hasher, L. & Zacks, R. T. 1979 Automatic and effortful processes in memory. *Journal of Experimental Psychology : General*, **108**, 356-388.
Justice, E. M., Baker-Ward, L., Gupta, S. & Jannings, L. R. 1997 Means to the goal of remembering : Developmental change in awareness of strategy use-performance relations. *Journal of Experimental Child Psychology*, **65**, 293-314.
Lave, J. & Wenger, E. 1991 *Situated learning : Legitimate peripheral participation.* Cambridge University Press. 佐伯 胖（訳）1993 状況に埋め込まれた学習：正統的周辺参加　産業図書
Liben, L. S. & Drury, A. M. 1977 Short-term memory in deaf and hearing childen in relation to stimulus characteristics. *Journal of Experimental Child Psychology*, **24**, 60-73.
Miller, P. H. 1994 Individual differences in children's strategic behavior : Utilization deficiencies. *Learning and Individual Differences*, **6**, 285-307.
Naito, M. 1990 Repetition priming in children and adults : Age-related dissociation between implicit and explicit memory. *Journal of Experimental Child Psychology*, **50**, 462-484.
Paris, S. G. & Lindauer, B. K. 1976 The role of inference in children's comprehension and memory for sentences. *Cognitive Psychology*, **8**, 217-227.
Perlmutter, M. 1986 A life-span view of memory. In P. B. Baltes, D. L. Featherman, & R. M. Lerner (Eds.) *Life-span development and Behavior*, Vol. 7, pp. 271-313. 東 洋・柏木恵子・高橋恵子（編訳）生涯発達の心理学　1巻　認知・知能・知恵　新曜社　Pp. 1-38.
Rovee-Collier, C. K., Sullivan, M. W., Enright, M., Lucas, D. & Fagen, J. W. 1980 Reactivation of infant memory. *Science*, **208**, 1159-1161.
Schneider, W., Korkel, J. & Weinert, F. E. 1987 The effects of intelligence, self-concept, and attributional style on metamemory and memory behavior, *International Journal of Behavioral Development*, **10**, 281-299.
Schneider, W. & Pressley, M. 1997 *Memory development between two and twenty.* 2nd ed. Lawrence Erlbaum Associates.

Sheingold, P. A. & Tenney, Y. J. 1982 Memory for a salient childhood event. In U. Neisser (Ed.) *Memory observed : Remembering in natural contexts.* San Francisco : W. H. Freeman.

Shimamura, A. P. & Squire, L. R. 1984 Paired-associate learning and priming effects in amnesia : A neuropsychological study. *Journal of Experimental Psychology : General*, **113**, 556-570.

Wellman, H. M. 1988 The early development of memory strategies. In F. E. Weinert & M. Perlmutter (Eds.) *Memory development : Universal changes and individual differences.* Hillsdale, NJ : Erlbaum.

Wellman, H. M. 1990 *The child's theory of mind.* Cambridge, MA : MIT Press.

13章

高齢者の記憶

　高齢者の記憶研究は老年心理学において活発である。本章では加齢が記憶にどのように影響するかを4つに分けて概説する。第一に，高齢者の記憶研究の紹介を行なう。第二に，実験的アプローチによって得られた記憶モデルを概説する。数秒の間記憶すると同時に認知的な処理を行なう作動記憶では，加齢の影響が顕著であり，記憶が低下する。ところが一方，誰でもが知っている知識に関する意味記憶や想起体験をともなわない潜在記憶では，加齢の影響がみられず，高齢者と若年者で違いがみられない。第三に，より実際的な日常記憶の研究を概説する。自分自身についての過去の記憶は，自伝的記憶とよばれるが，高齢者では高齢者自身の20歳代の記憶量がとりわけ豊富であるという特徴がある。また，将来についての記憶は展望的記憶とよばれ，若年層と高齢者では違いがみられない研究などを紹介する。第四に，高齢者研究の展望について一言私見を述べる。

はじめに

　日本人の平均寿命が伸張したことにより，人口の高齢化が急速に進展し，高齢化社会になって久しい。21世紀には，4人に1人が65歳以上の高齢者になると見込まれている。このような状況において，解決しなければならない高齢者についての心理学的な問題も激増しつつある。とりわけ日常場面において，記憶に関する問題は切迫した問題のひとつであるといえよう。この章では高齢者の記憶について概観していく。

1　高齢者の記憶研究

　老年心理学は，かつては生物学，医学，社会学などの包括的にとらえようとする老年学の一部であった。なぜなら，医学の急速な進歩によって高齢者人口が増加し，老化を個人的な問題ではなく，より広い観点から研究を行なうという意識が研究者の背景にあったからであった。また，その老年学は，高齢者に対し「理論と実践」の両面を兼ね備えているのが特徴であった。
　科学のめまぐるしい発展によって学問はより細分化していく。老年心理学もその例外ではない。当初老年学の一部にしかすぎなかった老年心理学は，老年学の一領域として確立し，独立した学問領域になっていった（詳しくは，下仲，1998を参照）。
　さらに，高齢者の記憶に関する研究は，老年心理学においても近年ますます盛んになってきている。たとえば，1991～1993年の間に刊行された「*Journal of Gerontology : Psychological Science*」と「*Psychology and Aging*」の34％が高齢者の記憶についての実験的な研究である（Smith, 1996）。老年心理学のなかでも精力的に研究が行なわれていることがわかる。
　ところで，限られた紙面であることから，本章では正常老化（normal

aging) のみを扱うことにした。たしかに老化といえば，正常と異常の2つがあるが，ここでは正常老化のみとし，痴呆などの異常老化はいっさい言及しなかった。また，本章に課せられたテーマは，21世紀の記憶研究において，高齢者の記憶研究はどうあるべきかを述べることである。しかしながら，わが国においては，高齢者の記憶研究はほとんど行なわれていないのが現状である。そのような状況において，提言することはあまりにも唐突であり，時期尚早であると思われた。それよりもむしろ老年心理学における記憶研究の概略を紹介するほうが得策と考えた。

2　実験的アプローチ

　記憶に加齢がどのように影響するかの研究は，加齢を説明する有力なモデルが老年心理学で提唱されていないので，もっぱら認知心理学で構築された記憶モデルを用いて検討が行なわれてきた。被験者には，高齢者および統制群としての若年者（おもに大学生）の2群が用いられ，実験が行なわれている（石原ら，1998；Ishihara et al., 投稿中）。

(1)　記憶の処理段階
　情報処理的なアプローチが認知心理学に影響し，1970～1980年代の老年心理学の記憶研究も符号化，貯蔵，検索という一連の処理段階を仮定し，おもに符号化と検索についての研究が盛んに行なわれた。
①　符号化・検索
　記憶の初期の段階である符号化において，加齢がどのように影響するかについては一致した結果が得られていない。たとえば，高齢者のほうが若年者よりも成績が劣る（West & Boatwright, 1983）という報告がある一方，逆に高齢者のほうが若年者よりも優れている（Puglisi & Park, 1987）という報告もある。また高齢者にとってより親しみのある記憶材料を用いると，加齢の影響は

みられないという結果も得られている（Hultsch & Dixon, 1983）。クレイクとジェニングス（Craik & Jennings, 1992）は，記憶課題，記憶材料，被験者などの条件によって結果が大きく異なる可能性を指摘している。さらに彼らは高齢者の記憶を説明するために，符号化は精緻化によって行なわれると仮定し，自発的な処理を行なうことによって精緻化が深くなるというモデル（environmental support）を提唱している。また，若年者と高齢者とでは精緻化の深度がもともと異なっているので，記憶測定場面ではどの程度精緻化が行なわれたかを慎重に見きわめる必要があると示唆している。なお，クレイクは1970年代頃から現在にいたるまで，認知心理学的な記憶モデルを構築するかたわら，高齢者の記憶研究に精力的に実験を行ない，さらに高齢者の記憶のレビューを行なっている。それゆえ彼の示唆も貴重であろう。

　貯蔵された情報を検索する段階に関しては，高齢者の場合，再認より自由再生や手がかり再生などの再生のほうが成績は劣ることが，ショーンフィールドとロバートソン（Schonfield & Robertson, 1966）によって初めて報告された。それ以来，さまざまな条件を用い再生と再認について多くの実験が行なわれた。そのほとんどが彼らの結果を検証している（Burk & Light, 1981）。

　かつての認知心理学でも符号化と検索に分けて記憶研究が行なわれたように，老年心理学でも同じような仮定を用いた研究が行なわれていた。しかし，老年心理学でも処理段階を用いた研究は，かつてほど行なわれていないようである。

② 新たな情報処理モデル

　情報処理という観点からでは，現在，処理資源というとらえ方によって加齢を説明しようとする試みもある（Smith, 1996）。スミスは具体的には6つの有力な処理資源のモデルをレビューしている。たとえば，検索において関連のない情報は抑制されなければならないが，加齢の影響によってこの抑制が適切に機能しなくなると仮定するハッシャーとザックス（Hasher & Zacks, 1988）のモデルを紹介している。しかしながら，処理資源というとらえ方によって記憶全体が説明されるかは，今後検討する必要があると考えられる。

　また，処理段階に関して，情報処理のある特定の部分のみに加齢が影響するというこれまでの考え方とは大きく異なり，加齢の影響によって情報処理全般が遅延するというセレラ（Cerella, 1985）を中心に検討されている全般的遅延

モデル（general slowing model）も近年注目を浴びている（権藤ら，1998）。

（2） 短期記憶・長期記憶

アトキンソンとシフリン（Atkinson & Shiffrin, 1968）は短期記憶（short-term memory）と長期記憶（long-term memory）という2つの異なる記憶モデルを提唱した。

① 短期記憶

短期記憶とは，時間的には数秒から数分の間に存在し，消滅してしまう記憶のことである。日常場面において，電話をかける際，数桁の電話番号を覚えているが，一端電話をかけ終わると，その電話番号を忘れてしまう。つまり電話番号が短期記憶に一時的に貯蔵されていたと考えられる。

短期記憶は直接記憶範囲（immediate memory span）の実験によって測定される。数個から数十個からなることばや数字を被験者に呈示し，被験者はそれらをただちにまちがいなく復唱しなければいけない。正確に復唱された個数が直接記憶範囲である。若年者では7個前後であるといわれている（Miller, 1956）。直接記憶範囲に加齢がどのように影響するかを，トウブ（Taub, 1974）はアルファベットの文字，パーキンソン（Parkinson, 1982）は数字を用いて検討を行なった。両者とも高齢者のほうが劣ると報告している。このようにかつては，加齢の影響によって低下することが示されたが，しかし現在では，加齢の影響はみられるが，ごくわずかであるといわれている（Craik & Jennings, 1992）。

短期記憶は自由再生課題によって検討も行なわれている。クレイク（Craik, 1968）やレイモンド（Raymond, 1971）は若年者と高齢者に対して実験を行なった。被験者は1秒あたり1単語の割合で呈示される30個の単語を聞く。呈示終了後，被験者は思い出せるすべての単語をすべて手もとの紙に書き出す。これが自由再生法とよばれる方法であるが，再生される単語の再生率（縦軸）を，呈示された語の順序（横軸）の関数として結果を整理したのが図13-1である。系列位置曲線とよばれるU字型の曲線が得られ，最初のほうの成績のよい部分が初頭効果，終了部のよい成績の部分が新近性効果とよばれる。単語の呈示直後に数の逆算課題などを挿入すると，この初頭効果には影響を及ぼさな

いが，新近性効果は低下する。したがって，この新近性効果の部分は短期記憶にあたると解釈されている。かれらは若年者と高齢者ではこの新近性効果の成績にはほとんど違いがないことを報告している。このように短期記憶では加齢の影響がほとんどみられないことが一般的である。

② **長期記憶**

短期記憶から長期記憶に転送された情報は，ほぼ永久的に貯蔵されることになる。日常場面において，ある特定の電話番号を何度も復唱することによって，その電話番号を覚えてしまう場合がある。つまり，その電話番号が短期記憶から長期記憶へ転送されたと考えられる。

長期記憶は実験的には前述の自由再生法を用いた系列位置曲線の初頭効果に反映されると説明されている（図13-1参照）。単語の呈示直後に別の課題を挿入しても初頭効果の成績には影響しないことから，単語がすでに長期記憶に貯蔵されているためであると解釈されているからである。この長期記憶は加齢の影響，すなわち高齢者では長期記憶の低下がみられると報告されている（石原ら，投稿中；Gilbert & Levee, 1971；Craik & Masani, 1967）。

しかしながらすべての実験結果が一致しているわけではない。シュガーとマクドウ（Sugar & McDowd, 1992）はこれまでの実験結果を展望して以下のように要約している。

1）長期記憶課題のすべてにおいて高齢者が劣っているわけではない。たとえば簡単な再認課題では，若年者と高齢者の間に違いはみられない。
2）加齢の影響は，ある種の刺激材料ではみられない。たとえば高齢者にとってより熟知性のあることばを使うと，高齢者のほうの成績が若年者よりよい。
3）自由再生などの言語についての高い能力を要求される課題では，加齢の影響がみられる。
4）すべての情報について，高齢者のほうが若年者より劣

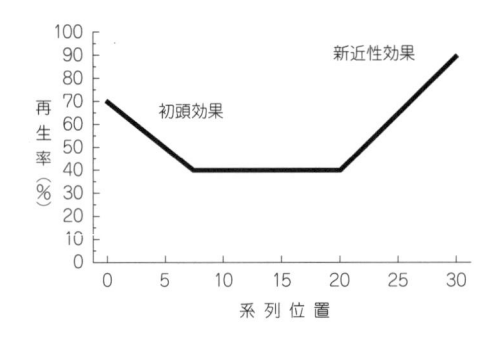

◆図13-1 自由再生法による系列位置曲線

っているのではない。たとえば，細かいことではなく文の要点を再生するような場合は，高齢者のほうが若年者より優れている。

このように彼らは長期記憶のある一面においては，高齢者のほうが優れていることを指摘しているのである。

③ 短期記憶から作動記憶へ

最近ではバドリー（Baddeley, 1986）が提唱した作動記憶（working memory）のモデルを用いて加齢の検討が行なわれている。作動記憶は，機械的な音韻的なリハーサルによって貯蔵される短期記憶とは異なり，さまざまな認知的な処理過程を仮定している。つまり，短い時間，あることを記憶に留めておくと同時に，認知的な作業も行なうと仮定されている。たとえば，日常生活で暗算を行なう場合，ある特定の数を記憶に留めておくと同時に，加減乗除などの計算を行なうのがこれにあたる。

ドッブスとルール（Dobbs & Rule, 1989）は30歳から70歳以上の5つの年齢群を用い，10個の数字を聴覚的に連続して呈示し，作動記憶を実験的に測定した。図13-2に示したように，被験者には，引数0の条件では呈示された数字をそのまま即座に報告（直接記憶範囲），引数1では呈示された数字の1個前の数を報告，引数2では2個前の数を報告する3つの条件が与えられた。引数0の条件では年齢による成績の違いはみられなかったが，引数2の条件では60歳から69歳と70歳以上の2つの年齢群の成績のほうが劣る結果が得られ，作動記憶が加齢とともに低下することがわかる。

作動記憶においては，さまざまな認知的な課題を用いて測定した結果から，加齢による影響が顕著であることが明らかになっている（Salthouse, 1991：Wingfield et al., 1988）。しかしながら，バドリーが仮定する作動記憶というモデルにおいて，どのようなメカニズム（たとえば，中央実行系，音韻ループなど）に対して加齢の影響が顕著であるか

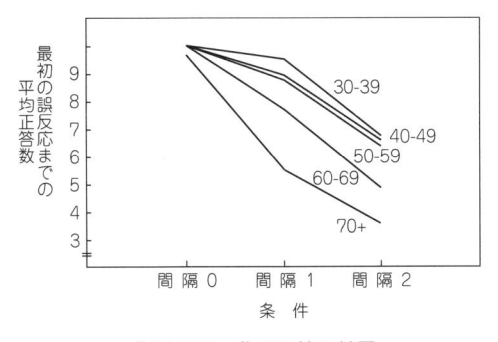

◆図13-2 作動記憶の結果

については，さらなる検討が必要であろう（Belleville et al., 1998）。

（3） エピソード記憶・意味記憶

タルヴィング（Tulving, 1972）は長期記憶の質的な面にもっと目を向け，少なくとも2つの側面に分ける必要があると指摘し，エピソード記憶と意味記憶を提唱した。エピソード記憶とは，個人にまつわる叙事的な記憶である。たとえば，朝食で何を食べたとか，昨日どこへ行ったなどである。それに対して，意味記憶とは誰でもが知っている知識に関する記憶である。たとえば，消防自動車の色は赤であるとか，日本の首都は東京であるなどである。

エピソード記憶は，従来から行なわれてきている単語の再生や再認によって測定され，意味記憶は，命名課題や語彙決定課題などで測定される。命名課題とは呈示される単語や絵を声に出して読むことである。また，語彙決定課題では「かんごへ」「かんごふ」などの綴りをみて，単語であるか，そうでないかを即座に判断するのである。

これらの2つの記憶に対して加齢がどのように影響しているかについても検討が重ねられてきている。基本的には被験者に若年者と高齢者の2群を用い，エピソード記憶と意味記憶の2つの課題を行なわせ，それら2つのの課題の成績を比較するのである。たとえば，アルバートら（Albert et al., 1988）は，30歳から80歳までの成人80名を被験者に用いた。エピソード記憶には再生と再認課題，意味記憶には線画の命名（呼称）課題を採用した。その結果，命名課題では若年者と高齢者に差が認められなかったが，再生や再認では高齢者のほうが若年者より成績が劣る結果が得られている。

さらに，意味記憶に関しては，知能テストの下位尺度に含まれている単語や一般知識などによっても測定が行なわれており，加齢の影響は顕著でないとされている。また言語の理解に関しては，加齢の影響がみられないとライト（Light, 1996）は一連のレビューで一貫して主張している。

一般的には，エピソード記憶と意味記憶に対する加齢の影響について，エピソード記憶では高齢者のほうが若年者より成績は落ちてしまうが，意味記憶では高齢者と若年者の成績に差はみられないとされている。

（4） 顕在記憶・潜在記憶

　近年グラフとシャクター（Graf & Schacter, 1985）が提唱した顕在記憶（explicit memory）と潜在記憶（implicit memory）が注目されている。彼らは「思い出している」という想起体験に着目し，その有無によって記憶を分類しているのである。そして，再生や再認は顕在記憶に相当するとしている。なぜならば，それらの課題を行なう際に「どのような単語があったか」という想起体験をともなうからである。それに対して，潜在記憶では単語完成課題（word fragment/stem completion task）などが相当する。たとえば「ふ○ん」という刺激が呈示されたら，○の部分に被験者自身の心に浮かぶことばによって1つの単語を完成させるのである。たとえば，「ふとん」（布団），「ふみん」（不眠）などである。ここで重要なのは，あらかじめ「布団」という単語をいったん見る（偶発学習）という先行経験をともなうと，「ふとん」と答える確率がきわめて高くなるのである。つまり想起体験をともなわずに「ふとん」という単語を完成したのである。

　老年心理学においても，この顕在記憶と潜在記憶について加齢がどのように影響しているかの研究が行なわれている。顕在記憶に関しては，従来から記憶研究で用いられてきている自由再生，再認，対連合学習などで測定され，先行研究の結果から加齢の影響が顕著である。それに対して，潜在記憶に関しては上記の単語完成課題に加えて，単語や絵が特定のカテゴリーに属するかの判断を行なうカテゴリー判断課題（Rabbitt, 1982, 1984），単語や絵を用いての命名課題（Mitchell, 1989）などのさまざまな課題によって検討が行なわれている。

　ライトとサイン（Light & Singh, 1987）は，顕在記憶には手がかり再生，潜在記憶には単語完成課題を用いた。その結果をあらかじめ呈示された単語を答えた割合を縦軸にして図13-3に示した。手がかり再生では，若年者の

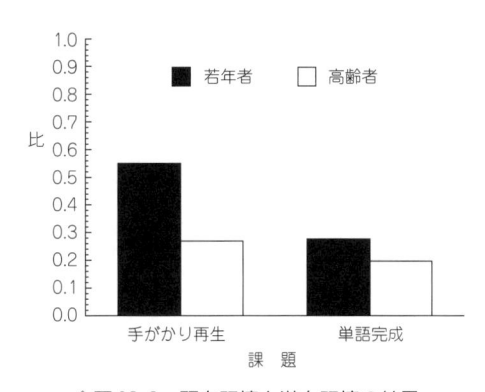

◆図13-3　顕在記憶と潜在記憶の結果

ほうが高齢者より高いことがわかる。しかし単語完成課題では、若年者と高齢者の間で差が認められなかった。

概して、顕在記憶のほうが潜在記憶よりも加齢の影響が大きく、高齢者の成績が劣るようである。しかしながら、潜在記憶に関しては、加齢がまったく影響しない（Craik et al., 1995）のか、それともわずかではあるが影響しているかについては、議論の余地があり（Cohen, 1996）、今後の検討課題であろう。

③ 日常記憶

これまでの記憶研究はおもに実験室実験で検討されてきたが、最近では日常的な出来事について、より応用的で実際的ともいえる記憶研究も盛んに行なわれ、加齢の影響もしだいに明らかになってきている。

（1） 非言語的な記憶

単語や数とは異なり、人の顔や空間的な情報、写真に写った風景や絵といった非言語的な記憶においては、加齢の影響がほとんどみられないことが報告されている（Park et al., 1986 ; Till et al., 1982）。しかし、自由再生法や手がかり再生法などの測定方法を用いると、高齢者の成績が若年者より劣るという結果が報告されている（Puglisi & Park, 1987）。空間的な位置の記憶については、概して加齢の影響が顕著にみられるという報告が多い（Cherry et al., 1993）。ユニークな日常的な記憶材料を用いて記憶研究を行なっていることで知られているバーリックら（Bahrick et al., 1975）は、17歳から74歳までの392名を被験者とし、彼ら自身の高校時代の卒業アルバムを用いて同級生の顔や名前の再生、再認を測定した。その結果、高齢者のほうが、同級生の名前を思い出すという再生の成績は劣っていたが、顔と名前を再認する成績は、ほぼ正確に行なわれた。

このように測定方法、さらには題材が異なると、高齢者の成績が大きく違っ

てしまうことから非言語的な記憶の加齢の影響については，今後も検討の余地があるだろう。

（2） 自伝的記憶

「小学校時代に経験したこと」とか「1985年の夏どこへ旅行に行ったか」などの自分自身についての記憶がある。このような記憶は，自伝的記憶（autobiographical memory）とよばれている。

しかしながら，自伝的記憶についての記憶の量は膨大であり，すべて主観的なものであるともいえる。実証性に欠けることから，重要な研究テーマであると認識されていたにもかかわらず，従来からの実験室での記憶実験においてはあまり取り上げられることがなかった。また，他の記憶分野の研究と違い，研究者によって研究方法が異なっているのが現状である。さらに，高齢者についての自伝的記憶も研究者によって異なり，再認や再生される記憶の内容なども研究者によって大きく異なっている。

近年，単語手がかり法とよばれる実験方法が，ルービンを中心として組織的に研究が行なわれ，高齢者についても多くの検討が重ねられてきている（Rubin et al., 1998）。この単語手がかり法は，ゴールトン卿（Galton, 1879）によって初めて考案された。被験者は一連の単語のリスト（本，機械，悲しみ，喜び）を与えられる。それぞれの単語に対して個人的な記憶を自由に連想する。そして，単語リストの連想終了後，連想された出来事の日付の報告が求められる。その結果，連想される記憶は，児童期（39％），成人期（46％），最も最近（15％）の3期からであった。その後，1970年台になってクロビッツとシフマン（Crovitz & Schiffman, 1974）やロビンソン（Robinson, 1976）などよって実験的手法が確立された。とりわけ，記憶頻度とその記憶が生起した日時（保持期間）との関係を検討することに関心が高まり，高齢者についても同じような検討（Fromholt & Larsen, 1991）が行なわれるようになった。

ルービンら（Rubin et al., 1986）は，記憶頻度の分布について過去に行なわれた3つの実験（Fitzgerald & Lawrence, 1984；Franklin & Holding, 1977；Rubin et al., 1986）に参加した被験者のなかから，高齢者70名について

のメタアナリシスを行なった。

図13-4の縦軸には，生起された記憶頻度の合計，横軸には，出来事を記憶していた年数（記憶保持期間）が示してある。図が示すように，最近になるにつれて記憶頻度が高くなる現象がみられる。これは実験室での自由再生課題（新近性効果）とも

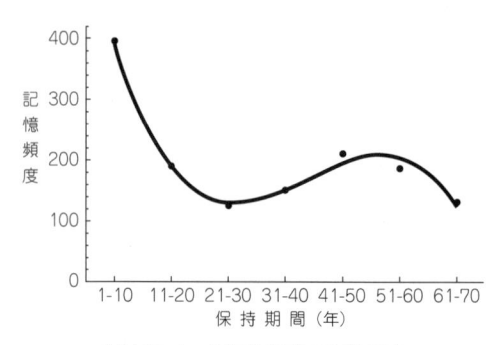

◆図13-4　自伝的記憶の記憶頻度

類似している。また被験者の出来事が起こったときの記憶保持期間が41年〜50年の期間（被験者の暦年齢では21歳〜30歳）で頻度が高くなる現象（reminiscence bump）がみられる。さらに彼らは図から示される現象以外にも，生後0歳から10歳くらいまでの乳幼児期の頃の記憶について検討した結果，生後0歳から5歳まではほとんど記憶がないという幼児期健忘（child amnesia）という現象の報告も行なっている（Rubin et al., 1986；Rubin & Schulkind, 1997）。

（3）展望的記憶

友人と会う約束や病院に通う時間などの将来に関する記憶は展望的記憶（prospective memory）（梅田・小谷津，1998）とよばれている。展望的記憶は最近になってようやく手がつけられた記憶の新しいテーマの1つである。

展望的記憶の研究方法は大きく2つに分けられるが，まず第一の自然誌的な研究では，被験者にある決まった時間に実験者に電話をかけさせるとか，特定の日にはがきを出すことを求めたりする（Maylor, 1990；Moscovitch, 1982）。そして再生や再認などでみられる一般的な記憶成績とは異なり，高齢者のほうが若年者よりもよい結果を示したことから，老年心理学者の関心が高まった。これは高齢者がメモをしたり，カレンダーに印をつけるなどの外的な記憶方略を有効に用いていたことにもよる（Moscovitch, 1982）。

第二の実験室での典型的な例では，コンピュータに呈示される一連の単語を覚えるという短期記憶課題を被験者に与えると同時に，ある特定の単語が呈

示されたらキーを押させるいう展望的記憶の課題を用いた実験（Einstein & McDaniel, 1990）があげられる。その結果，展望的記憶の課題の成績において，高齢者の成績と大学生との間に成績の差が認められなかった。実験においても加齢による記憶の低下がみられないことから，老年心理学者の注目を浴びた。さらに彼らは，出来事に基づいた展望的記憶（event-based prospective memory）と時間に基づいた展望的記憶（time-based prospective memory）の2つの異なる機能からなる展望的記憶の処理を仮定した。そして，時間に基づいた展望的記憶のほうが，出来事に基づいた展望的記憶よりも加齢の影響が大きいことも示唆している（Einstein et al., 1995；Einstein & McDaniel, 1996）。これは日常生活の場合，高齢者が薬を飲まなければならない場合，夕食という"出来事"のほうが，午後8時に薬を飲むという"時間"よりも飲み忘れが少なくなるといったことがあげられる。

最近，展望的記憶の研究が進むにつれ，上記の実験結果とは逆の結果も報告されている（Einstein et al., 1992；Maylor, 1993）。展望的記憶の研究は始まったばかりであり，今後の成果が期待される。

④ 高齢者の記憶研究の今後の展望

21世紀の超高齢化社会の到来を目前として，高齢者の記憶メカニズムなどの心理特性を解明していくことは，心理学にとって急務の課題であろう。近年，fMRIやPETなどの生理学的な測定機器のめざましい発展によって，高齢者の神経心理学的な記憶研究が盛んに行なわれている。しかしながら，健常な高齢者の心理学的な研究は，それほど盛んではないといえよう。ましてや，欧米と比較すると乏しい現状にある日本の老年心理学研究が，活性化することを期待してやまない。

最後に，冒頭（1節　高齢者の記憶研究）で述べたように，高齢者を対象とする老年心理学は，「理論と実践」の両面を兼ね備えていなければならない。

高齢者の記憶研究において，日常的で実際的な研究が行なわれているのも確かであるが，理論中心の研究のほうが圧倒的に多いといえよう。高齢者人口が増加する今日，高齢者が日常生活を送る際，実際的に役立つような記憶研究も急務であろう。

【引用文献】

Albert, M. S., Heller, H. S. & Milberg, W. 1988 Changes in naming ability with age. *Psychology and Aging*, **3**, 173-178.

Atkinson, R. C. & Shiffrin, R. M. 1968 Human memory : A proposed system and its control processes. In K. W. Spence & J. T. Spence (Eds.) *The psychology of learning and motivation : Advances in research and theory*. Vol. 2. New York : Academic Press. Pp. 85-195.

Baddeley, A. D. 1986 *Working memory*. Oxford : Clarendon Press.

Bahrick, H., Bahrick, P. & Wittlinger, R. 1975 Fifty years of memory for names and faces : A cross-sectional approach. *Journal of Experimental Psychology : General*, **104**, 54-75.

Belleville, S., Rouleau, N. & Caza, N. 1998 Effect of normal aging on the manipulation of information in working memory. *Memory & Cognition*, **26**, 572-583.

Burke, D. M. & Light, L. L. 1981 Memory and aging : The role of retrieval process. *Psychological Bulletin*, **90**, 513-546.

Cerella, J. 1985 Information processing rates in the elderly. *Psychological Bulletin*, **98**, 67-83.

Cherry, K. E., Park, D. C. & Donaldson, H. 1993 Adult age differences in spatial memory : Effects of structural context and practice. *Experimental Aging Research*, **19**, 333-350.

Cohen, G. 1996 Memory and learning in normal aging. In R. T. Woods (Ed.) *Handbook of the clinical psychology of aging*. New York : John Wiley & Sons. Pp. 43-58.

Craik, F. I. M. 1968 Two components in free recall. *Journal of Verbal Learning and Verbal Behavior*, **7**, 996-1004.

Craik, F. I. M. & Masani, P. A. 1967 Age differences in the temporal integration of language. *British Journal of Psychology*, **58**, 291-299.

Craik, F. I. M. & Jennings, J. M. 1992 Human memory. In F. I. M. Craik & T. A. Salthouse (Eds.) *The handbook of aging and cognition*. Hillsdale, New Jersey : Lawrence Erlbaum Associates. Pp. 51-110.

Craik, F. I. M., Anderson, N. D., Kerr, S. A. & Li, K. Z. H. 1995 Memory changes in normal aging. In A. D. Baddeley, B. A. Wilson & F. N. Watts (Eds.) *Handbook of memory disorders*. New York : John Wilely & Sons. Pp. 211-241.

Crovitz, H. F. & Schiffman, H. 1974 Frequency of episodic memories as a function of their age. *Bulletin of the Psychonomic Society*, **4**, 517-518.

Dobbs, A. R. & Rule, B. G. 1989 Adult age differences in working memory. *Psychology and Aging*, **4**, 500-503.

Einstein, G. O. & McDaniel, M. A. 1990 Normal aging and prospective memory. *Journal of Experimental Psychology : Learning, Memory and Cognition*, **16**, 717-726.

Einstein, G. O. & McDaniel, M. A. 1996 Retrieval processes in prospective memory : Theoretical approaches and some new empirical findings. In M. Brandimonte, G. Einstein & M. McDaniel (Eds.) *Prospective memory : Theory and applications.* Mahwah, New Jersey : Lawrence Erlbaum Associates. Pp. 115-147.

Einstein, G. O., Holland, L. J., McDaniel, M. A. & Guynn, M. J. 1992 Age-related deficits in prospective memory : The influence of task complexity. *Psychology and Aging*, **7**, 471-478.

Einstein, G. O., McDaniel, M. A., Richardson, S. L. & Guynn, M. J. 1995 Aging and prospective memory : Examining the influences of self-initiated retrieval processes. *Journal of Experimental Psychology : Learning, Memory and Cognition*, **21**, 996-1007.

Fitzgerald, J. M. & Lawrence, R. 1984 Autobiographical memory across the life span. *Journal of Gerontology*, **39**, 692-698.

Franklin, H. C. & Holding, D. H. 1977 Personal memories at different ages. *Quarterly Journal of Experimental Psychology*, **29**, 527-532.

Fromholt, P. & Larsen, S. F. 1991 Autobiographical memory in normal aging and primary degenerative dementia. *Journal of Gerontology : Psychological Sciences*, **46**, 85-91.

Galton, F. 1879 Psychometric experiments. *Brain*, **2**, 149-162.

Gilbert, J. G. & Levee, R. F. 1971 Patterns of declining memory. *Journal of Gerontology*, **26**, 70-75.

権藤恭之・石原 治・中里克治・下仲順子・Leonard W. Poon 1998 心的回転課題による高齢者の認知処理速度遅延の検討 心理学研究, **69**, 393-400.

Graf, P. & Schacter, D. L. 1985 Implicit and explicit memory for new associations in normal subjects and amnesic patients. *Journal of Experimental Psychology : Learning, Memory and Cognition*, **11**, 501-518.

Hasher, L. & Zacks, R. T. 1988 Working memory, comprehension, and aging : A review and a new view. In G. Bower (Ed.) *The psychology of learning and motivation : Advances in research and theory.* Vol. 22. San Diego, California : Academic Press. Pp 193-225.

Hultsch, D. F. & Dixon, R. A. 1983 The role of pre-experimental knowledge in text processing in adulthood. *Experimental Aging Research*, **9**, 7-22.

石原 治・権藤恭之・中里克治・下仲順子・厳島行雄 1998 四則演算の処理：成人に老人を加えての検討 発達心理学研究, **9**, 201-208.

石原 治・権藤恭之・中里克治・下仲順子・Leonard W. Poon　短期・長期記憶に及ぼす加齢の影響について（投稿中）
Ishihara, O., Gondo, Y., Shimonaka, Y. & Nakazato, K.　Elderly adult performance at mental addition and multiplication.（投稿中）
Light, L. L.　1996　Memory and Aging. In E. L. Bjork & R. A. Bjork (Eds.) *Memory.* San Diego, California : Academic Press. Pp. 443-490.
Light, L. L. & Singh, A.　1987　Implicit and explicit memory in young and older adults. *Journal of Experimental Psychology : Leaning, Memory and Cognition*, **13**, 531-541.
Maylor, E. A.　1990　Age and prospective memory. *Quarterly Journal of Experimental Psychology*, **42A**, 471-493.
Maylor, E. A.　1993　Aging and forgetting in prospective and retrospective memory tasks. *Psychology and Aging*, **8**, 420-428.
Miller, G. A.　1956　The magical number seven, plus or minus two : Some limits on our capacity for processing information. *Psychological Review*, **83**, 257-276.
Mitchell, D. B.　1989　How many memory systems? Evidence from aging. *Journal of Experimental Psychology : Learning, Memory and Cognition*, **15**, 31-49.
Moscovitch, M.　1982　A neuropsychological approach to memory and perception in normal and pathological aging. In F. I. M. Craik & S. Trehub (Eds.) *Aging and cognitive processes.* New York : Plenum Press. Pp. 55-78.
Park, D. C., Puglisi, J. T. & Smith, A. D.　1986　Memory for pictures : Dose an age-related decline exist? *Psychology and Aging*, **1**, 11-17.
Parkinson, S. R.　1982　Performance deficits in short-term memory tasks : A comparison of amnesic Korsakoff patients and the aged. In L. S. Cermak (Ed.) *Human memory and amnesia.* Hillsdale, New Jersey : Lawrence Erlbaum Associates. Pp. 77-96.
Puglisi, J. T. & Park, D. C.　1987　Perceptual elaboration and memory in older adults. *Journal of Gerontology*, **42**, 160-162.
Rabbitt, P. M. A.　1982　How do old people know what to do next? In F. I. M. Craik & S. Trehub (Eds.) *Aging and cognitive processes.* New York : Plenum Press. Pp. 79-98.
Rabbitt, P. M. A.　1984　How old people prepare themselves for events which they expect. In H. Bouma & D. G. Bouwhuis (Eds.) *Attention and performance. X : Control of language processes.* Hillsdale, New Jersey : Lawrence Erlbaum Associates. Pp. 515-527.
Raymond, B. J.　1971　Free recall among the aged. *Psychological Reports*, **29**, 1179-1182.
Robinson, J. A.　1976　Sampling autobiographical memory. *Cognitive Psychology*, **8**, 578-595.
Rubin, D. C. & Schulkind, M. D.　1997　The distribution of autobiographical memories across the life span. *Memory & Cognition*, **25**, 859-866.

Rubin, D. C.,Rahhal, T. A. & Poon, L. W. 1998 Things learned in early adulthood are remembered best. *Memory & Cognition*, **26**, 3-19.

Rubin, D. C., Wetzler, S. E. & Nebes, R. D. 1986 Autobiographical memory across the life span. In D. C. Rubin (Ed.) *Autobiographical memory*. Cambridge : Cambridge University Press. Pp. 202-221.

Salthouse, T. A. 1991 *Theoretical perspectives on cognitive aging*. Hillsdale, New Jersey : Lawrence Erlbaum Associates.

Schonfield, D. & Robertson, B. 1966 Memory storage and aging. *Canadian Journal of Psychology*, **20**, 228-236.

下仲順子 1998 老年心理学研究の歴史と研究動向 教育心理学年報, **37**, 129-142.

Smith, A. D. 1996 Memory. In J. E. Birren & K. W. Schaie (Eds.) *Handbook of the psychology of aging*. 4th ed. New York : Academic Press. Pp. 236-250.

Sugar, J. A. & McDowd, J. M. 1992 Memory, learning, and attention. In J. E. Birren., R. B. Stone & G. D. Cohen (Eds.) *Handbook of mental health and aging*. 2nd ed. New York : Academic Press. Pp. 307-337.

Taub, H. A. 1974 Coding for short-term memory as a function of age. *Journal of Genetic Psychology*, **125**, 309-314.

Till, R. E., Bartlett, J. C. & Doyle, A. H. 1982 Age differences in picture memory with resemblance and discrimination tasks. *Experimental Aging Research*, **8**, 179-184.

Tulving, E. 1972 Episodic and semantic memory. In E. Tulving & W. Donaldson (Eds.) *Organization of memory*. New York : Academic Press. Pp. 382-404.

梅田 聡・小谷津孝明 1998 展望的記憶研究の理論的考察 心理学研究, **69**, 317-333.

West, R. L. & Boatwright, L. K. 1983 Age differences in cued recall and recognition under varying encoding and retrieval conditions. *Experimental Aging Research*, **9**, 185-189.

Wingfield, A., Stine, E. A. L., Lahar, C. J. & Aberdeen, J. S. 1988 Does the capacity of working memory change with age? *Experimental Aging Research*, **16**, 73-77.

コラム ⑦

記憶の研究
——臨床精神医学の立場から

鹿島 晴雄（かしまはるお）

（専門分野）
臨床精神医学

1945年生まれ。現在，慶應義塾大学医学部助教授
《主要著書》
- The Association Cotex-Structure and Function. Amsterdam : Harwood Academic Publishers. 1997
- 神経心理学入門〈こころの科学，80〉 日本評論社 1998
- 認知リハビリテーション 医学書院 1999

　近年の記憶に関する研究の発展はめざましい。認知心理学的立場や記憶の物質的基盤に関する研究は膨大な数にのぼり，概観することすら不可能なほどである。厳密な方法論に基づいた実験的研究は多くの知見をもたらし，また魅力的ないくつもの仮説を生み出している。

　認知心理学やニューロサイエンスが現在のように科学の中心的領域となる以前，記憶障害の研究はもっぱら臨床家の仕事であった。「思い出の記憶」と「知識の記憶」，「短期記憶」と「長期記憶」の区別など，「エピソード記憶」「意味記憶」，「short-term memory」「long-term memory」に相当する用語も以前から使われていた。最近の記憶研究の進歩につれ，臨床にもそれらの厳密に定義された用語が導入され，記憶障害の臨床的研究もより精緻なものとなってきている。

　しかしながら，なお経験的，臨床的な面を考慮せねばならない領域もあると考える。たとえば，従来臨床で用いられていた短期記憶と長期記憶は，short-term memory, long-term memory の訳語としての短期記憶，長期記憶とは多少とも異なるものである。前者の短期記憶と長期記憶は後者のそれよりも，ともにより長い把持時間のものとして使われていた。たしかに記憶障害の臨床

からみると数分，数時間から一日程度の記憶障害とそれ以上の期間の記憶障害に分けて考えるほうが実際的である。後者の用語ではともに「長期記憶」に相当してしまい，区別できない。臨床的にはそれぞれ，近時記憶 recent memory，遠隔記憶 remote memory という用語がより使いやすい。また digit span は即時記憶の検査とされている。しかしながら，臨床的には即時記憶の障害を示す脳損傷者はまずいない。「瞬間人」といわれる人も，せいぜい short-term memory の障害である。Digit span の成績不良は，臨床的には通常，注意障害やより一般的な精神症状の結果である。

　Working memory は臨床的にもきわめて重要な概念である。前頭葉症状に興味をもっている筆者としてはたいへんに魅力的である。しかし，central executive のような概念からさまざまな精神機能障害を説明しようとするのはやや性急の感がある。Central executive の考えの拡大は，以前の概念中枢を思わせる。ゴールドマン・ラキッチのように精神分裂病の思考障害をはじめとする症状を working memory で明快に説明する論文もあるが，分裂病の思考障害はより基本的な障害の現われと考えるのが普通であり，またより特異的と考えられる自と他，内界と外界の混交，逆転を思わせる自我障害や幻覚体験は working memory では説明できない。筆者らは以前より前頭葉性の記憶障害に関心があり，recency memory などの検討を行なってきた。記憶をどれだけ広くとるかとも関係するが，recency memory をより広く情報の組織化の障害のなかに位置づけられないかということを議論したこともある。また，痴呆との関連で遠隔記憶の障害の評価法を検討している。遠隔記憶の評価は臨床上きわめて重要であるが，自伝的エピソードの記憶であるだけに事実関係の確認が多くの場合困難である。コペルマンやボリーニの方法，Price Test などの巧妙な検査，それぞれに臨床的工夫がなされており，興味深い。遠隔記憶の障害は臨床の活躍しうる分野であろう。コルサコフ症候群は側頭葉性健忘と並んで記憶研究の中心的テーマである。しかしながら，コルサコフ症候群も近年の記憶研究の進展のなかで記憶障害の面だけに焦点があてられすぎていないか。独特の性格変化など従来よりの精神病理学的視点も重要ではないか，などと考えてしまう。

　以上，さまざまな脳損傷による記憶障害の患者さんと接している者として，愚見を述べさせていただいたが，勉強不足なこと，的はずれなことをおそれています。

14章

記憶の病理

　神経心理学（Neuropsychology）は，脳に損傷を受けた患者を対象とし，彼らに認められる心理過程の破壊の諸相を研究することで，脳の構造と心のはたらきの関係を探る学際的な研究領域である。神経心理学は19世紀における言語領野の発見以来100年以上の歴史をもっているが，心のはたらきのなかでも最も重要なものの一つである記憶の神経基盤の研究に関しては，さまざまな方法論的問題から困難な状況が長く続いた。

　研究の進展の突破口になったのは，1950年代に行なわれた側頭葉性てんかんの実験的な外科治療の副作用として，記憶に重大な障害をこうむった一人の患者（症例 H. M.）の症例研究である。この，たった一例の研究から得られた知見が，その後40年以上にわたって記憶の神経基盤の研究を方向づける重要な役割を果たしてきた。そして彼自身も40年以上にわたって（！）神経科学の進歩に，とっておきの被験者として貢献しつづけてきたのである。この章では，この20世紀の記憶研究および神経科学における一大事件であった H. M. ケースの概略と，その後の研究に与えた影響を紹介し，それをもとに今後の研究の展望を試みたい。

1　H. M. ケース

　まず，あるアメリカの研究者に聞いた話を。心理生物学のコースでの小テストのなかに，記憶の神経機構の解明に最も貢献したのは誰かという問いを入れたところ，条件反射の発見者でノーベル賞受賞者であるロシアのパブロフ（Pavlov, I. P.），側頭葉の術中電気刺激による過去記憶の再生を報告したカナダの脳外科医ペンフィールド（Penfield, W. B.）などの偉大な研究者を抑えて，圧倒的多数で第1位を獲得したのは，健忘症患者ヘンリー氏（症例 H. M.）だったそうである。さらに彼は「ちなみに第2位はオレだったよ」と言うのだが…。それはさておき，H. M. に対する学生の評価はあながち不当なものではないように思われる。たしかに記憶の神経機構の研究の歴史は，H. M. 登場以前とそれ以後で大きくさまがわりした。このように医学の歴史，特に神経学の歴史においては，その後の研究の方向づけさえ変えてしまうような主要な発見が，最初は一例の症例研究として報告される場合が少なくない。この一人の症例 H. M. から得られた知見は，それまでの数十年間に及ぶぼうだいな実験的研究が生み出した成果をはるかに上回るものであり，その後の記憶の神経心理学的研究を，現在にいたるまで方向づけてきたのである。

　ただし，この症例 H. M. の研究には暗い陰の部分がある。それはこの研究が，その颯爽とした登場と爆発的な流行の後に，その深刻な後遺症（おもに意欲の低下や人格の変化等）から悪名とともに葬り去られた，精神疾患患者に対する前頭葉ロボトミー手術の強い影響のもとに実施された，無謀かつ実験的な治療の副産物だからである。この H. M. ケースの H. M. と並ぶもう一人の主人公は，コネチカット州ハートフォード病院（当時）の野心的な脳外科医スコヴィル博士（Scoville, W. B.）である。彼は，従来のロボトミーのように前頭葉を標的にするよりも，動物実験などの知見から情動との関係が強く示唆されていた扁桃体（amygdala）や海馬（hippocampus）を含む側頭葉内側領域を切除したほうが，精神疾患患者の妄想や不安の除去の効果が大きく，かつ害も少ないのではないかと考えた。彼はこの仮説を試すため，数百名の精神疾

患者に少しづつ切除範囲を変えながらこの手術を行なうともに，少数の側頭葉てんかん患者にも同様の手術を行なった。

　症例 H.M. もそのなかの一人であった。彼は1926年生まれのコネチカット州在住の男性で，手術当時は27歳だった。彼は7歳の頃，交通事故で頭部を強打した。そのときには一時的な意識消失以外の症状は認められなかったが，10歳の頃からてんかんの発作が生じるようになった。16歳からは大発作が認められるようになり，その頻度は年を追うごとに増加し，しかも薬物ではそれを十分コントロールできなかったため，仕事を続けることも不可能になってきた。そこで彼と両親は，スコヴィルの最新治療に賭けることにした。H.M.の場合，脳波検査のデータをもとに，両側の側頭葉の新皮質はほとんど保った状態で，梨状葉皮質，鈎，扁桃体，海馬，および海馬傍回などの構造物が吸引器によっ

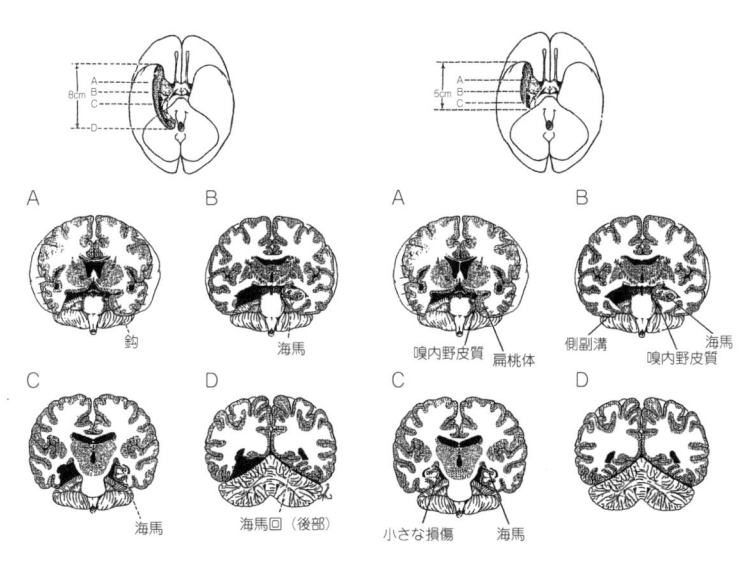

　左はスコヴィルの手術記録より推定された切除域である。最上段は脳の底面図であり，H.M. の側頭葉内側領域の構造は側頭葉の先端部から約8 cm にわたって切除されていると考えられてきた。その下の A.D. はそれを冠状断で示したもので，位置は底面図の A.D. に対応している（破壊された構造がわかりやすいように片側のみに切除域が示されているが，実際には両側的に切除されている）。右は最近発表された MRI をもとに推定された切除域。これによれば実際の切除は先端部から5 cm までにとどまっており，海馬の後部の構造は保たれていると考えられる。

◆図14-1　症例 H.M. の切除術（Corkin et al., 1997）

て除去された（前頁の図14-1）。

　結論からいえば，この恐ろしい研究プロジェクトは完全な失敗で，スコヴィルは手術の結果を，顕著な効果も，また副作用ももたらさない完全な徒労であったと結論しているが，その例外（それも悪い）として記載されたのが H. M. である。たしかに手術によって彼のてんかん発作は激減したが，そのあまりに大きな代償として，彼は記憶という重要な精神機能に決定的な障害を受けた。彼はこれまで報告されたことのないような，顕著でかつ純粋な（つまり記憶以外の障害を合併しない）記憶障害を呈したのである。

　この予期せぬ結果に驚いたはスコヴィルは，北米における脳外科の最高権威で，記憶の研究でも有名なモントリオール神経科学研究所長のペンフィールドに連絡を取り，指示を仰いだ。ペンフィールドは研究所の心理学者であるミルナー博士を派遣し，H. M. の記憶およびその他の認知機能について，詳細な検査を実施させた（Milner et al., 1968：Scoville & Milner, 1957）。その後，研究のリーダーはミルナーからMIT（マサチューセッツ工科大学）のコーキン（Corkin, S.）に移り，H. M. の両親の死後は彼女が事実上の彼の保護者になっている。彼は障害者施設で生活し，必要に応じてMITに行き，コーキン博士や彼女が認めた研究者たちの被験者を務めるという生活を，もう40年以上にわたって続けているのである。コーキン博士は研究以外の面では彼を堅くガードしており，彼の私生活や生の発言については長らく秘密にされてきたが，最近，気鋭の科学ライターであるヒルツのルポルタージュによってその一端があかされ，大きな話題となった（Hilts, 1995）。

　脳神経疾患の治療や研究において，脳の損傷部位が生前に明確に確かめられるようになったのは，70年代に入ってコンピュータを使用した断層撮影，つまりCTスキャンが登場してからであり，それ以前は死後の解剖を待つしかなかった。しかも記憶研究においては，その病巣や病態の特徴から当時のCTでは力不足な点が多く，画像診断による研究が本格化したのは，80年代になって核磁気共鳴現象を利用したMRIが利用できるようになってからである。それまでの20年以上の間，H. M. は最も明確な病巣をもった症例として，健忘症患者のプロトタイプとしての役割を果たしてきたのである。

　彼の研究から得られた重要な知見として，まず第一に，両側の海馬を含む側

頭葉内側領域の切除は，①前向性健忘（発症以後に経験した出来事の記憶の障害。つまり，新しい情報を獲得することの障害）と，②逆向性健忘（発症以前に経験した出来事が想起できない）を生じさせることがはっきりした。さらに，ある意味ではそれ以上に重要な知見として，記憶に関係すると考えられるにもかかわらず，障害されなかったいくつかの機能が存在することが示された。すなわち，③正常な短期記憶（注意のスパン）が保たれていたこと，④知能検査で正常な成績を示したこと，つまり過去に蓄えられた語彙やそれが示す意味，教科書的な知識などは保たれていたこと，⑤いくつかの課題では新しい学習の証拠が認められたことである（Corkin, 1984 ; Parkin & Leng, 1993）。これらの発見が，60年代〜90年代へかけての研究を方向づけることになった。

② 短期記憶と長期記憶

H. M. は，手術以前から再三にわたってWAIS知能検査を受けている。そのなかには，聴覚的に呈示された数列を数秒間保持する必要がある数唱課題が含まれているが，彼は一貫して正常な成績をあげている。この事実を取り上げたのが初期の認知心理学者たちであった。心理学の歴史において1960年代の後半は，行動主義心理学から認知心理学への転換期にあたり，当時急速に発展しつつあったコンピュータのアナロジーから出発した情報処理モデルに注目が集まっていた。当時の情報処理モデルでは，入力された感覚情報が貯蔵庫である長期記憶（long-term memory : LTM）へ貯えられるまでに，一時的に保存される短期記憶（short-term memory : STM）というプロセスが想定されていた（Atkinson & Shiffrin, 1968）。短期記憶には容量と持続時間に関する制約が設けられている。容量に関しては魔法の数 7±2（Miller, 1956）として，また持続時間に関してはピーターソンとピーターソンの研究（Peterson & Peterson, 1959）などから，事実としてはすでに知られていたが，モデル構成のうえでは短期記憶に制約を設けることで，刺激選択の機能，つまり選択的注

意の機能を短期記憶に負わせることができる。短期記憶内で情報は聴覚的なコードに変換されるが，短期記憶の容量は小さく持続時間も短いので，リハーサルを継続しなければ短期記憶内の情報はすぐ減衰してしまい，長期記憶へは転送されない。リハーサルが行なわれるとそれによって短期記憶の容量は小さくなり，他の刺激はそこにとどまることができない。その意味では，短期記憶の容量は注意の容量を意味している。H.M.の正常課題の成績が正常であったのは，短期記憶の実在を示す証拠のひとつとして歓迎された。

　ところが，この短期記憶と長期記憶に関する論議は，もう一人の画期的な症例の登場によって複雑な様相を呈することになる。イギリス王立神経病院のワリントンとシャリス（Warrington & Shallice, 1969）は，症例 H. M. とまったく逆のパターン，つまり数唱などの短期記憶課題では重度の障害が認められる（2桁の数唱でも難しい）が，一般の記憶課題で測定される長期記憶は正常に機能している頭部外傷患者 K. F. に関する詳細な研究を報告した。この症例 K. F. と症例 H. M. との間には，神経心理学でいうところの二重解離が成立する。この二重解離の成立は，短期記憶が長期記憶とは独立したシステムであることを示している証拠と考えられるが，短期記憶に障害があっても長期記憶が正常に機能するという事実は，短期記憶が長期記憶への情報の通路であるという仮定に反するものである。その結果，短期記憶システムの機能は何なのかという点はかえって不明確になってしまった（短期記憶のパラドックス）。この問題についてひとつの解決策を呈示し，その後の研究の方向づけをおこなったのが，イギリスを代表する実験心理学者であり，神経心理学にも造詣の深いバドリー（Baddeley, A.）である。彼は短期記憶と長期記憶の直接的な関係については一時棚上げにしたうえで，短期記憶を，会話，読み書き，計算，推理，プランニングなど人間の日常生活における複雑な認知活動の遂行中に，情報の一時的な保持に使用される作業空間と考える作動記憶モデルを発表した（Baddeley & Hitch, 1974；2章を参照のこと）。

　バドリーは作動記憶が3つの下位システムから構成されていると仮定している。すなわち，言語的情報の一時的保持を行なう音韻ループ，（phonological loop），視空間的情報の一時的保持を行なう視空間スケッチパッド（visuo-spatial sketch pad），それら2つの従属システムをコントロールするメイン

システムである中央実行系（central executive）である（Baddeley, 1986 ; 1992 ; Baddeley & Hitch, 1974）。

　このモデルのユニークなところは，注意あるいは意識と，短期情報保持機構の間に密接な関係があるとしながらも，両者を一応は別のシステムにしたこと，あくまでも注意のコントロール機能が上位の機能で，短期の情報保持はそのサブ・システムとして位置づけられていること，従来の短期記憶モデルではあまり扱われていなかった非言語的な視覚情報を保持する機構を仮定したことなどである。

　ワリントンらの症例 K. F. のような復唱の選択的な障害，つまり聴覚性短期記憶障害をもつ症例はその後も次つぎと報告されたが，このモデルのなかではおもに音韻ループの障害が想定されている。たしかに彼らの多くは，視覚的な短期記憶課題（ブロック叩きスパンなど）では障害を示さず，聴覚性短期記憶と視覚性短期記憶が別のシステムに依存しているという発想は，ある程度妥当なものと考えられる。音韻ループの神経基盤の検討は，失語症学における復唱の経路とその障害の研究とも重なり，興味深い問題である。これまで報告された症例の病巣の検討からは，左頭頂葉の下部，特に縁上回（Supramarginal gyrus）周辺が想定されている（Shallice & Vallar, 1990 ; Vallar & Papagno, 1995）。

　もうひとつの従属システムである視空間スケッチパッドに関する研究は，音韻ループの研究ほど多くはないが，実験的な研究に関しては視覚的イメージの研究と重なる部分が多い（バドリー一派の研究に関しては，Logie, 1995にまとめられている）。

　バドリーは，作動記憶を構成する3つの下位システムのなかで最も重要なのは中央実行系だと述べているが，その性質については「まだほとんどわかっていない」と述べ，その神経基盤の同定も行なっていない。しかし，彼はその機能に関するモデルの候補として，ノーマンとシャリス（Norman & Shallice, 1980）の SAS（supervisory attentional system）モデルをあげている。このSASモデルは，ヒトの前頭葉の機能のモデルとして提唱されたものである。前頭葉は大脳皮質のなかでも系統発生的に最も遅く発達する領域であり，人の場合では皮質総面積の1/3を占める。それゆえに，古くから人を他の動物から

区別する領域といわれており，人を特徴づける高度の知的機能への関与が想定されてきた。たしかに前頭葉損傷患者の臨床的な観察では，意欲や発動性の障害，感情・性格面の障害などが報告されてきたが，標準知能テストを使用した初期の研究では知能指数の低下は認められないという報告も多く，前頭葉のパラドックスとか前頭葉の謎という言い方がされてきた。その後の神経心理学的な研究では，行動の開始困難や自発性の減退，保続や固着を含む認知ないし行動の転換の障害，行動の維持困難や中断，あるいは中止困難，衝動性や脱抑制，誤りの修正困難などが前頭葉損傷患者の特徴として報告されてきた（Stuss & Benson, 1985）。SASモデルは，この前頭葉患者の示す多様で複雑な行動上の障害を統一的に説明することを目的として考案された。

SASモデルでは，人間の日常行動は行為の集合である行動図式（schema）によって達成されると仮定されている。行動図式間の共同や競合は，競合スケジューリング（contention scheduling）という機構によってある程度自動的に調整される。しかし，そのような自動的な調整システムを監視，制御するさらに高次のコントロールシステムとして監視注意システム（SAS）の存在が仮定されており，新奇な事態への対処や，柔軟な解決を可能にするという。その意味では，SASは文字どおり人の日常の行動のスーパーバイザーであり，会社でいえば社長，あるいは最近はやりのC.E.Oということになる。ノーマンらは前頭葉損傷による行動上の障害の多くを，SASの障害として解釈する事ができると主張している。バドリー自身は，中央実行系の重要性を指摘しつつも，その機能に関して自前の理論を唱えるところまでは現在もなお至ってはいないようである。しかし，それにもかかわらず，作動記憶，特に中央実行系の前頭葉仮説は，脳機能の研究や精神神経疾患の病因研究に非常に大きな影響を与えている。

そのひとつの例が，精神分裂病の病因に関する研究である。前頭葉損傷患者と精神分裂病患者の症状の部分的な類似性から，前頭葉と精神分裂病の関係については古くから疑われてきたが，従来の剖検脳での研究では前頭葉の明瞭な変化を証明した報告は少なく，確実な証拠が得られないまま時間が経過した経緯がある。しかし，作動記憶あるいは中央実行系という中間的なモデルを介在させることで，サルなどの動物を使用した神経生理学的研究，神経心理学研究，

神経化学や神経薬理学的研究，画像診断などのさまざまな研究領域からの知見の統合が急速に進みつつあり，精神分裂病の作動記憶（中央実行系）障害説は，現在のところ分裂病の最も有力な病因仮説のひとつとして注目を集めている（Andreasen, 1997 ; Goldman-Rakic, 1991 ; 計見，1999）。

③ 前向性健忘と逆向性健忘

　H. M. の記憶障害は，非常に強い前向性健忘（anterograde amnesia）によって特徴づけられる。彼は手術以後の出来事を思い出すことができないし，その後に知り合った人については認識できないことがある。その症状は術後40年以上も続いており，彼は自分がどこに住んでいるのか，誰が世話をしているのかを答えることができないし，少し前に食べた食事のメニューを答えることもできない。毎晩ニュース・ショーを見ているが，ウォーター・ゲート事件など手術後にあった社会的事件等については何のことかわからない様子だった（しかし，ニュース・キャスターの名前はわかるようになったらしい）。
　また彼は，手術（発症）以前の出来事に関しても，思い出せない症状，つまり逆向性健忘（retrograde amnesia）を合併していた。しかし，その期間はインタビューから推定するかぎり，手術前の2，3年におこった出来事に限られていた（Corkin, 1984）。
　従来，H. M. のようなやや特殊な例を除くと，記憶障害を呈する最も一般的な疾患は，コルサコフ症候群（Korsakoff syndrome）だった。この病気は，19世紀末にロシアの精神科医コルサコフ（Korsakoff, S. S.）によって記載された，おもにアルコール多飲者にみられる特異な疾患である（ただし実際の原因はアルコールそのものではなく，不規則な食生活によるビタミンB1の欠乏）。まず，多発神経炎，眼球運動障害，失調，意識障害が急性に発症し，時には死にいたる。そして，それらの症状を脱しても前向性健忘と逆向性健忘が残存する。その点は症例H. M. と似ているが，大きく違うのは，コルサコフ

症候群の患者の逆向性健忘の期間はもっと長い場合も多く，前向性健忘と逆向性健忘の強さが相関しているような印象を受けることが多いことである。さらにコルサコフ症候群の患者では，自分の現在の状態に関する最も基本的な知識である見当識（orientation）の障害や，事実でないことを事実であるように話す作話（confabulation），自己の病態に関する無関心，性格変化などをともなう場合が多い点も H. M. とは異なる（山鳥，1985）。コルサコフ症候群の剖検をもとにした研究では，その主病巣は海馬や扁桃体ではなく，むしろ間脳の視床（特に背内側核）や乳頭体にみられる場合が多い（Victor et al., 1971）。

　海馬を中心とした側頭葉内側領域の記憶システムは，新しい記憶の書き込みや，比較的最近の出来事の記憶の呼び出しには関係しているが，ある程度以前の出来事の記憶の呼び出しとは無関係なのかもしれない。実際に記憶がどこに書き込まれるのかという問題は，現在もまだ解明があまり進んでいない最も重大な問題である。海馬と間脳の関係についても不明な点が多いが，実際に記憶内容が書き込まれている場所については，多くの研究者が大脳新皮質（特に側頭葉）を想定しているようである。

　最近では，それらの過去の記憶の想起には，前頭葉が関与しているのではないかという仮説がいくつか提唱されている。マルコビッツらのグループは，脳外傷や単純ヘルペス脳炎によって長期に及ぶ逆向性健忘を呈している症例の病巣を MRI によって分析し，その多くで前頭葉（特に後部）と側頭葉の前部が同時に障害されていると主張している（Calabrese et al., 1996 : Kroll et al., 1997）。彼らは，過去の出来事に関する記憶の想起には，目標指向的な方略や，時系列に基づいた順序づけが必要であり，その機能を前頭葉が担っていると考えている。さらに彼らは，側頭葉の前部も，直接記憶痕跡を貯蔵しているのではなく，前頭葉と共同して過去記憶を検索するシステムを構成しているという。この前頭葉後部と側頭葉前部との神経連絡路は，コルサコフ症候群で障害されやすい視床の背内側核を通っており，コルサコフ症候群に認められる長期間におよぶ逆向性健忘も，前頭葉と側頭葉の離断によって説明できるかもしれない。この前頭葉を中心とした記憶の検索システムは，作動記憶における中央実行系が，過去の出来事に関する記憶の想起という作業にも関与していると考えるこ

ともできる。中央実行系については，自己のモニタリングや自己意識（あるいは自我）への関与を指摘する立場もあり（計見，1999），それが作話や見当識の障害と関係している可能性も否定できない。一度は棚上げされた長期記憶と作動記憶の関係が，現在再び大きな研究課題となりつつある。

④ エピソード記憶と意味記憶

　1972年に，カナダのタルヴィングは，エピソード記憶（episodic memory）と意味記憶（semantic memory）という新しい記憶の2分法を提唱した（Tulving, 1972）。エピソード記憶とは，個人の経験に基づいた出来事の記憶であり，それに対して意味記憶は，体型化されたより一般的な知識の記憶である。後者の例としては，ことばの意味，教科書的な知識などが含まれる（3章と4章を参照のこと）。

　H. M. には言語の障害は観察されていないし，知能検査では最も高かったときで122というIQを記録していることから，手術以前に獲得したさまざまな知識は保たれていると考えられ，これがエピソード記憶と意味記憶の区分を指示する証拠のひとつであると考えられた。しかし，そこで問題にされた意味記憶は，健忘症の発症よりもかなり以前に獲得された知識であり，単に発症から遠い出来事であるから思い出しやすいだけなのかもしれない。山鳥（1991）は，エピソード記憶と意味記憶は完全に別のシステムではなく，エピソード記憶も意味記憶も最初に学習されるときにはエピソード記憶として登録されるが，同じ記憶がさまざまな脈絡のなかでくり返し登録され再生されるために，しだいに時間・空間的属性を失い，その分，他の心像との関連性が強化されることによって意味記憶に変化するという解釈をとっている。この立場に立てば，重い前向性健忘をもつ健忘症患者では，新しい意味記憶を獲得することは困難であると考えられる。　コーキンらのグループは，H. M. に彼の手術後に登場した新語をくり返し学習させるという実験を行なったが，結果は惨憺たるものあっ

た（Gabrieli et al., 1988）。しかし，タルヴィング自身は，頭部外傷による健忘症患者（症例 K. C.）にエピソード記憶をともなうことなしに意味記憶を獲得させることに成功したというデータを発表し，エピソード記憶と意味記憶はやはり独立したシステムであると主張している（Tulving et al., 1991）。

　エピソード記憶と意味記憶の区分についての議論に関する最近の重要な話題としては，個人的な出来事の記憶の障害と比較すると，ことばや物の意味の障害が不釣り合いに重度ないくつかの疾患群が存在することがわかってきた。そのなかでも特に注目を集めているのが，意味痴呆（semantic dementia）と名づけられた，言語，特に単語の意味が表出面においても，また受容，つまり理解の面においても進行性に障害されていくという特異な病状を示す患者群である。この意味痴呆は，その臨床的な特徴をもとに，マンチェスター大学のスノーデンら（Snowden et al., 1989）によって提唱され，ケンブリッジ大学のホッジスら（Hodges et al., 1992）によってさらに詳細な検討が加えられた。

　意味痴呆患者の症状の最大の特徴は，表出，理解の両側面における語彙の喪失である。発話は基本的には流暢であり，文法や音韻的な側面は比較的よく保たれる。しかし，カテゴリー名を与えられることによる名詞の想起や，呼称などの課題は顕著に障害される。一般に，失語症患者の呼称の障害が基本的には物の名前のレベルの障害であり，名前は言えなくても用途を説明したり，使用するジェスチャーをすることが可能（つまり，その物の概念は保たれている）であるのに対して，意味痴呆の患者はそれが何だかわからないかのようにふるまう。また，正しい名前を教えても既知感を示さない。これらの症状は進行的に増悪し，最終的には痴呆になる。しかし，病棟内での日常行動はかなり長い間保たれ，一般的な痴呆の特徴である，いわゆる物忘れは意外にめだたず，服薬や，物の置き場所，スタッフとの約束などもきちんと覚えている。スノーデンら（Snowden et al., 1996）は，最も一般的な痴呆症であるアルツハイマー病患者と，意味痴呆患者の記憶障害の性質を比較する実験的研究を行なったが，アルツハイマー病患者は，より昔の出来事のほうが最近の出来事よりも思い出しやすい，また個人的な出来事よりも社会的な重大事件のほうが思い出しやすいのに対して，意味痴呆患者は，昔の出来事よりも最近の，しかも個人的な出来事のほうが思い出しやすいという非常に興味深い対比が示された。

実はこのことばや物の意味の障害を病初期から示す痴呆については，日本の井村が戦前より注意を喚起しており，語義失語（症）の名前で記載していた（井村，1943）。語義失語症患者では，語義の障害以外にも，ことわざなどの比喩の理解の障害が顕著であることが記載されている。さらに，読みの障害も認められるが，特に漢字の障害がめだつ（宝石→ホーイシ，皮肉→カワニク，真面目→シンメンメ　等）。仮名の音読は保たれやすいが，意味をとることができない。また，書字の障害も顕著で求めても拒否することが多いが，あえて書かせると，漢字の意味を無視して表音文字のように用いる表音的錯書（ヨギリノナカニキエテユク→横儀理の中に消えて行く，モリノ　ナカニ　オミヤガ　アリマス→桃の　中に　御味屋　が　有ります　等）というきわめて特徴的な症状が認められることなど，非常に興味深い観察がなされている（井村，1943；越賀ら，1969）。意味痴呆の病理学的な位置づけにはいまだに議論があるが，おもに前頭葉や側頭葉に葉性の萎縮をもたらすピック病の側頭葉型ではないかと考えられている。

⑤　宣言的記憶と手続き記憶

　H. M. の研究が開始された50年代のアメリカの心理学界は，まだ行動主義の影響下にあり，H. M. に対しても，知能検査や神経心理学的検査，自由再生法や対連合法による記憶検査（それさえ当時は言語学習の名でよばれるほうが一般的だった）に加えて，当時の実験心理学のおもなテーマであった，いわゆる学習実験が多数行なわれている。しかも，H. M. はそのなかのいくつかの実験で，正常な学習が可能なことを示している。たとえば，コーキンの1968年の論文では，おもに知覚と運動の共応に関する課題である，回転板追跡などの3課題を数日にわたって施行されたが，彼は前回その課題をやったことを思い出せなかったにもかかわらず，明らかな学習効果を示している（Corkin, 1968 次頁の図 14-2）。

H. M. が正常な学習効果を示したもうひとつの課題は，幼児の知覚発達の研究用に開発された不完全線画テストである（Milner et al., 1968）。これは，一部が消されて不完全な線画から，順次より鮮明な線画が提示されていき，何の絵かわかった時点で答えるという検査である（図14-3）。これは，後にタルヴィングや，彼の門下のひとりであるシャクターらによって取り上げられ，80年代の実験心理学における記憶研究の最大の話題のひとつになったプライミング（priming），そのなかでも直接プライミングとよばれる課題のひとつの典型であると考えられる（Schacter, 1987；Tulving & Schacter, 1990）。

この健忘症患者でも新しく学習できる課題があるという事実に，新しい解釈を与え，研究の大きな発展をもたらしたのは，カルフォルニア大学サンディエゴ校（UCSD）の神経心理学者たちである。UCSD 精神科のスクワイアーらは，健忘症患者でも可能な学習が存在することについて，当時の認知心理学におけるプロダクション・システムの研究からヒン

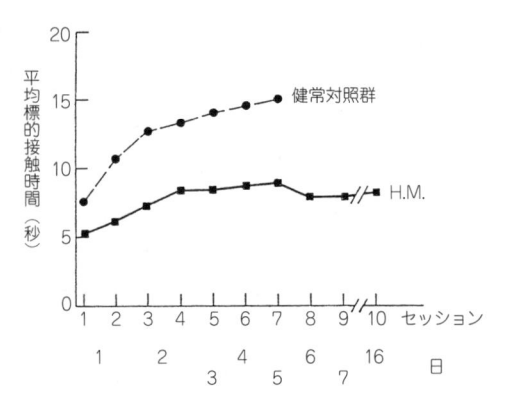

症例 H. M. の成績そのものは健常対照群に劣るが，明らかな学習効果が認められる。また第9セッションと第10セッションは9日間あいているが，学習が保持されていることがわかる。

◆図14-2　症例 H. M. の回転板追跡の成績（Corkin, 1968）

左がオリジナルで，本来は知覚発達の検査のために開発されたものであるが（gollin, 1960），健忘症患者のテストとして転用された。右上は健忘症患者の検査用に，同じ原理で作られた不完全単語テスト

◆図14-3　不完全線画テスト（Warrington & Weiskrantz, 1968）

トを得て，宣言的（陳述）記憶（declarative memory）と手続き記憶（procedural memory）の区別を提唱した（Cohen, 1984 ; Squire, 1987）。宣言的記憶とは，その内容について述べることができる，つまり学習された事実やデータに関する記憶であり，これは健忘症によって障害される。それに対して手続き記憶は学習された技能（skill）や，認知的操作の変容にあたる記憶で，健忘症では障害されない。80年代の健忘症研究の最大のテーマは，この健忘症でも障害されない課題を探すことであり，その結果さまざまな課題が報告されてきた。そのなかには，いろいろな運動学習課題，古典的条件づけ，プライミングのように知覚的あるいは意味的な処理過程を含むもの，さらにはパズルの一種であるようなハノイの塔やその変法などさまざまな課題が含まれる（Cohen, 1984 ; Squire, 1987, 1992）。

　そこで生じてくるひとつの疑問は，手続き記憶が宣言的記憶とは異なった神経基盤をもつとしても，さまざまな手続き記憶課題がはたして単一の神経基盤によって営まれているのだろうかということである。それに関しては，サンディエゴ退役軍人病院心理部門のバターズ（Butters, N.）らのグループによる，損傷される場所の異なったさまざまな神経疾患患者を対象とした研究が重要な示唆を与えてくれる。バターズらは，おもに大脳新皮質が障害される初期のアルツハイマー病と，おもに大脳基底核が障害されるハンチントン舞踏病患者に，回転板追跡とプライミング課題を実施した。その結果，アルツハイマー病患者は回転板追跡では正常な成績を示すが，プライミング課題は障害されること，その反対にハンチントン舞踏病患者は回転板追跡は障害されるが，プライミング課題では正常な成績を示すことを報告している（Heindel et al., 1989）。

　このように，手続き記憶は単一の神経基盤をもつ統一的なシステムではなく，宣言的記憶と神経基盤を異にする複数の記憶システムの総称にすぎないと考えられ，スクワイアーも後に非宣言的記憶（non declarative memory）と呼びかえている（Squire, 1992）。そして，特に運動要素が強い，新しい技能や習慣の獲得に関する課題に関してのみ，あらためて手続き記憶という用語を使用し，その神経基盤としては大脳基底核，特に線条体（corpus striatum）を仮定している。プライミングに関しては，大脳新皮質の関与が大きいと考えられ，意味的要因が強い課題では側頭葉が，視覚的要因が強い課題では後頭葉がそれ

それ関与している可能性が示唆されている（Ochsner et al., 1994）。

　また，ハノイの塔やその変法に関しては，前頭葉の損傷によって障害されるという報告が多く，現在ではむしろ作動記憶の中央実行系のはたらきを反映しているのではないかと考えられるようになってきている（Owen et al., 1990；Shallice, 1982）。なお，スクワイアーの宣言的記憶と非宣言的記憶は，シャクターの顕在記憶（explicit memory）と潜在記憶（implicit memory）の2分法と内容的にはほぼ対応しているが，シャクターは情報を検索する際の想起意識を重視しており，想起意識をともなう場合を顕在記憶，想起意識をともなわない場合を潜在記憶とよんでいる（Schacter, 1987；6章を参照のこと）。

6 現状と今後の展望

　このように記憶障害患者の神経心理学的研究は，30年以上の長きにわたってヒトの記憶の神経基盤を研究する唯一の研究手法としての地位を保ちつづけた。しかし，神経心理学的な研究法に対しては，脳損傷患者の脳の構造や機能が，脳損傷とその後の機能代償によって（あるいは先天的に）健常者の脳とかなり異なった状態になっている可能性があり，そこから健常者の脳機能を類推する危険性，さらにそれと関連してシングルケース・スタディの有用性に関する疑問などの批判的意見が常につきまとってきた。また，臨床研究は，いくら研究者があるテーマについて研究がしたいと思っても，適切な症例に出合わなくては研究することができないという偶然の要素が大きい。

　90年代に入るとその状況に大きな変化が生じた。それをもたらしたのは，PETやfMRIなどの脳機能画像の進歩によって可能となった認知課題による賦活実験（認知課題を遂行中の脳血流や糖，酸素などの代謝を非侵襲的に測定し，形態画像上にマッピングする）の登場である。これによって，健常者を被験者としたグループ・スタディによって認知機能の神経基盤を検討することが可能になった。もちろんそれにはさまざまな技術的制約や安全性・倫理面の制約

があるが，そのなかでいかに効果的な実験を行なうのかというアイデアや，装置，実験計画の工夫などが研究者の腕の見せ所になっている。特にサイクロトロンなどの大規模な装置や，膨大なランニング・コストを必要とする PET に対して，臨床用として普及が著しい MRI の転用（もちろん特殊なオプションを必要とするが）が可能な fMRI を用いた研究には，これまで臨床神経心理学的な研究を行なってきた研究者や，実験心理学者，さらにはサルなどの動物を使用してきた神経科学者，脳波研究者などさまざまなバックグラウンドをもった研究者がこぞって参入する事態となっている。記憶研究に関しては，賦活実験によって，従来の記憶実験や記憶障害患者の神経心理学的研究では検討することが不可能であった，情報の入力の過程（記銘，コード化）と出力の過程（想起，検索）を分離して検討するという記憶研究者の長年の夢が可能になった。かつて記憶の実験心理学の最も有力なリーダーであったタルヴィングは，心理学科を定年退職後に PET 研究に参入し，現在ではその方面の指導者となっている。彼は，賦活実験のデータをもとに，記憶における前頭葉の重要性をあらためて指摘するとともに，記銘には左前頭葉が，検索には右前頭葉がおもに関与するという，これまでの研究法からは考えもつかなかった驚くべき仮説を提唱した（Nyberg et al., 1996：Tulving, 1998）。また，意味記憶，視覚的プライミング，運動学習，聴覚的・視覚的作動記憶などさまざな記憶のサブシステムの神経基盤に関する研究も精力的に行なわれている。

　では，21世紀には臨床神経心理学的な研究はその意義を失ってしまうのだろうか。臨床研究は，単に理論や研究者の知的好奇心を満たすためだけに行なわれているのではない。神経心理学には，①脳病変の有無や病変部位の同定などの診断的側面，②障害を有する患者の機能的な側面を分析することによって，正常な精神機能の神経学的基盤を研究する研究的側面，③障害に対する治療，特にリハビリテーションを行なう治療的側面がある。このなかで最も古くから重視されきた診断的側面は，画像診断等の進歩によって，以前よりもその意義が薄れてきた点は否めない。②の研究的側面についても賦活実験の影響が強まってきた。しかし，神経心理学の最終目標はあくまでも③であり，診断や研究はそれが最終的には治療につながるからこそ許されるものである。記憶障害のリハビリテーションや薬物治療はまだまだ発展途上であり，その発展のために

は臨床研究を欠かすことはできないであろう。特にその中核症状が記憶の障害でありながら，これまで研究の難しさから記憶の研究者に敬遠されてきたアルツハイマー病をはじめとするさまざま痴呆疾患患者の記憶障害の研究は，急速に進行している高齢化社会を背景とした社会的な要請もあり，急激な増加傾向を示している。

　われわれ記憶の神経機構に興味をもつ研究者は，H. M. を初めとする多くの患者から数々の恩恵を受けてきた。しかし，その逆に彼らに対してこれまでどれだけのお返しをすることができたのだろうかと考えると，暗うつたる気持ちになる。われわれは彼らに大きな借りがあるのであり，それを返すための努力を続けていく義務を負っているのである。

【引用文献】

Andreasen, N. D.　1997　Linking mind and brain in the study of mental illnesses : A project for a scientific psychopathology. *Science*, **275**, 1586-1593

Atkinson, R. C. & Shiffrin, R. M.　1968　Human memory : A proposed system and its control processes. In K. W. Spence & J. T. Spence (Eds.) *The psychology of learning and motivation : advances in research and theory. Vol. 2*. New York : Academic press. Pp. 89-195.

Baddeley, A. D.　1986　*Working memory*. Oxford : Clarendon Press.

Baddeley, A. D.　1992　Working memory. *Science*. **255**, 556-559.

Baddeley, A. D. & Hitch, G.　1974　Working memory. In G. H. Bower (Ed.) *The psychology of learning and motivation. Vol. 8*. New York : Academic Press. Pp. 47-89.

Calabrese, P., Markowitsch, H. J, Durwen, H. F., Widlitzek, H., Haupts, M., Holinka, B. & Gehlen, W.　1996　Right temporofrontal cortex as critical locus for the ecphory of old episodic memories. *Journal of Neurology, Neurosurgery, and Psychiatry*, **61**, 304-310.

Cohen, N. J.　1984　Preserved learning capacity in amnesia. Evidence for multiple memory systems. In L. R. Squire & N. Butters (Eds.) *Neuropsychology of memory*. New York : Guilford Press. Pp. 83-103.

Corkin, S.　1968　Acquisition of motor skill after bilateral medial temporal lobe excision. *Neuropsychologia*. **6**, 255-265.

Corkin, S.　1984　Lasting consequences of bilateral medial temporal lobectomy : Clinical course and experimental findings in H. M. *Seminars in Neurology*, **4**. 249-259.

Corkin, S., Amaral, D. G., Gilberto Gonzalez, R., Johnsn, K. A. & Hyman, B. T.

1997　H. M.'s medial temporal lesion : Findings from magnetic resonance imaging. *Journal of Neuroscience*. **17**, 3964-3979.
Gabrieli, J. D. E., Cohen, N. J. & Corkin, S.　1988　The impaired learning of semantic knowledge following bilateral medial temporal-lobe resection. *Brain and Cognition*, **7**, 157-177.
Goldman-Rakic, P. S.　1991　Prefrontal cortical dysfunction in schizophrenia : The relevance of working memory. In B. J. Carroll & J. E. Barrett (Eds.) *Psychopathology and the brain*. New York : Raven Press. Pp. 1-23.
Gollin, E. S.　1960　Developmental studies of visual recognition of incomplete objects. *Perceptual and Motor Skilles*, **11**, 289-298.
Heindel, W. C., Salmon, D. P., Shults, C. W., Walicke, P. A. & Butters, N.　1989　Neuropsycholgical evidence for multiple implicit memory systems : A comparison of Alzheimer's, Huntington's and Parkinson's disease patients. *Journal of Neuroscience*, **9**, 582-587.
Hilts, F. J.　1995　*Memory's of ghost : The nature of memory and the strange tale of Mr. M*. New York : Simon & Schuster.　竹内和世（訳）　1997　記憶の亡霊―なぜヘンリー・Mの記憶は消えたのか―　白揚社
Hodges, J. R., Patterson, K., Oxbury, S. & Funnell, E.　1992　Semantic dementia : Progressive fluent aphasia with temporal lobe atrophy. *Brain*, **115**, 1783-1806.
井村恒郎　1943　失語―日本語に於ける特性―　精神神経学雑誌，**47**, 196-215.
計見一雄　1999　脳と人間―大人のための精神病理学―　三五館
越賀一雄，浅野楢一，今道裕之，宮崎真一郎　1969　語義失語の一例　精神医学，**11**, 212-216.
Kroll, N. E. A, Markowitsch, H. J, Knight, R. T. & von Cramon, D. Y.　1997　Retrieval of old memories : The temporofrontal hypothesis. *Brain*, **120**, 1377-1399.
Logie, R. H.　1995　*Visuo-spatial working memory*. Hove : Lawrence Erlbaum.
Miller, G. A.　1956　The magical number seven, plus or minus two : Some limits on our capacity for processing information. *Psychological Review*, **63**, 81-97.
Milner, B., Corkin, S. & Teuber, H. L.　1968　Further analysis of the hippocampal amnesic syndrome : 14-year follow-up study of H. M. *Neuropsychologia*. **6**, 582-587.
Norman, D. A. & Shallice, T.　1980　*Attention to action : Willed and automatic control of behavior* (CHIP Report No. 99). San Diego : University of California.
Nyberg, L., Cabeza, R. & Tulving, E.　1996　PET studies of encoding and retrieval : The HERA model. *Psychonomic Bulletin and Review*, **3**, 135-148.
Ochsner, K. N., Chiu, C-Y. P. & Schacter, D. L.　1994　Varieties of priming. *Current Opinion in Neurobiology*, **4**, 189-194.
Owen, A. M., Downes, J. J., Sahakian, B. J., Polkey, C. E. & Robbins, T. W.　1990　Planning and spatial working memory following frontal lobe lesions in man. *Neuropsychologia*, **28**, 1021-1034.
Parkin, A. J. & Leng. N. R. C.　1993　*Neuropsychology of the amnesic syndrome*.

Hove : Lawrence Erlbaum.
Peterson, L. R. & Peterson, M. J. 1959 Short-term retention of individual items. *Journal of Experimental Psychology*, **58**, 193-198
Schacter, D. L. 1987 Implicit memory : History and current status. *Journal of Experimental Psychology : Learning, Memory, and Cognition*, **13**, 501-518.
Scoville, W. B. & Milner, B. 1957 Loss of recent memory after bilateral hippocampal Lesions. *Journal of Neurology, Neurosurgery, and Psychiatry*, **20**, 11-21.
Shallice, T. 1982 Specific impairments of planning. *Philosophical Transactions of the Royal Society of London, Part B*, **298**, 199-209.
Shallice, T. & Vallar, G. 1990 The impairment of auditory-verbal short-term storage. In G. Vallar & T. Shallice (Eds.) *Neuropsychological impairment of short term memory*. New York : Cambridge University Press. Pp. 11-53.
Snowden, J. S., Goulding,P. J. & Neary, D. 1989 Semantic dementia : A form of circumscribed atropy. *Behavioural Neurology*, **2**, 167-182.
Snowden, J. S., Griffiths, H. L. & Neary, D. 1996 Semantic-episodic memory interactions in semantic dementia : Implications for retrograde memory function. *Cognitive Neuropsychology*, **13**, 1101-1137.
Squire, L. R. 1987 *Memory and Brain*. New York : Oxford University Press. 河内十郎（訳） 1989 記憶と脳―心理学と神経科学の統合― 医学書院
Squire, L. R. 1992 Memory and the hippocampus : A synthesis from findings with rats, monkeys, and humans. *Psychological Review*, **99**, 195-231.
Stuss, D. T. & Benson, D. F. 1985 *The frontal lobes*. New York : Raven Press. 融 道男，本橋伸高（訳） 1990 前頭葉 共立出版
Tulving, E. 1972 Episodic and semantic memory. In E. Tulving & W. Donaldson (Eds.) *Organization of memory*. New York : Academic Press. Pp. 382-403.
Tulving, E. 1998 Brain/mind correlates of human memory. In M. Sabourin, F. Craik & M. Robert (Eds.) *Advances in psychological science. vol. 2. Biological and cognitive aspects*. Hove : Psychology Press. Pp. 441-460.
Tulving, E., Hayman, C. A. G. & Macdonald, C. A. 1991 Long-lasting perceptual priming and semantic learning in amnesia : A case experiment. *Journal of Experimental Psychology : Learning, Memory, and Cognition*, **17**, 595-617.
Tulving, E. & Schacter, D. L. 1990 Priming and human memory systems. *Science*, **247**, 301-306.
Vallar, G. & Papagno, C. 1995 Neuropsychological impairments of short-term memory. In A. D. Baddeley, B. A. Wilson & F. N. Watts (Eds.) *Handbook of memory disorders*. Chichester : Wiley. Pp. 135-165.
Victor, M., Adams, R. & Collins, G. H. 1971 *Wernicke-Korsakoff's syndrome*. Philadelphia : F. A. Davis.
Warrington, E. K. & Shallice, T. 1969 The selective impairment of auditory-verbal short-term memory. *Brain*. **92**, 885-896.
Warrington, E. K. & Weiskrantz, L. 1968 New method of testing long-term

retention with special refernce to amnesic patients. *Nature*. **217**, 972-974.
山鳥 重　1985　神経心理学入門　医学書院
山鳥 重　1991　記憶障害をどう読むか　老年精神医学雑誌，**2**，1294-1301．

コラム ⑧

健忘と前頭葉障害
——われわれの今後の課題——

加藤 元一郎（かとうもといちろう）

(専門分野)
神経心理学・精神医学

1955年生まれ。現在，東京歯科大学市川病院精神神経科
部長・助教授
《主要著書・論文》
● 前頭葉機能検査と損傷局在　神経心理学，12(2)　1996
● 認知リハビリテーション（共著）医学書院　1999

　われわれの慶應義塾大学医学部精神神経科および東京歯科大学市川総合病院神経心理学研究班は，過去約20年間前頭葉機能障害と健忘に関する臨床研究を行なってきた。対象は，脳卒中や脳炎後の前頭側頭損傷例，コルサコフ症候群，アルツハイマー病などであり，これらのケースを臨床的に診察しケアしながら，神経心理学的検討を加えるというかなり地道な研究である。

　前頭葉障害に関しては，これまではおもに前頭葉背外側領域における保続，概念の形成と変換障害，推論障害，時間的順序の障害などに焦点をあててきた。現在は，前頭葉眼窩部について，特にこの部位の機能障害を検出する臨床検査の開発をめざしている。この部位は，昔から眼窩脳とよばれ，前頭葉の謎といわれてきた領域である。眼窩脳を，非常に繊細な一種の記憶装置と考えることが重要かもしれないと考えている。

　健忘の研究は，おもにコルサコフ症候群における遠隔記憶障害や前頭葉性記憶障害，さらに健忘例で保たれている記憶（潜在記憶）に関して行なわれてきた。後者の研究の動機は，健忘例にものを覚えさせるにはどうしたらいいかという，用語上はじめから矛盾をはらんだ挑戦でもあった。現在は，前頭葉障害と記憶障害の接点に位置する作動記憶（ワーキングメモリ），作話，虚偽の記

憶，そして展望的記憶などにその関心が移ってきている。

　今後の目標のひとつは，前頭葉障害と記憶障害に関する研究の成果を臨床に還元すること，すなわち遂行機能障害や記憶障害の認知リハビリテーションを実際的なものにすることである。また，より分析的ないしは神経科学的な方法を用いてこれらの障害が出現するメカニズムに少しでも迫ることであろう。脳損傷のリハビリテーションないしは回復過程の検討と神経科学的な研究の接点として，脳損傷例における脳賦活研究に興味をもっている。たとえば，脳へのダメージが存在し健忘が生じた後，その物忘れが明らかに軽快するケースがある。この回復（たとえば，ある記憶検査の成績が正常になる）した時点で記憶活動を担っている脳部位は，いわゆる記憶系の一部がすでに欠損してしまっている以上，通常の記憶回路とは異なっているはずである。記憶が再構成される脳部位やその機序をPETやfMRIで眼にみえるようにできるかもしれない。

　心理学研究にかかわる先生方には，今までどおり緻密で実証的な仕事を積み上げていただくだけでなく，その成果を臨床研究に携わる者にもわかりやすく説明してほしいと思う。そして，今後一番重要なのは，認知障害についての，神経心理学の研究者と認知心理学者のがっちりした共同研究であろう。認知心理学が，新しいコンセプトやアイデアを生み出したり，それを検証する際に，脳損傷例での所見がどれだけ貴重で有用であったかは英米圏における研究の歴史を調べればすぐわかる。たとえば，潜在記憶研究における1960年代後半からのワリントンらによる健忘例での検討であり，短期記憶と長期記憶との区分における症例 HM である（このケースの海馬病変部位と PET や fMRI を用いた記憶の脳賦活研究による最近の所見の一致不一致は，現在もホットな認知神経科学の話題である）。われわれ，臨床研究に携わるものの弱点は詳細な記憶理論と整理・統制された実験方法についての知識であり，実験心理学者に欠けているものは記憶システムやプロセスのある特定の部分の障害が予測されるケースである。本邦でこの共同研究が少ないのはわれわれの側の責任も大きい。今後，多くのディスカッションが必要かもしれない。

　最後に，研究上の夢を述べてくださいという項目があったので，少し付け加えたい。われわれの研究班に所属する多くは精神科医である。したがって，おそらくほぼ全員が，いつかは分裂病を含めた内因性精神病や心因性精神障害の神経心理学的研究をやりたいと思っている。これがやれるかどうかは今のところわからない。

索　引

《人名索引》

ア行

アインシュタイン（Einstein, G. O.）　203
アダムス（Adams, M. J.）　106,153
アトキンソン（Atkinson, R. C.）　271
アドラー（Adler, S. A.）　254
アルバート（Albert, M. S.）　274
アンダーウッド（Underwood, J. B.）　58,59,61
アンダーソン（Anderson, J. H.）　120
安藤満代　108
イースターブルック（Easterbrook, J. A.）　160
池上知子　216
厳島行雄　182
今井久登　113
井村恒郎　299
ウィーバ（Weaver, G. E.）　104
上田和夫　121
ウエルズ（Wells, G. L.）　174
ヴェルテン（Velten, E.）　218
ウッズ（Woods, R. T.）　133
梅田聡　203
梅本堯夫　106
ヴント（Wundt, W.）　129
ウンドイッチ（Undeutsh, U.）　179
エイボンス（Avons, S. E.）　111
エビングハウス（Ebbinghaus, H.）　2,129
大久保街亜　116
苧阪直行　19
苧阪満里子　16
太田信夫　6
大森隆司　149
岡直樹　79,86,88

カ行

ガーディナー（Gardiner, J. M.）　142
カーペンター（Carpenter, P. A.）　19,23
カーリス（Carris, M.）　185
カーリック（Kulik, J.）　156
鹿島晴雄　284
カシン（Kassin, S. M.）　173
カットシャル（Cutshall, J. L.）　180
カットラー（Cutler, B. L.）　177,182
加藤元一郎　308
川口潤　121
ギャザコール（Gathercole, S. E.）　30
キューン（Kuehn, L. L.）　178
キリアン（Quillian, M. R.）　68,80
桐木建始　86
クーパー（Cooper, L. A.）　112

久保田競　12
グラフ（Graf, P.）　134,135,275
クラフカ（Krafka, C.）　190
グリーンワルド（Greenwald, A. G.）　78,81
クリスチャンソン（Christianson, S.-Å.）　159,180
クリスティ（Christie, D. F. M.）　109
クリンガー（Klinger, M. R.）　78,81
クレイク（Craik, F. I. M.）　270,271
クロビッツ（Crovitz, H. F.）　277
コーキン（Corkin, S.）　290,299
ゴールトン（Galton, F.）　277
コーンケン（Kohnken, G.）　180
コシミダー（Koshmider, J. W. Ⅲ.）　185
コスリン（Kosslyn, S. M.）　120
小林敬一　200,208
小谷津孝明　16,121,203
コリンズ（Collins, A. M.）　68,80,215
コルサコフ（Korsakoff, S. S.）　295
コンウェイ（Conway, M. R.）　165

サ行

齊藤智　16,29,31,32,34
サイン（Singh, A.）　275
佐々木正人　179
ザックス（Zacks, R. T.）　270
ザラゴザ（Zaragoza, M.）　183,185
ジェームズ（James, W.）　238
ジェニングス（Jennings, J. M.）　270
シェパード（Shepard, R. N.）　103,116
治部眞里　247
シフマン（Schiffman, H.）　277
シフリン（Shiffrin, R. M.）　271
シャクター（Schacter, D. L.）
　　112,126,135,137,275,300,302
ジャコビ（Jacoby, L. L.）　137,140
ジャスティス（Justice, E. M.）　254,257
シャリス（Shallice, T.）　292,293
シュガー（Sugar, J. A.）　272
シュナイダー（Schneider, W.）　261
シュベインベルト（Schvaneveldt, R. W.）　70
ショーンフィールド（Schonfield, D.）　270
ジョンソン（Johnson, N. S.）　106
ジョンソン（Johnson, M. K.）　184,185
杉下守弘　41
スクワイアー（Squire, L. R.）　300
スコヴィル（Scoville, W. B.）　288
ストルツ（Stoltz, J. A.）　88,90

索　引

スナイダー（Snyder, C. R. R.）　72
スノーデン（Snowden, J. S.）　298
スノッドグラス（Snodgrass, J. G.）　105, 113
スポーラ（Sporer, S. L.）　182
スミス（Smith, A. D.）　270
スミス（Smith, E. E.）　70
スミス（Smith, M. C.）　82, 83
スロウィアクツェク（Slowiaczek, L. M.）　85
セレラ（Cerella, J.）　270

タ行

ダーネマン（Daneman, M.）　19, 23
泰羅雅登　195
タウス（Towse, J. N.）　23-27
高野陽太郎　116
谷口高士　216, 218
タルヴィング（Tulving, E.）
　　4, 6, 46, 60, 129, 137, 144, 274, 297, 300
チャーチランド（Churchland, P. S.）　127
チャリス（Challis, B. H.）　138
チャンバース（Chambers, D.）　117
デカルト（Descartes, R.）　128
デ・グルート（de Groot, A. M. B.）　75
ディーズ（Deese, J.）　58, 59
ティースデール（Teasdale, J. D.）　226
ティチナー（Titchener, E. B.）　129
デン・ヘイエル（den Heyer, K.）　75
土居道栄　18
トウブ（Taub, H. A.）　271
戸田正直　212
ドッブス（Dobbs, A. R.）　273
トランケル（Trankell, A.）　179
トレインズ（Treyens, J. C.）　153

ナ行

ナイサー（Neisser, U.）　3, 152, 157
仲　真紀子　186
ニーリィ（Neely, J. H.）　72, 76, 81-84, 88
ニッカーソン（Nickerson, R. S.）　103, 106, 153
ネルソン（Nelson, D. L.）　104, 107
ノーマン（Norman, D. A.）　212, 293

ハ行

バートレット（Bartlett, F. C.）　2, 56, 156, 236
パーキン（Parkin, A. J.）　142
パーキンソン（Parkinson, S. R.）　271
バーサロー（Barsalou, L. W.）　165
ハーシュ（Harsch, N.）　157
ハーツ（Herz, R. S.）　53
バーナード（Barnard, P. J.）　226
バーリック（Bahrick, H.）　276
バーンズ（Burns, T. E.）　158
ハイマン（Hyman, I. E. Jr.）　234
バウアー（Bower, G. H.）　6, 214

バターズ（Butters, N.）　301
ハッシャー（Hasher, L.）　270
バドリー（Baddeley, A. D.）
　　28, 116, 117, 273, 292
パブロフ（Pavlov, I. P.）　288
浜田寿美男　179
原　聡　177
バロータ（Balota, D. A.）　79, 81
ピータソン（Peterson, L. R.）　291
ピータソン（Peterson, M. J.）　291
ピエシー（Piercy, M.）　133
ヒュービネット（Hubinette, B.）　180
平井有三　98
ピリシン（Pylyshyn, Z. W.）　120
ヒリンジャー（Hillinger, M. L.）　85
ヒルツ（Hilts, F. J.）　290
プーン（Poon, L. W.）　85
フィーナン（Feenan, K.）　113
フィリップス（Phillips, W. A.）　109, 111
フィンケ（Finke, R.）　118
フォーガス（Forgas, J. P.）　225
藤本里奈　91
ブラウン（Brown, R.）　156
ブランスフォード（Bransford, J. D.）　58
ブランディモンテ（Brandimonte, M. A.）　118
ブライハム（Brigham, J. C.）　189
プラッツ（Platz, S. J.）　190
フランクス（Franks, J. J.）　58
フリードリヒ（Friedrich, F. J.）　82
ブルーワー（Brewer, W. F.）　153
ブルックス（Brooks, L. R.）　114
ブルティック（Plutchik, R.）　212
古滝美代子　16
プレスリー（Pressley, M.）　261
ブロードベント（Broadbent, D. E.）　109
ブロードベント（Broadbent, M. H. P.）　109
フロイト（Freud, S.）　56, 129, 212
ブロドベック（Brodbeck, D. R.）　138
ベスナー（Besner, D.）　90
ペジェク（Pezdek, K.）　108
ペイヴィオ（Paivio, A.）　103
ベカリアン（Bekerian, D. A.）　165
ベック（Beck, E. C.）　212
ヘルムホルツ（Helmholtz, H. L. F.）　129
ペンロッド（Penrod, S. D.）　177, 182, 190
ペントランド（Pentland, J.）　234
ペンフィールド（Penfield, W. B.）　288
ボウルズ（Bowles, N. L.）　85
ポール（Paul, S. T.）　79, 81
ポズナー（Posner, M. I.）　72
ホイヤー（Heuer, F.）　159
ホッシ（Hosch, H. M.）　190
ホッジス（Hodges, J. R.）　298

マ行

マーセル（Marcel, A. J.） 77
マーチン（Martin, A. J.） 30
マクーン（McKoon, G.） 84
マクダーモット（McDermott, K. B.） 59
マクダニエル（McDaniel, M. A.） 203
マクドウ（McDowd, J. M.） 272
マクナマラ（McNamara, T. P.） 85
松川順子 108
マックロスキー（McCloskey, M.） 183
丸野俊一 200
マンドラー（Mandler, J. M.） 106
三雲真理子 121
三宅 晶 16, 18-22
宮崎清孝 120, 121
ミルナー（Milner, B.） 290
メイヤー（Meyer, D. E.） 70
メツラー（Metzler, J.） 116
モスコヴィッチ（Moscovitch, M.） 207
森岡正芳 239

ヤ行

山鳥 重 297
ユイー（Yuille, J. C.） 180
油谷実紀 113

ラ行

ライスバーグ（Reisberg, D.） 117
ライト（Light, L. L.） 274, 275
ラトクリフ（Ratcliff, R.） 84
リバーマン（Lieberman, K.） 117
リンゼイ（Lindsay, D. S.） 184, 185
リントン（Linton, M.） 161
ルービン（Rubin, D. C.） 277
ルール（Rule, B. G.） 273
レイザー（Reiser, B. J.） 164
レイズバーグ（Reisberg, D.） 159
レイモンド（Raymond, B. J.） 271
レビンソン（Lewinsohn, P. M.） 233
ロヴィ・コリア（Rovee-Collier, C. K.） 254
ローゼンバウム（Rosenbaum, M.） 233
ローディガー（Roediger, H. L.） 59
ロジー（Logie, R. H.） 28, 110, 117
ロス（Ross, D. F.） 182
ロス（Ross, M.） 232
ロック（Locke, J.） 128
ロバートソン（Robertson, B.） 270
ロビンソン（Robinson, J. A.） 277
ロフタス（Loftus, E. F.）
　　68, 80, 158, 175, 182, 215

ワ行

ワーゲナー（Wagenaar, W. A.） 164
ワイスクランツ（Weiskrantz, L.） 132, 133
ワイズマン（Wiseman, S.） 52
渡部保夫 172
ワトソン（Watson, J. B.） 2
ワリントン（Warrington, E. K.） 132, 292

《事項索引》

ア行

アーカイブ 178
アウェアネス 127
アルツハイマー病 308
暗黙理論 232
閾下知覚 130
意識 6, 78, 126, 248
移動窓パラダイム 19
意味記憶 47, 68, 274, 297
意味照合 84
意味痴呆 298
意味ネットワーク 69
意味ネットワーク活性化拡散仮説 215
インナー・スクライブ 29
ヴェルテン法 219
うつ病患者 217
SAS モデル 293

SOA 75
エピソード記憶 46, 274, 297
fMRI 29, 42, 63, 121, 196, 279, 302, 309
LISREL モデル 261
覚えていた 60
音韻ストア 29
音韻ループ 28, 274, 292

カ行

階層的ネットワークモデル 68
概念駆動型 137
顔の記憶 7
学習単語の断片を手がかりとした単語完成 132
画像優越効果 102
活動の記憶 200
活動優位仮説 165
活性化拡散モデル 61, 71

過程解離手続き　126
加齢　9, 269
感覚記憶　46
感覚照合効果　105
感情　212, 251
感情混入モデル AIM　226
感情ネットワーク仮説　215
関連比率　75
記憶痕跡　48
記憶のタキソノミー（分類法）　6
記憶発達　250
記憶範囲　271
記憶方略　252
疑似記憶システム　30
気分一致効果　224
気分と情動　218
逆向性健忘　291
逆行プライミング　75
供述分析　179
共同想起　251
虚偽の記憶　7, 48, 225, 234, 308
クオリア　128
系列位置曲線　271
系列位置効果　102
ゲシュタルト　2
言語学習　2
言語的ラベリング　257
顕在記憶　6, 102, 135, 263, 275, 302
検索　175, 269
検索過程　46
検索手がかり　51, 203
健忘症患者　47, 250, 288
健忘症候群　131
語彙ネットワーク　69
語彙判断課題　70
構音コントロール過程　29
構音抑制　16
交差モダリティ　138
構成主義心理学　129
構造記述システム　113
行動図式　294
高齢者　9, 268
語幹完成　132
心の理論　253
誤情報　236
誤情報効果　182
個性記述的　222
コルサコフ症候群　285, 295, 308
コントロール　127

【サ行】
再学習　162
再構成　57, 231
再産出　57

再生　46, 49, 106, 134, 204, 271, 272
再生の2段階説　49
再認　46, 49, 104, 132, 177, 204, 254
再認の失敗現象　50
作動記憶　13, 16, 46, 273, 292
作動記憶容量　18
産出欠如　252
視覚イメージ　102
視覚キャッシュ　29
視覚的記憶　102
視空間的記銘メモ（視空間スケッチパッド）
　28, 292
耳撃証言　190
自己　236
事後情報　173
事後情報効果　173
自己調整　253
自己モニタリング　253
事象関連電位（ERP）　91
システム変数　174
知っていた　60
自伝的記憶　161, 230, 251, 277
自動的処理過程　72
視認性　76
社会的認知　215
集合論的モデル　69
生涯発達　250
情報処理システム　3
情報処理論的アプローチ　3
除外　140
初頭効果　271
処理水準　213
処理水準の効果　137
処理水準説　257
素人理論　233
真偽判断　80
真偽判断課題　68
新近性効果　109, 271
心的回転　115
推定変数　174
随伴関係　255
スキーマ　2, 107, 153, 214, 215
スクラッチパッド　117
スクリプト　251
数唱範囲課題　32
素性比較モデル　70
スピーチ・エラー　31
制御的処理過程　72
生成　49
生成効果　137
生態学的妥当性　3, 56, 218, 251
精緻化　252, 270
節約率　162
宣言的知識　47

宣言的記憶　299
前向性健忘　132, 291
潜在記憶　6, 102, 126, 136, 263, 275, 302
潜在的な連想反応　61
ソースモニタリング　184

◯タ行
対人認知　215
体制化　252
短期記憶（STM）　46, 110, 203, 271, 284, 291
単語完成課題　275
知覚表象システム　112, 137
知覚閉合効果　113
知識構造　156
知識ベース　252
注意過程　46
中央実行系　28, 274, 293
長期記憶（LTM）　28, 46, 271, 284, 291
貯蔵　64
データ駆動型　137
手続き記憶　47, 299
手続き的知識　47
転移適切性処理　52
展望的記憶　198, 251, 278, 309
統合的な認知サブシステムICS　226

◯ナ行
内観　129
内容的知識　252
二重符号化説　103
日常記憶　3, 172, 208, 225, 230, 251, 276
認知インタビュー　191
認知療法　212
ノード　68, 214

◯ハ行
媒介欠如　252
反応時間　68
PET　29, 42, 63, 196, 279, 302, 309
PNA　224

非言語情報　102
複合手がかり理論　84
符号化　175, 256, 269
符号化過程　46
符号化特定性原理　48
プライミング効果　70, 134
プライム　71
フラッシュバルブメモリー　3, 156
プランニング　30
プロトコル分析　262
分散記憶モデル　70
文脈効果　50
包含　140
法則定立的　222

◯マ行
マルチ・プライム　79
無意識　8, 77, 126
メタ記憶　252
メタ認知的知識　253
メタ分析　138, 191
目撃記憶　225
目撃証言　172, 251

◯ヤ行
幼児期健忘　251, 278
抑うつ者　233

◯ラ行
ランダム図形　108
リーディングスパン・テスト　19
リスト外手がかり　50
リソース共有仮説　23
リハーサル　252
Remember/Know 手続き　126, 142
利用欠如　253
リンク　68
連想記憶モデル　98, 150
老人性痴呆症　9

編者・執筆者紹介

太田 信夫
（おおたのぶお）　【編者】1章担当

〈現職〉
・放送大学教授，筑波大学名誉教授
〈専門分野〉
・認知心理学，教育心理学

〈主要著書・論文〉
・特集：潜在記憶（編著）心理学評論 Vol.42(2)．1999
・*Lifespan development of Human Memory*. MIT Press, 2002（共編著）
・*Dynamic Cognitive Processes*. Springer, 2005（共編著）
・*Human Learning and Memory : Advances in Theory and Application*. Lawrence Erlbaum Associates, 2005（共編著）
・記憶の心理学と現代社会（編著）　有斐閣　2006
・*Memory and Society : Psychological Perspective*. Psychology Press, 2006（共編著）

多鹿 秀継
（たじかひでつぐ）　【編者】3章担当

〈現職〉
・愛知教育大学教育学部教授
〈専門分野〉
・教育心理学

〈主要著書・論文〉
・記憶の検索過程に関する研究　風間書房　1989
・算数問題解決過程の認知心理学的研究　風間書房　1996
・認知心理学からみた授業過程の理解（編著）　北大路書房　1999

編者・執筆者紹介

齊藤　智
（さいとうさとる）　　2章担当

〈現職〉
・京都大学大学院教育学研究科助教授
〈専門分野〉
・認知心理学，教育心理学
〈主要著書・論文〉
・脳と教育―心理学的アプローチ（分担執筆）朝倉書店　1997
・音韻的作動記憶に関する研究　風間書房　1997
・現代の認知研究―21世紀へ向けて（分担執筆）　培風館　1999

小松　伸一
（こまつしんいち）　　6章担当

〈現職〉
・信州大学教育学部助教授
〈専門分野〉
・認知心理学
〈主要著書・論文〉
・Age-related and intelligence-related differences in implicit memory : Effects of generation on a word-fragment completion test. Journal oa Experimental Child Psychology, 62, 1996
・Memory for subject performed tasks in patients with Korsa-Koff syndrome. Cortex, 34, 297-303. 1998

岡　直樹
（おかなおき）　　4章担当

〈現職〉
・広島大学大学院教育学研究科教授
〈専門分野〉
・認知心理学
〈主要著書・論文〉
・心理学のためのデータ解析テクニカルブック（分担執筆）北大路書房　1990
・プライム刺激に対する課題とリスト構成がプライミング効果に及ぼす影響　心理学研究, 61(4)　1990
・認知心理学重要研究集　2 記憶・認知（分担執筆）誠信書房　1996

相良　陽一郎
（さがらよういちろう）　　7章担当

〈現職〉
・千葉商科大学商経学部講師
〈専門分野〉
・認知心理学
〈主要著書・論文〉
・ソースモニタリング仮説と目撃　現代のエスプリ
・The Change of Mental Representation in Text Comprehension. Bulletin of Department of Psychology : Teikyo University.
・Mental Representation in Text Comprehension : A Change of Accessibility to Propositional Information. International Journal of Psychology.

松川　順子
（まつかわじゅんこ）　　5章担当

〈現職〉
・金沢大学文学部教授
〈専門分野〉
・認知心理学
〈主要著書・論文〉
・現代基礎心理学　4 記憶（分担執筆）東京大学出版会　1982
・視覚的対象認知に関する実験的研究　風間書房　1996

厳島　行雄
（いつくしまいくお）　　8章担当

〈現職〉
・日本大学文理学部心理学科教授
〈専門分野〉
・認知心理学，目撃証言の心理学
〈主要著書・論文〉
・四則演算の処理：成人に老人を加えての研究　発達心理学研究, 9(3)．1998
・Cognitive distance of stairways : A multi-stairway investigation. Scandinavian Journal of Psychology. (in press)
・軽度アルツハイマー型痴呆早期診断補助のためのコンピュータ式記憶テストの作成と臨床的有用性の検討　老年精神医学雑誌（印刷中）

小林　敬一　　9章担当
（こばやしけいいち）
〈現職〉
・静岡大学教育学部助教授
〈専門分野〉
・認知心理学，教育心理学

〈主要著書・論文〉
・忘れ物を防ぐために利用可能な資源の中身の学年差　教育心理学研究，43，1995
・認知心理学における論争（分担執筆）ナカニシヤ出版　1998
・展望的記憶システムの構造　風間書房　1998

清水　寛之　　12章担当
（しみずひろゆき）
〈現職〉
・神戸学院大学人文学部教授
〈専門分野〉
・認知心理学，発達心理学

〈主要著書・論文〉
・R. ケイル　子どもの記憶（共訳）サイエンス社　1993
・認知心理学　2．記憶（分担執筆）東京大学出版会　1995
・記憶におけるリハーサルの機能に関する実験的研究　風間書房　1998

谷口　高士　　10章担当
（たにぐちたかし）
〈現職〉
・大阪学院大学情報学部教授
〈専門分野〉
・認知心理学

〈主要著書・論文〉
・不思議現象　なぜ信じるのか（共編著）北大路書房　1995
・「温かい認知」の心理学（分担執筆）金子書房　1997
・音楽と感情　北大路書房　1998

石原　治　　13章担当
（いしはらおさむ）
〈現職〉
・静岡福祉大学社会福祉学部教授
〈専門分野〉
・老年心理学，認知・記憶

〈主要著書・論文〉
・老年心理学〈現代心理学シリーズ14〉（分担執筆）培風館　1997
・四則演算の処理：成人に老人を加えての検討　発達心理学研究，9(3)，1996
・5年間におけるPGCモラールスケール得点の安定性　老年社会科学，21．1999

高橋　雅延　　11章担当
（たかはしまさのぶ）
〈現職〉
・聖心女子大学文学部教授
〈専門分野〉
・認知心理学

〈主要著書・論文〉
・視覚シンボルによるコミュニケーション：日本版PIC（共著）ブレーン出版　1995
・記憶における符号化方略の研究　北大路書房　1997
・悲嘆の心理（分担執筆）サイエンス社　1997

山下　光　　14章担当
（やましたひかる）
〈現職〉
・愛媛大学教育学部助教授
〈専門分野〉
・神経心理学，老年心理学

〈主要著書・論文〉
・情動・学習・脳（分担執筆）二瓶社　1994
・たべる―食行動の心理学【人間行動学講座　第2巻】（分担執筆）朝倉書店　1996
・アルツハイマー病患者の言語性短期記憶障害―自由再生法による検討　心理学研究，6，1998

記憶研究の最前線

2000年2月25日　初版第1刷発行	定価はカバーに表示
2006年6月20日　初版第5刷発行	してあります。

編著者　太田信夫
　　　　多鹿秀継

発行所　㈱北大路書房

〒603-8303　京都市北区紫野十二坊町12-8
電話　(075) 431-0361㈹
FAX　(075) 431-9393
振替　01050-4-2083

Ⓒ 2000　印刷／製本　創栄図書印刷㈱
検印省略　落丁・乱丁本はお取り替えいたします

ISBN4-7628-2166-7　Printed in Japan